日本史の現在4

近世

山川出版社

『日本史の現在』(全6巻)刊行にあたって

二〇二〇年から始まった新型コロナウイルス感染症の拡大、二〇二二年に起きたロシアによるウクライナ侵攻、二〇二三年のパレスチナ・イスラエルの紛争の激化など、予想もできなかった事態がつぎつぎと起こり、私たちは、世界が、日本がどこに向かっていくのかわからない、きわめて不安な時代に暮らしています。その中で改めて歴史を考えることが重要なのではないでしょうか。現在に生きる私たちは、過去の「歴史」に問いかけることで、未来への手がかりを探すことができるのです。

「歴史」は日々、様々な研究がなされ、その積み重ねのもとに形成されていきます。ただ、歴史叙述は決して不変のものではなく、新史料の発見や史料の解釈、発掘調査などの研究の進展により、書き改められていくのです。

身近なところで、歴史の教科書を例にとってみると、数十年前と今現在とでは、記述内容が変わっている箇所が少なくありません。もちろんそれは書き手による叙述の違いが理由の一つではありますが、その背後にはいくつもの研究と、その積み重ねがあります。また、一つの歴史事象をめぐっても、多角的な見方・考え方があり、その事象をどのようにとらえるか、どのように評価するか、研究者のあいだでも議論があります。

ただ、そうした研究の進展や議論のすべてが教科書に記述されるわけではありません。そこで、本企画『日本史の現在』では、そうした日本史における研究・議論を、第一線で活躍している研究者に分かりやすく解説してもらい、日本の歴史学の「現在」を読者にみなさんに紹介することにしました。本書が、日本史の研究を志す方々や、歴史教育に携わる方々、さらに日本史に少しでも興味があるすべての人に、届くことを願っています。そして、日本史を学ぶための、そしてこれからの未来を切り開くための手がかりとなれば、幸いです。

なお、本シリーズは分野・時代区分ごとに以下の6巻構成としました。
『日本史の現在1　考古』／『日本史の現在2　古代』／『日本史の現在3　中世』／『日本史の現在4　近世』／『日本史の現在5　近現代①』／『日本史の現在6　近現代②』

二〇二四年四月

『日本史の現在』編集委員
設楽博己　鈴木　淳
大津　透　山口輝臣
高橋典幸　沼尻晃伸
牧原成征

日本史の現在4　近世

目次

凡例

・原則として、年代は西暦を主とし、日本の年号は（　）の中に入れた。明治五年までは日本暦と西暦とは一カ月前後の違いがあるが、年月は日本暦をもとにし、西暦に換算しなかった。改元のあった年は、原則としてその年の初めから新しい年号とした。

・教科書については、平成元・十一・二十一年告示の高等学校学習指導要領の科目「日本史A」「日本史B」は「日A」「日B」、平成三十年告示の高等学校学習指導要領の科目「日本史探究」は「日探」のように、適宜、科目名を略記した。

・本書各テーマの執筆にあたっては膨大な先行研究や文献を参照しているが、紙幅や体裁の制約から、参考文献の掲載は一部にとどまり、十分な注記はできなかった。この点、ご理解いただければ幸いである。

日本史の現在4

近世

1 天下人による列島統合

牧原　成征

はじめに

二〇二三年度から導入されている新しい高等学校学習指導要領(二〇一八年告示)の日本史探究では、中世から近世へというような「時代の転換」が重視され、近世がどのような時代であったかを世界の動向と関連づけて考察し、総合的にとらえて理解することがねらいとされている。とくに各時代の冒頭では、前の時代との比較などを通して、「時代を通観する問い」を表現し、ついで、その問いをふまえて、資料をもとに近世の特色についての仮説を表現することが高校生に求められている。こうした課題は、高校生にはいささか酷だと思われるが、では大学生や大学院生、高校教員、日本史の研究者はそれをどう考えるだろうか。

筆者自身は、たまたま最近いくつかの論稿で関連する問題を考えてきたので、適宜ご参照いただくことにして［牧原 二〇二三など］、本稿では、その「時代の転換」を概観するのではなく、それを象徴するキーワード・史料用語に注目することで、転換の意味を大まかに考えてみたい。

1　織田信長をめぐるキーワード

「天下布武」

織田信長と聞いてすぐに思いつく言葉は「天下布武」であろう。信長は「天下布武」の印判状を用い、戦国大名の中ではじめて全国統一を目指したとされてきた。しかし、織田政権期から豊臣政権期前半までの「天下」は、京都を中心とする政治秩序を指し、日本全国の意味ではなかった。とくにイエズス会宣教師の記録ではそれが明らかである。だとすると、信長がまだ岐阜にいた時点で全国統一を視野におさめていたとみるのは結果論であり、「天下布武」を掲げたのも、ひとまず京都を制圧することを目指したと限定的に理解することが多くなっている。

ただし、古くから「天下」は日本全国を指す用法がふつうであり、豊臣秀吉が全国を統一してからは、そうした「天下」の用法が再び一般的になる。フロイス『日本史』では、信長も晩年には全国統一を目指していたとされている。「天下」という概念自体が、政治権力の変動と関わって伸縮したのであり、列島が政治的に分裂していた時代から、再び統合されたことを象徴する概念だったともいえる。

以下では、信長とも関わりの深い言葉のうち、中世末から近世初期のみに使われる「楽市」「楽座」、中世を特徴づけながら近世初期までにほぼ消滅する「徳政」（さらには「一揆」）、この間に意味内容がかなり変化する「足軽」などの語を取り上げて考えてみよう。

「楽市」「楽座」

一五七六(天正四)年に安土城を築きはじめた信長は、翌年、安土山下《さんげ》町中に対して定書を発給した。教科書や概説書などでは、これを「楽市令」と称することが多い。史料には「楽市楽座」という文言も登場し、概して信長が中世的な商業特権・団体(つまり座)を否定し、近世都市の成立を目指した革新的な法令・政策とされていた。

安土の定書をみると、第一条で当所を「楽市」とするからには「諸座諸役諸公事等」をことごとく免許(免除)する、第三条では普請を、第四条で伝馬を免除し、第十二条で町並に居住する者は、奉公人・諸職人であっても家並役を免除すると定めている。

通説や教科書では第一条を「諸座・諸役・諸公事」の全般的免除、すなわち楽市令の総論とみて、以下各条文をその具体的内容とみるが、「諸座・諸役・諸公事」を並立させて読むと、「諸座を免許(免除)した」という点がやや解釈しにくい。そこで筆者は、第一条は安土を楽市として「諸座の諸役・諸公事」(座公事)を免除したものと限定的に読み、他条の普請役・伝馬役・家並役＝町人役の免除とは区別しておく方がよいのではないか、と考えている[牧原 二〇二二]。この立場では、この掟書の全体は、楽市令というより、あくまでも山下町中定書と称すべきである。座によって収取される賦課を免除されることが「楽座」であり、そのような市場が「楽市」である。やがて豊臣政権が「座」自体を基本的に廃止させたので(破座)、「楽市」「楽座」も消滅することになる。

「諸役免除」と「徳政」

中世において「楽」は現代語の「自由」に近い意味で使われていたが、戦国大名は市場や都市の繁栄をはかるために「楽市」「楽座」令を出した。市場法としての中身よりも、「楽市」「楽座」と宣言したこと自体を重視する見解もあり〔長澤 二〇一七〕、「楽市」「楽座」文言の意味やニュアンスが大名によって異なっていた可能性さえありうる。当時の市場・都市法に多くみられる「諸役免許」も、「戦乱の中で様々な勢力が諸々の役を課してくることを禁止して市場などを保護する」という文脈なのか、「大名が自分の城下町などに諸々の役を賦課しない」という文脈なのかで意味合いが異なる。大名らは、当初は前者の意味で諸役を免除したのだが、統治が安定すると、城下町に諸役を賦課しない政策を永続するのは困難になり、「諸役免許」はこののちの基本的な都市政策とはならなかった。

安土の定書第八条では、来住者を保護するために城下では「徳政」令が適用されないことを規定しているが、売買・貸借などの契約関係の破棄を命ずる徳政令も、やはり近世初頭を境に姿を消す概念である。安土城下のような「契約関係が権力によって基本的に保護される世界」が全面化したのが近世だということを示している。ただし近世には、相対済し令が出されることもあって、契約が保護されるかどうかは権力の恣意的な恩恵による部分があったことを意味する。

「一揆」と「足軽」

織田信長発給文書や宣教師の書簡・報告書と並んで、太田牛一『信長公記』『信長記』は信長研究の最重要史料である。ここでは、その中のキーワードである「足軽」と「一揆」についてみておこう〔牧原二〇二二]。『信長公記』で「足軽」は、「足軽に出る」「足軽を仕《つかまつ》る」「足軽合戦」という表現がみられ、「機動的に兵を出すこと」という意味で用いられた。一方で「五千ばかりの一揆」に、秀吉が「足軽をつけて」戦い、大勢だったが「一揆だったので、ついに追い落とした」と記す。「一揆」とは本来、共通する目的のために結集すること、その集団を意味したが、『信長公記』では、しかるべき大将のいない、戦いの正当性をもたない私事の集団、徒党とみなされるようになった[神田 二〇〇七]。そして島原・天草一揆のあとになると、江戸幕府や藩は公式には「一揆」という語を使用せず、もっぱら「徒党」を用いるようになる[保坂 二〇〇二]。

一方、近世の「足軽」は、正規の武士ではない歩兵を指すようになる。戦国時代後期には鉄砲が大名の軍団に導入されるが、鉄砲や弓を扱う歩兵を足軽と呼ぶようになった。槍や荷物をかつぐ中間・小者よりは上の階層とされたが、庶民から大勢が召し出されて、やがて城下の組屋敷に住まわされ、平時には様々な組織で、武士の下役をつとめるようになる。江戸幕府でいえば旗本が騎馬の武士、御家人が徒・足軽以下に相当する。諸藩の足軽は、常備の者のほか、百姓などから年季で雇用されることも多かった。このように、中世から近世への時代の変化とともに、人々の結合や組織のあり方、それを表す語彙も変化したのである。

2　豊臣秀吉をめぐるキーワード

「唐入」と「惣無事」

豊臣秀吉をもっともよく象徴する語といえば「唐入」であろう。秀吉は関白になってまもなく臣下に対して「唐入」(中国大陸侵攻)の意思を示したが、フロイス『日本史』によれば信長にもこの意思があって、秀吉はそれを受け継いだとみられている。「唐入」を標榜して国内の支配体制を整備し、実際に朝鮮へ大軍を送り込んだ。

ひと昔前なら、秀吉のキーワードとして「惣無事」が挙げられたが、この言葉を秀吉の出した特定の法令(惣無事令)、あるいは秀吉のとった体系的な政策とみる見解[藤木 一九八五]は、最近ではほぼ否定され、教科書の記述もトーンダウンしている。

「無事」とは和睦や平和を意味し、「惣」は「全体(の)」という意味であり、ともに一般的な語彙であるが、「惣無事」という使われ方はそれほど多くなく、信長晩年以後の東国で用いられている例が目立つようだ。そこでの「惣無事」は、信長政権末期にその影響力がおよんだ東国で、領主たち一同の和平が実現したこと(あるいはその方式)を指し、本能寺の変後の戦乱でそれが崩れ、東海地方の大大名となっていた徳川家康がそれに介入して改めて「惣無事」を目指した。さらに豊臣政権ができると、家康を介して東国にそれを強く求めるようになったとされる[竹井 二〇一二]([藤井 二〇二二、戸谷 二〇二三]も参照)。したがって豊臣政権の特定の法令や固有の政策として惣無事令を構想することには無理があったというべきだろう。ただし、特定の法令によるものではなくとも、豊臣政権によって大名の交戦権が剥奪され「平和」の強制がなされていたということはおさえておく必要があろう。

「関白」「豊臣」「聚楽」

羽柴秀吉は、一五八五(天正十三)年七月に武家出身ではじめて「関白」になった。当時、現任の関白二条昭実に対して、左大臣近衛信輔が関白職をゆずるよう求めて争いが生じていたが、両者に代わって、内大臣になっていた秀吉が近衛家の猶子(藤原姓)となることで、その地位についてしまった(それ以前は平姓)。その結果、秀吉は朝廷の官位を武家の編成に利用し、武家に官職と位階を授けて、自らを最上位とする階層的な秩序に編成していった。

ただし、まもなくおそらく九月に秀吉は新しく「豊臣」の姓を賜った(翌一五八六年とする説もある)。その直前に大村由己《ゆうこ》が著した秀吉の自己宣伝文『関白任官記』では、源平藤橘に続く新たな姓を創出したことを誇り、学識のある右大臣菊亭晴季《きくていはるすえ》に相談して「天長地久の姓」を下賜され「万民快楽」を得たと述べる。なお、一五八六(天正十四)年から築城される聚楽第は、当時は「聚楽」とのみ称され、「長生不老の楽を聚《あつ》むる」意味だという(『聚楽行幸記』)。

以降、豊臣家が関白を世襲し、諸大名を「清華成《せいが》」大名・「公家成」大名などとして位置づけ、秀吉や「清華成」大名の家来を「諸大夫《しょだいぶ》」などとして、公家と同じようにランクわけしたとされる。一五八八(天正十六)年の聚楽第行幸を画期として、このような「清華成」大名を中心とする新しい家格の秩序が創出されたことを重視する見解もある[矢部 二〇一一]。同年に刀狩令や海賊停止令が出されたことを、そうした「国制」と関わって理解し、「清華成」「公家成」大名は「朝臣」という立場から地域支配の正統性を付与されたとする見解もある［中野 二〇一四］。ただし、朝廷における位置づけはあくまでもその限りの「名分」であって、諸大名は、諸政策や地域支配にあたって、そのような名分をもちだしていない。過大視することには慎重であるべきだろう。

「国替」と「検地」

秀吉を象徴する別のキーワードである「検地」、すなわち太閤検地についても同じような議論がある。『関白任官記』『聚楽行幸記』と同じく、大村由己が記した『天正記』の一冊『四国御発向並北国御動座記』では、一五八五（天正十三）年閏八月に一七カ国におよぶ全面的な知行割（国替）を三日で断行した「天才」をアピールしたうえで、検地についてつぎのように述べる。

これ以前、数十箇国に検地を遂げ、昔の年貢収納よりも倍増した。当年また田地を踏み分け、土民百姓の所持地が混乱せず飢えに及ばないよう勘弁し、五畿七道の図帳を一枚の鏡（正本）として、これを秀吉がご覧になった。人王十三代成務天皇六年に初めて国堺を分け、その後、聖武朝に行基菩薩が三十余年の労力をかけて田地の境を定めた。以来、増減があったが、これを改めた者はいなかった。今や殿下（秀吉）は、碁盤の目を盛るように自他の入組なく縄打ちした。故に国に堺目の相論なく、民に甲乙の訴訟がない。寺社領を改め公家領を加増した。勧善懲悪の法度を定めたので、天下に山賊の難はなくなり、諸役を止めて座を破った。悦ぶ者が多く悲しむ者は少ない。

この史料によって、秀吉の検地は一大名による私検地ではなく、関白による国家的公検地となったことを重視する見解がある［秋澤 一九九三、中野 二〇一九］。しかし、これも秀吉の自己宣伝文であって、天皇の国家的支配権が関白秀吉に委任されて検地が可能になったわけでも、関白になって検地の質・方式が変わったわけでもない。実質的には一五八五(天正十三)年の全面的な国替・知行割の断行と、その後、翌年にかけて諸大名に交付した法度が重要である。そこではいわゆる二公一民の年貢率のほか、武士の従者を「奉公人」と称して、武士・奉公人と百姓との区別をうたっている[牧原 二〇二二]。

ただし、実際に一五九一(天正十九)年になって全国から御前帳・郡図を徴したことは「五畿七道の図帳を一枚の鏡」となしたことになる。この御前帳の形式は検地帳だとされているが、この時までに全国で竿入れが徹底されたわけではなく、その結果を示す検地帳を全国から集められたわけではない。旧来の貫高による村高を指し出させて石高に換算しただけの地域も多かった。ただし「唐入」を目指し禁中へも献納すると称して、何らかのかたちで村高を調査した帳簿と絵図とを全国的に徴収したという点で、検地の進展と石高制確立の画期となったとは評価できる。

「奉公人」と「人掃」

一五九二(天正二十)年、関白を譲られた豊臣秀次が、朝鮮出兵と関わって、全国的に戸口調査を行うことを命じたとされ、それを研究史や教科書などでは人掃令と称してきた。ただ、この理解は必ずしも妥当ではない。経緯をたどってみよう。

秀吉は一五九一(天正十九)年八月二十日に三カ条の朱印状を出した。第一条では「若党・中間・小者」などの奉公人が町人や百姓になることを、第二条では百姓が商いや賃仕事に出ることを、第三条では奉公人が主人の許可を得ずに主人をかえることを禁じた。奉公もせず田畑もつくらない者は村においてはいけない、とも命じている。翌一五九二(天正二十)年正月に関白秀次は、「唐入」について御在陣中だとして、若党・中間・小者などの奉公人が欠落することを禁止する朱印状を出した。前年の秀吉の法令と基本的には同様の趣旨である。この両法令は「唐入」と関わって出されたもので、どの程度、近世の身分を規定するような効果をもったのかについては議論がある[牧原 二〇二二]。

毛利家の家老らが、おそらくは秀次の法令を受けて「当関白様より六十六ヶ国へ人掃を仰せ出された」と述べ、村ごとに家数人数帳を作成して提出すること、他国他郷の者をおいてはいけないことなどを指示している(吉川家文書)。年代を天正十九年と記すが、おそらく誤記であると考えられており、研究上で混乱をまねいた経緯がある。奉公人が欠落して村に戻ろうとするのを「掃う」という意味で、秀次令を「人掃」と理解したのかもしれないが、この「人掃」という文言は毛利家のこの史料にのみ現れるものであり、「人掃令」という概念を重視するべきどうか、留保が必要である。家数人数帳の作成や戸口調査が進められたとしても、永続的・全国的なものとみるべきではないだろう。

3 豊臣から徳川へ

「公儀」

「公儀」という語は、十五世紀半ば以降、武家領主によって多く用いられ、①「私」に対する「公」の場・世界・事柄、②「公」の意向・決定、③公的な法的主体(としての室町将軍)を指して用いられたとされる(以下、この項目は[藤井 二〇〇二]を参照)。豊臣秀次が関白となる頃には、豊臣政権を指す「公儀」の用法が多くなる。「公儀」をもちだすことで太閤秀吉の意志と関白秀次の意志との矛盾を顕在化させない効果があったとされる。秀次が秀吉によって滅ぼされた事件後の起請文、秀吉の死去直前の誓書でも秀吉・秀頼とは区別された「公儀」の御為が強調されている。領主層の共同利害を守るための主体として「公儀」がもちだされた。

　一五九八(慶長三)年八月の秀吉死後も豊臣政権は継続し、その中で家康は第一人者としての地位を確立していた。一六〇〇(慶長五)年の関ヶ原の戦いで勝利すると、大規模な国替も行い、六〇〇万石以上の土地を新しく諸大名に宛行《あてが》ったが、領知宛行状を発給することはなかった。大坂城にはなお豊臣秀頼が健在であり、豊臣政権が消滅したわけではないからである。ただし、政権の意思決定は家康が行い、秀頼の家来のうち家康の意向を受けた小出秀政・片桐且元・寺沢広高が形式的にそこに加わる体制となった[福田 二〇一四]。近江などの検地も家康方が主導しつつ、秀頼方と合同で行った。家康は、京都・伏見・堺・奈良などには直臣を配置し、豊臣家の蔵入地を除いた政権の蔵入地をも掌握した。この間、家康は伏見にいることが多く、一六〇三(慶長八)年に征夷大将軍に任じられ、一六〇四(慶長九)年に国絵図・郷帳の作成を命じて翌年にかけて徴収し、全国の村と村高(石高)を掌握した。

　この間の「公儀」は、再び「公」の場・事柄、意向の意味で用いられることが多かったが、それは家康が大名とのあいだに完全な主従関係を築けない不安定な関係のもとで、両者の矛盾を顕在化させない効果をもったとされる。同時に家康は、諸大名に普請役を「公役」としてつとめさせることで、大名との主従関係を実質化させていった。大坂の陣を経た元和期(一六一五〜二四年)になると法的主体としての幕府を指す「公儀」が多用されるに至る。一方で、藩も「公儀」を称し個別の給人や代官を超越した公的権力であることを標榜するようになる。「公儀」という語が、近世の「公権力」を象徴的に表現して一般化した背景には以上のような経緯があったとされている。

「神国」

九州を平定した帰路、一五八七(天正十五)年六月十九日、豊臣秀吉は筑前箱崎(博多)で、突然、伴天《ばて》連《れん》(宣教師)を追放するよう命じた。いわく、日本は「神国」であるのにキリシタン国より邪法を授けるのはけしからん。伴天連は教義にもとづいて志次第に信徒を獲得していると思っていたが、日本の仏法を打ち破っているのは曲事《くせごと》なので、伴天連を日本から追放する。ただし黒船や商人は自由に商売にきてよい。

秀吉はこの前日にややニュアンスの異なる命令を出しており、様々な解釈がなされてきたが、九州を平定し統一権力としての自覚を強めた中で、キリスト教勢力を危険分子とみなし、伝統的に存在した神国思想を宣教師排斥にもちだした。それを引き継いだ江戸幕府が一六一二(慶長十七)年に直轄領に禁教令を出し、翌年、それを全国におよぼしたとされる。少し詳しくみておこう(史料は『大日本史料』第十二編)。

家康の側近本多正純の右筆で、キリシタンでもあった岡本大八と、同じくキリシタンの大名有馬晴信とのあいだに贈収賄事件が起きた。簡単にいうと、晴信に恩賞を与えるという偽の宛行状を大八が与え、その見返りに莫大な賄賂を取っていたことが発覚した。大八を処刑した一六一二年三月二十一日、家康は所司代板倉勝重に「南蛮記利志旦《きりしたん》の法」を天下で禁止するよう命じ京都で教会を破却させた(この場合の「天下」の範囲は微妙である)。この時、家康は口頭で禁止を命じ、諸大名の領内での信仰までは禁止がおよんでいないようだ。同年八月六日、秀忠付の年寄が連署して関東の幕府領や大名・旗本領を対象として出した条々には「伴天連門徒御制禁也」との文言がある。

翌一六一三(慶長十八)年十二月十九日、家康は伴天連門徒を追放するため大久保忠隣《ただちか》を京都へ派遣するよう命じ、二十二日、金地院崇伝に「伴天連追放之文」をつくらせた。翌日、秀忠の朱印をおした正文が出され「日本国中諸人」がその旨を存じるよう命じ、板倉重宗がそれを携えて上洛し、諸大名などにも写し取られたようである。要旨はつぎのとおり。

日本は神国であり仏国である。日本の神々が中国に現れて儒教を、インドに現れて仏教をつくった。仏教が日本に渡来して繁栄しているのはその証だ。それなのに吉利支丹の徒党は正宗をまどわし日本の政体の転覆をはかっている。(略)邪法であり神敵・仏敵である。禁止しなければ後世かならず国家のわずらいとなる。日本国内すべてで速やかにこれを掃攘せよ。

崇伝自身が「伴天連追放之文」としているが、通説どおりキリスト教禁止令とみるべきだろう。これを解釈した高木昭作氏は、秀吉・家康以下の天下人は、神国イデオロギーによらなければ国土の統合・統治を貫徹できないことを自覚していた、と論じたが[高木 二〇〇三]、ここでの神国イデオロギーは、キリシタン禁圧のための理屈としてもちだされたものである。禁教令ののち、家康の命令で「異国の野蕃人が日本を奪いに来た。しかし神の国であるからそれはできないだろう。立ち去れ。立ち去れ」という歌と踊りを、天照大神に感謝して奉納させており[アルヴァレス 一九七〇]、政権の働きかけで神国思想が広められていった面もあった。

「傾城町」と遊廓

傾城《けいせい》とは遊女のことで、当時、遊女屋が集まった町を傾城町と呼んだ。遊女の大部分は、親の債務のために身を売られ、遊女屋のもとで売春を強いられていた。以下では遊廓の形成についてやや立ち入って述べることで、本稿の結びとしたい。

京都の傾城町の由来について、一六七八(延宝六)年の藤本箕山《きざん》『色道大鏡《しきどう》』ではつぎのように記す。秀吉に仕えた原三郎左衛門という者が願い出て、万里小路《までのこうじ》二条に傾城町を立てることを許された。町立てされたのは一五八九(天正十七)年で、柳町《やなぎまち》と名づけられた。これが一六〇二(慶長七)年・一六四一(寛永十八)年の二度の移転を経て島原遊廓となるが、原三郎左衛門は現在の島原上之町・九郎左衛門の祖父である。それ以前、京都の遊女は少なく、一カ所に集まっていなかった。

『色道大鏡』には執筆当時(島原)の家屋敷の並びを描いた図が掲載されているが、そのうち「柳町上之町」にはたしかに「年寄」原九郎左衛門が三筆の屋敷をもっている。柳町の成立は秀吉の京都改造(城下町化)の一環であり、当時の洛中の町並みから離れた空閑地に遊女屋が集められたとみられている(以下、[守屋 一九七六、内藤 一九八三、杉森 二〇一三]を参照)。

一六〇二年、柳町は室町六条に移され三筋町《みすじまち》と称した。二条城の造営でその正面に当たる地域を避け、やはり空閑地であった六条に移されたとされる。一六一七(元和三)年に六条柳町惣中は「京都の町中に傾城屋が多くできて困っている。これまでのように柳町だけに許してほしい」と訴えている。その時、柳町からみて違法な営業をしている者の筆頭に、もと柳町出身で四条河原町の又市を挙げている。その後、柳町以外の他町に傾城をおいた場合、その女の身柄を柳町の年寄に与えるので、それを京都の町中に申し触れるよう指示されている。のちに江戸の吉原などでもみられる特権であり御用である。

ほかの様々な記録から、秀吉によって京都・伏見・大坂にあいついで傾城町が公認され、そこに深く関わった有力な遊女屋の一人が林又一郎(又市)であったことがわかる。遊廓は、公認された傾城町にほかならないが、塀や堀で囲われた。なぜだろうか。

一五八八(天正十六)年十二月十五日、「関白殿(秀吉)より天下の傾城、国家の費えなりとて払わる」という記事が『多聞院日記』にある。ここでの天下は京都の意味であろう。この後、二条柳町が許可された。一五九〇(天正十八)年に奥羽まで全国を平定した秀吉は、人身売買を禁止し、一五八八年以降に売買したものは破棄すると命じている。そうした中でも事実上の女性の人身売買が認められた特異な社会＝空間が遊廓だった。

徳川家康も、一六〇八(慶長十三)年、駿府中にかぶき女や傾城どもが多く、ややもすれば喧嘩する(が起きる)ので払うよう命じた。また翌年にも駿府傾城町において喧嘩があったので、安倍川辺へ遊女を移すよう命じている(『当代記』)。「払う」とは、町はずれの特定の区画に集めて隔離したことになる。江戸の「えた」身分の集住地である浅草新町、大坂の非人垣外《かいと》などの疎外と隔離にも、類似の発想がみられる。

一六一二(慶長十七)年、江戸で庄司甚右衛門が傾城町を願い出て、一六一七(元和三)年に免許され、翌年に営業を開始した。吉原(元吉原)である。申請理由は、犯罪の防止と治安維持であった。吉原は複数の個別町からなるが、江戸町一丁目はもと江戸の大橋の内柳町にいた遊女屋が、同二丁目はもと伏見夷《えびす》町・駿河弥勒《みろく》町の遊女屋が、京町一丁目は京都六条から、同二丁目は大坂瓢箪島《ひょうたんじま》・奈良の木辻などから、角町は京都の角町から移ってきた遊女屋が中心となったとされている(前掲『色道大鏡』)。

京都・大坂・江戸をはじめとする城下町は、武士以外にも、単身の兵士や男性労働者が膨大に集められて形成された特異な都市である。遊女屋は資本やノウハウをもつ上方出身の者が多かったが、全国の鉱山町や港町などにも進出し、広域的・流動的な性格もおびていた。そうした商人を、有力者を中核として直轄城下の町はずれに区画を指定して集住させ、営業特権を認めるとともに、治安維持・風俗統制を目的に掲げて「囲う」ことで隔離した。

このように遊廓の形成は、巨大城下町の形成と特異なジェンダー構造(本書「18 近世社会におけるジェンダー」も参照)、商人の流動から定着へ、町人としての役や御用の賦課、「払う」ことと「囲う」ことなど、様々な意味で、天下人による列島統合を象徴しているともいえよう。

〈参考文献〉

秋澤繁　一九九三年「太閤検地」(『岩波講座日本通史11』岩波書店)
アルヴァレス(J. L. Alvarez-Taladriz)、佐久間正訳　一九七〇年「十六・七世紀の日本における国是とキリシタン迫害」(キリシタン文化研究会編『キリシタン研究第十三輯』吉川弘文館)
神田千里　二〇〇七年『一向一揆と石山合戦』(吉川弘文館)
杉森哲也　二〇一三年「島原――近世京都の遊廓社会」(佐賀朝・吉田伸之編『シリーズ遊廓社会1』吉川弘文館)

高木昭作　二〇〇三年『将軍権力と天皇——秀吉・家康の神国観』(青木書店)
竹井英文　二〇一二年『織豊政権と東国社会——「惣無事令」論を越えて』(吉川弘文館)
戸谷穂高　二〇二三年『東国の政治秩序と豊臣政権』(吉川弘文館)
内藤昌　一九八三年『角屋付録2解説　角屋の研究』(中公新書)
中野等　二〇一四年「豊臣政権論」(『岩波講座日本歴史10』岩波書店)
中野等　二〇一九年『太閤検地——秀吉が目指した国のかたち』(中公新書)
長澤伸樹　二〇一七年『楽市楽座令の研究』(思文閣出版)
福田千鶴　二〇一四年「江戸幕府の成立と公儀」(『岩波講座日本歴史10』岩波書店)
藤井讓治　二〇〇二年『幕藩領主の権力構造』(岩波書店)
藤井讓治　二〇二二年『近世初期政治史研究』(岩波書店)
藤木久志　一九八五年『豊臣平和令と戦国社会』(東京大学出版会)
保坂智　二〇〇二年『百姓一揆とその作法』(吉川弘文館)
牧原成征　二〇二二年『日本近世の秩序形成——村落・都市・身分』(東京大学出版会)
牧原成征　二〇二三年「世界のなかの近世日本」(牧原成征・村和明編『日本近世史を見通す1』吉川弘文館)
守屋毅　一九七六年『「かぶき」の時代——近世初期風俗画の世界』(角川書店)
矢部健太郎　二〇一一年『豊臣政権の支配秩序と朝廷』(吉川弘文館)

2　近世前期の朝廷と文化

松澤　克行

はじめに

江戸時代の天皇・公家、そして彼らによって構成・運営される朝廷に関する研究は、戦後の近世史研究の中で大きな進展をみせた分野の一つである。わかりやすい例として、学界における研究成果をもとに記述されている、学校教科書を開いてみよう。

例えば、高校の代表的日本史教科書である『詳説日本史』(山川出版社)を例にとってみると、かつては江戸時代の天皇・朝廷は、近世前期の幕藩体制成立期の箇所に設けられた「朝廷と寺社」という項で寺社と一緒に取り扱われ、合わせて二〇〇字程度の記述で説明がすまされていた。ところが、一九九三年検定・一九九四年発行のものからは、「天皇と朝廷」という項が単独で立てられ、朝廷と江戸幕府との関係が五〇〇字以上をあてて丁寧に説明されるようになった。また、後水尾天皇や明正天皇といった、天皇の具体的な名前も記されるようになっている(江戸時代中・後期の箇所でも記述が加えられ、後桃園天皇や光格天皇、さらには閑院宮《かんいんのみや》典仁《すけひと》親王といった皇族の名前まで挙げられている)。こうした記述の変化は、この分野の研究が大きく進み、教科書に反映させることができるほど研究の成果が蓄積されたことの表れである。では、なぜ近世の天皇・朝廷に関する研究が進められるようになったのであろうか。

第二次世界大戦後、近世史の分野では、土地所有や生産様式の分析を重視して研究が進められていった。また、近世には豊臣政権や江戸幕府といった強大な武家政権が登場したため、当時の天皇・朝廷は、古代・中世からのなごりで存続しているだけの無力な存在にすぎないと認識された。そのため、戦前の皇国史観や天皇制に対する反発が強かったこともあいまって、戦後しばらくの間は、近世の天皇・朝廷を研究をする意味はないと考えられていたのである。

しかし、一九六五年に家永三郎氏を原告とする教科書裁判が始まると、江戸時代の天皇は君主としての地位を失ったとする家永氏の教科書記述が、天皇は江戸時代も君主の地位を保っていたとする国側とのあいだで、争点の一つとなった。当時の学界の常識では江戸時代の天皇は君主とみなされていなかったが、前述のとおり江戸時代の天皇・朝廷に対する関心が低かったため、研究者は国側に反論する有効な学問的蓄積をもっていなかった。そのため、学界ではそれまでの研究姿勢が反省され、ちょうど同じ時期に国家史研究への関心が高まったこともあり、一九七〇年代以降、幕藩制国家の中で天皇・朝廷がどのように位置づけられ役割を果たしていたのかということに関心が向けられ、研究が進められるようになったのである[久保 一九八九]。

本稿では、そうした一九七〇年代以降における江戸時代の天皇・朝廷研究の成果を参照し、近世前期における天皇・朝廷の姿と、彼らも担い手の一人となった近世前期の文化(寛永文化)について、解説をする。

1 近世前期の朝廷

天皇・朝廷の役割

幕藩制国家とは、徳川将軍を頂点として、大名をはじめとする武家領主層が全国の土地と人を支配する国家体制であるが、江戸時代の天皇・朝廷も幕藩制国家の中でいくつかの役割を担っていた。その中でもっとも重要なのは、①徳川家の惣領を征夷大将軍に任じて、武家の棟梁として全国を支配する正統性を付与することである。徳川家康は一六〇三(慶長八)年、後陽成天皇から征夷大将軍に任じられた。いわゆる江戸幕府の成立である。家康は、豊臣秀吉の死後、一六〇〇(慶長五)年の関ヶ原の戦いの勝利によって政敵を排除し、実質的な政治的第一人者となった。しかし、大坂城に豊臣家が存続し、秀吉の嗣子である秀頼がいたため、家康の国家的地位はあくまでも、豊臣政権下の重臣筆頭というものにとどまらざるをえなかった。そこで家康により利用されたのが、伝統的国制の最上位者として、武家の有力者にしかるべき官位を与えてその地位を認定してきた、天皇・朝廷であった。家康は天皇から征夷大将軍に任ぜられるという伝統的手続きをとることで、豊臣政権から自立し、全国を統治する正統性を獲得したのである。さらにその二年後、家康の子秀忠が征夷大将軍に任じられ、徳川家による政権継承が天下に示される。天皇・朝廷は、江戸幕府成立の当初から、重要な国家的役割を果たしたのである。

江戸時代の天皇・朝廷はこのほかにも、②武家に官位を叙任して、将軍を頂点とする武家の身分編成を補完することや、③国家の泰平や将軍の身体健全を祈願したり、一六四六(正保三)年以降、日光へ毎年勅使(日光例幣使《れいへいし》)を下向させ、徳川家の守護神である東照大権現の神格を高めるなど、宗教的役割を果たすこと、④寺院・神社や陰陽師などの統制・身分編成を、門跡(皇族や公家の子女が住職となる有力寺院)や一部の公家が担う、といった役割を果たした[高埜 二〇〇一]。近世の天皇・朝廷は、徳川将軍による国家的支配の一端を担うことを期待されたのである。

天皇・朝廷の統制

天皇・朝廷を利用することで成立した江戸幕府は、その権威や機能を独占し、幕藩制国家に適合的なものへつくりかえようとした。例えば、前掲②の武家への官位叙任であるが、家康は一六〇六(慶長十一)年、幕府の推挙がある者に限るよう朝廷へ申し入れた。徳川家以外の武家と天皇・朝廷との直接的なつながりを断ち、天皇がもつ叙任権に統制を加えようとしたのである。官位の叙任は、年号・暦の制定とともに近世の天皇・朝廷に残された数少ない権限とされるが、武家の官位の実質的な叙任権は幕府が掌握し、年号・暦についても、幕府は改元に関与し改暦を主導した。

こうした天皇・朝廷を幕藩制国家に適合的な存在につくりかえていく過程では、幕府と彼らとのあいだで軋轢《あつれき》が生じた。一六〇九(慶長十四)年、後陽成天皇の側近くに仕える女官たちと若公家たちによる、密通事件が発覚した(猪熊事件)。天皇は激怒し、関係者を極刑に処するよう幕府に求めたが、家康の裁定により、処刑は首謀者である猪熊教利《のりとし》と兼康備後《かねやすびんご》のみとし、ほかの男女一二人は流罪にとどめることで事件の幕は引かれた。そのため、不本意な結末に強い不満をいだいた天皇は、譲位の意向を表明する。これに対して家康は、引きのばしをはかったり、譲位にともなって旧儀を再興したいとする天皇の強い希望を退けたりするなど、天皇の意志に掣肘《せいちゅう》を加え、代替わりという天皇にとって最重要な案件を己が意のままとすることに成功した。こうして、近世の天皇は譲位や後継者の決定など、自身の進退についても幕府の管理下におかれることとなる。江戸幕府による天皇の管理は日常生活にもおよび、火事などの非常時を除き、天皇は在位中、御所の外に出かけることも許されなかった。

ところで、家康は後陽成天皇の譲位一件に対処する際、五摂家(近衛家・九条家・鷹司《たかつかさ》家・二条家・一条家)に強く申しつけて天皇へ異見具申を行わせ、朝廷の意志決定に積極的に関与をさせた。五摂家は摂政・関白という朝廷の重職をつとめる家であるが、戦国期には天皇家と疎遠になり、豊臣政権期には関白職を秀吉に奪われるなど、朝廷における政治力を低下させていた。家康は、そうした五摂家を表舞台に引き戻し、幕府による天皇・朝廷統制に加担する存在へと位置づけ直したのである。

この五摂家重視という方針は、一六一五(元和元)年に制定された対朝廷法令である「禁中并公家中諸法度」(「禁中並公家諸法度」といわれてきたが、「禁中并公家中諸法度」が正式の名称であることが指摘されている[橋本 二〇〇二a])にも示されている。同法度の第十一条には、公家たちは関白と武家《ぶけ》伝奏《てんそう》などの申し渡しに従わなくてはならないと記され、背いた場合は流罪に処することが定められている。違命に対する罰則を設けることにより、朝廷における五摂家の優越的な地位が法的に明確化されたのである［藤井 一九九三］。

この条文に、関白と並んで記されている武家伝奏とは、朝廷と幕府とのあいだの連絡・交渉担当者で、二名の公家が就任した。任命は天皇が行うが、十七世紀の末までは幕府が人選を行った。十七世紀末から最幕末までは朝廷で候補を選ぶようになるが、任命に先だって幕府の同意を得ている［平井 一九八三］。また、武家伝奏は就任する際に血判の誓紙を幕府に提出し、在任中は幕府から役料を支給されるなど、朝廷の役職でありながら、きわめて幕府に近い立場であった。

こうした五摂家と武家伝奏による間接的な統制と並行して、幕府は直接的な統制機構も構築する。譜代大名が就任し、朝廷・公家の監督・統制に当たった京都所司代と、旗本二名が派遣され、京都所司代の指揮下、朝廷の経理の監督、御所の警備などに当たった禁裏附《きんりづき》［石川 二〇〇七］である。京都所司代と禁裏附は関白や武家伝奏と密に連絡をとり、朝廷の状況を掌握しコントロールした。

朝廷の再建

江戸幕府は、このように統制を加える一方、戦国期に荒廃した朝廷が正常に運営され、自身の政権にとって有効に機能するよう、その再建をはかった。

一六〇一（慶長六）年、家康が天皇に約一万石の領知（禁裏御料）を進献し、公家にも知行地（家領《けりょう》）を安堵したのはその一つであり、天皇・公家の経済的基盤を整えようとしたものである。禁裏御料はその後、十七世紀の末までに三万石へと加増される［橋本 二〇〇二b］。御所の造営・修理や儀式の費用など、臨時の出費も幕府が負担した。少しあとになるが、享保期（一七一六〜三六年）以降には朝廷で経費が不足すると、取替金《とりかえきん》と称する無利子の貸付(実質は経費の補塡)が幕府から行われるようにもなる[佐藤二〇一六]。このように、近世の天皇・朝廷は幕府から経済的に丸抱えされた存在であった。

そして、一六一三(慶長十八)年、家康は「公家衆法度」を制定するが、その第三条では公家たちに禁裏小番の精勤が命じられていた。禁裏小番とは、公家がローテーションを組んで御所に詰め、昼夜交替で勤番をする役儀のことである。戦国期には生活の糧《かて》を求め、京都を離れて地方に在国する公家が増え、廷臣としての務めがないがしろにされるようになっていた。豊臣政権が成立するとそうした状況への対策が講じられたが、家康もその方針を継承する。公家に家領を与えて経済的基盤を保障したうえで、朝廷に出仕し天皇に奉仕するのが彼等のあるべき姿であると法度で定義し、天皇を主《あるじ》とする朝廷世界の再建をはかったのである。

こうした朝廷再建の方針は、その二年後に制定された、「禁中并公家中諸法度」でも確認することができる。同法度の第七条では、武家の官職は公家のそれとは別体系のもの(武家官位)であると定められている。豊臣政権期には、秀吉の関白を筆頭とし、数多くの武家が大臣・納言など朝廷の高官に任じられ、公家の官職就任・昇進を阻害していた。そうした問題を解消し、公家にポストを確保して朝廷の組織・運営の健全化をはかろうとしたのである[山口二〇〇八]。

この「禁中并公家中諸法度」はその第一条が、日本史上はじめて武家が天皇の行動を規定した法文として有名である。同条には、「天皇が身につける教養で一番大事なものは学問である」「和歌は光孝天皇以来断絶せず継承されてきた。言葉遊びではあるが、わが国の習俗なのでなおざりにしてはいけない」と述べられていることから、天皇を学問や和歌といった文化の領域におし込め、政治から切り離すことをねらった条文であると評価されてきた。しかし、同条のほかの箇所をみると、学問とは治者・為政者としての心構えを示す和漢の書籍を学ぶことであり、天皇に君主としての教養を身につけることを要請した条文であることがわかる[尾藤 一九九二]。また、同条では、王権の象徴である和歌の修練が、学問と並んで特記もされている[松澤 二〇〇七]。こうしたことから現在では、「禁中并公家中諸法度」の第一条は決して天皇の非政治化を目的としたものではないと評価されるようになっている。同条は、国制上の最上位者という天皇の伝統的地位を確認するとともに、そのことを法度に載せることで、天皇を武家政権の統制下に定置したものなのである。「禁中并公家中諸法度」は朝廷内の秩序や序列に関する規定が多いが、天皇・朝廷を抑圧するための法令ではなく、天皇を頂点とする朝廷の再建をはかるものだったのである。

こうした江戸幕府による再建を背景として、天皇・朝廷は、近世前期の京都で花開く文化の担い手となる。

2　近世前期の文化

教科書の中の近世文化史

近世の文化史の時期区分として一般的に知られているのは、織田信長・豊臣秀吉の時代の桃山文化、江戸時代の十七世紀後期に開花した元禄文化、十九世紀前半に展開をみせた化政文化というものであろう。実際、義務教育である中学校の歴史教科書をみると、見出しに違いや工夫はあるものの、いずれも基本的にそうした構成がとられ記述されている。そういう意味では、桃山文化―元禄文化―化政文化という近世文化史の時期区分は、国民的な常識になっているということができよう。

こうした文化史の時期区分と叙述は、学問・文学・宗教・思想・芸術・建築などの諸領域における特色ある文化的営みと、その担い手に注目することによってなされている［家永 一九八二］。ここでいう担い手とは、文化の創造者と享受者の両方を指すが、研究ではどうしても前者の方に関心の重点がおかれることとなり、それぞれの時期の代表的・頂点的な文芸・芸術作品や思想、そしてその創造者に関する考察が中心となってくる。教科書の文化史部分が文芸作品や文化財、それらの作者や思想家の名前のオンパレードになってしまうのには、そうした事情が影響している。

なお、こうした偏りについては批判も出されている。庶民レベルまでも視野に入れた、享受者にもっと注目した研究の必要性がとなえられ、享受する側を主人公とした文化史を描くことが試みられてもいる［青木 二〇〇九、横田 二〇一八］。

ところで、近世の文化史的時期区分は、高校の日本史教科書では、もう少し細かくなされている。例えば、現行の『詳説日本史』(日探 二〇二三)をみてみると、桃山文化と元禄文化とのあいだに「寛永期の文化」、元禄文化と化政文化とのあいだに「宝暦・天明期の文化」が立項されている。このうち前者の寛永期の文化とは、幕藩体制成立期である十七世紀前・中期の、寛永期(一六二四～四四年)を中心とした時期に京都で展開をみせた文化のことである。修学院離宮や桂離宮、本阿弥光悦や俵屋宗達らの芸術作品に代表されるこの時期の文化は、学術的には「寛永文化」と呼ばれている。

寛永文化の担い手

寛永期の京都に、大名や豪商を担い手とする桃山文化とも、上方の町人が担い手とされる元禄文化(ただし、元禄文化を町人文化とする評価には疑問も出されている[尾藤 一九七五])とも異なる文化の存在が見出され、寛永文化という概念が提唱されたのは、一九五〇年代初頭であった。その担い手は朝廷と京都の上層町衆とされ、身分を異にする両者を結びつけたのは、東国の武家政権である江戸幕府に対する反発であり、その反権力精神が文化を開花させるエネルギーになったと論じられたのである[林屋一九五三]。もっとも、一九七〇年代になると、文化の創造の背景を反幕府感情に求めることに疑問が向けられるようになる。すなわち、寛永文化における幕府の存在はネガティブなものではなく、むしろ幕府が朝廷・上層町衆を権力の内側に組織化することにより新たな文化の創造と展開があと押しされることになったと、その性格に積極的な評価が与えられるようになったのである[熊倉 一九八八]。

朝廷についてみてみると、幕府は先に挙げた「公家衆法度」の第一条で、公家たちに「家々之学問」を昼夜油断なく励むよう命じている。この「家々之学問」とは、和歌・蹴鞠《けまり》・香《こう》道・衣紋《えもん》道・神道・陰陽道・儒学など、公家諸家に古くから伝わる朝廷の有職《ゆうそく》や芸能のこと(家業、家職)である。先述のように、「禁中并公家中諸法度」第一条で天皇は、君主としての教養をおさめることを幕府から求められたが、公家たちもまた、再建がはかられた朝廷で必要とされる学問への精進を、禁裏小番と並ぶ役儀として義務づけられたのである。また、当時は和歌を一人ではろくによめない公家も存在し(『春《はるの》寝覚《ねざめ》』)、京都所司代が稽古《けいこ》会《かい》を定期的に開催することを天皇に提案し、それを監督するなどの梃子入れもしている。こうした幕府の動きに連動するかのように、朝廷でも後水尾天皇が学問講と呼ばれる勉強会を組織し、公家たちに和歌や有職などの学習を勧めるようになっている［本田 一九七八］。近世前期の京都にみられる王朝文化の復興とその後世への継承に果たした幕府の役割は、決して小さいものではなかった。また、幕府が朝廷へ種々の経済的措置をとったことは先に述べたとおりであるが、寛永文化の代表的な遺産である後水尾天皇が営んだ修学院離宮や八条宮家の桂離宮も、幕府の財政出動などによって造営されたものであった。幕府の存在と経済力が背景にあったからこそ、寛永期における天皇・朝廷の文化的営みが可能となったのである。

上層町衆はどうであったか。教科書にも登場する本阿弥光悦は、代表的上層町衆の一人である。彼が洛北の鷹峯《たかがみね》に「芸術村」を建設し、そこで後世に残る芸術の制作を指導したことはよく知られているが、実はその地は幕府から知行として与えられたものであった。光悦はまた、京都所司代の求めに応じて政治論を答申するが、そこでは徳川家による全国支配の正統性が述べられ、分をわきまえ秩序を重視することの必要性が主張されている。優れた芸術家である光悦は、幕府権力に密着し体制を擁護する、「御用文化人」とでもいうべき顔ももっていたのである。

このように、寛永文化の担い手―パトロンとして、幕府の存在は大きな意味をもったのである。

寛永文化の基調

関ヶ原の戦いを経て大坂の陣で豊臣家が滅亡するに至る慶長期（一五九六〜一六一五年）は、幕藩体制が成立していく時期であり、寛永文化展開の前史と位置づけられている。この慶長期には、江戸幕府によって下剋上の凍結がはかられ、社会の安定化・秩序化が進められていった。その結果、政治的世界では下剋上の運動が克服されるが、その精神は人々の行動原理の中に生き残り、秩序化に反発し異風異体で町を徘徊して問題を起こす、かぶき者の横行という社会現象が生じることとなった〔守屋 一九七六〕。先に挙げた猪熊事件の首謀者猪熊教利もかぶき者の一人といわれ、かぶきの風潮は公家のあいだにまでおよんでいた。芸能の分野でも、千利休の後継者と目され慶長期に活躍をした古田織部は、人為的に形をゆがませた異風異体の茶碗を用いるなど、既存の価値観にとらわれない、かぶき者に通じる美意識をもって茶の湯を行って、広く支持された。

もっとも、こうしたかぶきの風潮は、寛永期に入ると社会の後景に退いてゆく。朝廷のかぶき者に対する規制は寛永前期を最後にみられなくなる。茶の湯の世界でも、織部の弟子の小堀遠州は、「キレイ」(綺麗)と称される均衡がとれて秩序だった優美な美意識をもち、寛永期をリードした。この「キレイ」という感覚は茶の湯にとどまらず、桂離宮などの建築に対する同時代の評言にも用いられており、寛永文化をつらぬく美意識であった〔熊倉 一九八三〕。幕藩体制が確立して秩序が重視される社会ができあがっていく中、慶長期とは異なる、時代に適合的な感覚が形成され、文化的な基調となったのである。

寛永文化の終焉

寛永文化が営まれた場は、天皇・公家・上層町衆によってもよおされた、和歌・連歌・茶の湯・立花・学問など種々の会であった。それらの会は参加者を重複させながら鎖状につながり、そこでは身分を越えた文化的交流が行われた。そのため、寛永文化はサロンの文化であったといわれる。寛永文化はこのように、京都のサロンというきわめて狭い空間において生み出されたものであったが、寛永という年号が終わる頃から、サロンを取り巻く環境に変化が生じてゆく。

一つは、整版《せいはん》印刷による出版という、新しいコミュニケーションの手段の広がりである。寛永期に始まる整版印刷は、元禄期(一六八八〜一七〇四年)にかけて盛んとなっていく。一六四四(寛永二十一)年に京都ではじめての出版統制令が幕府によって出され[横田 二〇〇五]、ついで一六五七(明暦三)年に出版の許可制が触れ出されるのは、出版文化隆盛の裏返しである。こうした中、狭隘《きょうあい》な文化的空間であるサロンは、教養の伝播や共有のための場という地位を低下させてゆくことになる。

また、寛文・延宝期(一六六一〜一六八一年)になると、京都と並び大坂・江戸の名所記が出版される。これは、大坂・江戸という都市が文化的に成長をみせ、人々の関心がそれらの地に向けられるようになったことの表れであり、京都が唯一絶対的な文化的世界ではなくなったことを物語っている。こうして寛永文化の時代は終焉していくのである。

〈**参考文献**〉

青木美智男　二〇〇九年『全集日本の歴史別巻　日本文化の原型』(小学館)

家永三郎　一九八二年『日本文化史〈第二版〉』(岩波新書)

石川和外　二〇〇七年「禁裏付武家――朝廷内の旗本」(高埜利彦編『身分的周縁と近世社会8　朝廷をとりまく人びと』吉川弘文館)

久保貴子　一九八九年「近世朝幕関係史研究の課題」(『歴史評論』四七五号)

熊倉功夫　一九八三年「寛永文化と茶の湯」（熊倉功夫責任編集『茶道聚錦四』小学館）
熊倉功夫　一九八八年『寛永文化の研究』（吉川弘文館）
佐藤雄介　二〇一六年「「御取替金」と京都所司代」（『近世の朝廷財政と江戸幕府』東京大学出版会）
高埜利彦　二〇〇一年『日本史リブレット36　江戸幕府と朝廷』（山川出版社）
橋本政宣　二〇〇二年a「禁中幷公家中諸法度の性格」（『近世公家社会の研究』吉川弘文館）
橋本政宣　二〇〇二年b「江戸時代の禁裏御料と公家領」（『近世公家社会の研究』吉川弘文館）
林屋辰三郎　一九五三年「寛永文化論――日本的伝統の起源をたずねて」（『中世文化の基調』東京大学出版会）
尾藤正英　一九七五年『日本の歴史19』（小学館）
尾藤正英　一九九二年「江戸時代の社会と政治思想の特質」（『江戸時代とはなにか――日本史上の近世と近代』岩波現代文庫）
平井誠二　一九八三年「武家伝奏の補任について」（『日本歴史』四二二号）
藤井譲治　一九九三年「江戸幕府の成立と天皇」（永原慶二編者代表『講座前近代の天皇第2巻』青木書店）
本田慧子　一九七八年「後水尾天皇の禁中御学問講」（『書陵部紀要』二九号）
松澤克行　二〇〇七年「近世の天皇と学芸――「禁中幷公家中諸法度」第一条に関連して」（国立歴史民俗博物館編『和歌と貴族の世界――うたのちから』塙書房）
守屋毅　一九七六年『「かぶき」の時代――近世初期風俗画の世界』（角川書店）
山口和夫　二〇〇八年「朝廷と幕府」（藤田覚編『史料を読み解く3』山川出版社）

横田冬彦　二〇〇五年「近世の学芸」(歴史学研究会・日本史研究会編『日本史講座6』東京大学出版会)
横田冬彦　二〇一八年『『徒然草』は江戸文学か?——書物史における読者の立場』(『日本近世書物文化史の研究』岩波書店)

3 近世前期の政治と外交

木村　直樹

はじめに

本稿では、おもに江戸幕府の二代将軍徳川秀忠から四代将軍家綱までの時代について、政治の仕組みと、対外関係についてその特徴をみてみたい。どのようにして高校の日本史教科書などで示される政治や社会の枠組みができあがったのか、また日本と海外との関係が安定化していったのか、という視点から考えていく。

1　政治構造の確立——老中制度を中心に

一六一六(元和二)年四月、徳川家康が死去し、二代将軍秀忠は、文字通り天下人となり政治を動かすることとなった。すでに秀忠は、一六〇五(慶長十)年に征夷大将軍になっていたが、前の将軍家康が、大御所として外交や朝廷との関係、外様大名の取り扱いなど、国政の重要事項を差配し、二元的な権力体制であった[山本 二〇二〇]。

もっとも、まだ家康が存命中の一六一五(元和元)年、幕府は、武家諸法度・禁中並公家諸法度・諸宗諸本山諸法度・一国一城令などをあいついで定めており、幕府と大名、幕府と朝廷の基本的関係は制度的には規定されていた。親政を開始した秀忠は、基本的枠組みや方向性を、現実の政治状況にあわせてどのように運用するのかが課題であったといえる。

年寄・老中と徳川一門

幕府の政治構造に目を向けると、十七世紀前半までは二つの課題が将軍代替わりごとに生じていた。一つは二重化した政治構造の解消であり、もう一つは徳川一門の統制である。

まずは、重層的な政治構造の解消と老中の制度化についてみてみよう。のちに老中といわれる職務は、三代将軍家光の半ばまでは年寄と称することが多く、本稿もそのように扱う。

家康と秀忠、あるいは秀忠と家光とのあいだでは、前将軍である大御所の方が、朝廷や外交、有力な外様大名の管理など重要事項を決定した。将軍は文書上では命令をするが、実態としては見習い的存在であった。そのため、大御所についていた政治経験豊富で力量のある年寄は、将軍にとって頼りがいもあるが、同時に扱いにくい存在であった。大御所が死去すると、将軍は、大御所周辺の有力者を、いかに自分の本当の家臣として統合するのかが課題となった。

家康が存命の時は、家康と秀忠双方に年寄がおり、相互に連携をはかっていた。とくに家康の腹心本多正信は江戸城にいる秀忠に、その子正純は駿府(現在の静岡県静岡市)の家康についており、本多親子の回路を軸に調整がなされた。家康死去の直後に本多正信も亡くなり、秀忠は正純を幕府の年寄とした。ただ、政治的な権力や経験を積んだ正純は、秀忠にとって必ずしも望ましい存在ではなく、結局一六二二(元和八)年に正純は失脚してしまう。

また家康のもとでは、様々な分野の人物が政策を補佐していた。例えば、外交に助言をした三浦按針(ウィリアム・アダムズ)や、貨幣制度整備に関わった後藤庄三郎光次などがいる。ところが、秀忠の時代になると、このような多様性は減っていく[山本 二〇二〇]。

家光の場合、やはり秀忠存命期には、秀忠と家光にそれぞれ年寄がいた。江戸城西の丸にいた秀忠は、順次本丸の主《あるじ》である家光に自身の年寄を付属させていき、円滑に政権移行を進めようとしている。それでも最晩年に残った年寄たちは、家光親政下では東海道や畿内の要地の城主に封ぜられ、信頼はされているが政治の中央からは遠ざけられている。

その一方で家光は、一六三二(寛永九)年の親政開始後、それまでの年寄以外に、自分に幼少からつきそってきた側近たちを年寄として引き上げ、新しい仕組みを模索した。当初は将軍の判断なしには政治が動かない一極集中型のシステムをつくり、かなり効率よく政権運営がなされたが、一六三七(寛永十四)年初頭に家光が体調不良になると一気に政治が停滞した。そして回復しつつある秋の段階で島原・天草一揆が勃発したが、幕府の初動体制が鈍く、一揆の長期化をまねいたことは否めない側面があった。そこで翌一六三八(寛永十五)年、通常の政務は老中が担い、必要に応じて大老へ政治の諮問を行う、教科書の図で示されるような機構ができあがり、以後この仕組みは幕末まで続く。老中の制度が始まったといえる［高木 一九九九］。

さらに将軍の代替わりになり問題となるのは、徳川一門の存在である。

秀忠の場合、将軍になったとはいえ、継承について、長子や、それに準ずる人物が将軍になるというルールが明確になっていなかった。将軍にとって実の兄弟や、実兄の子息たちは、やっかいな存在であり、最終的に何らかのかたちで政治的に排除することになった。秀忠は親政を始めると、実弟越後高田藩主松平忠輝を改易とした（家康存命中は、できなかった）。また、家光に将軍を継がせる直前には、越前北庄藩主松平忠直を改易し豊後へ配流している。忠直の父結城秀康は秀忠の兄であるが、幼少時に他家に養子に出ていたために徳川家を継がなかった。見方によっては忠直こそが嫡流ともいえる家である。三代将軍家光にしても、将軍親政が始まると、実弟であり幼い頃は将軍となる可能性があると幕府内でも思われていた駿府藩主徳川忠長を、改易のうえ、高崎城に幽閉し、自害に追い込んでいる。軍隊指揮経験のない家光が、武家の頂点に立った結果、かえって厳しい措置がくだされている。

近世初期は、毎回将軍が代わるたびに幕府首脳部や徳川一門の中で、深刻な政治危機が発生したが、やっとおさまるのは逆説的ながら四代家綱が幼少で将軍になってからである。

満一〇歳で将軍となった家綱は、当然ながら最初は自身で政治的判断ができるとはみなされないことから、当座、家光に殉死した者を除いて、残存した幕府の首脳部（寛永の遺老）が家光の実弟保科正之などを加え、共同で家光政治の路線を継続した。当時の老中が「現在は将軍が幼いので、将軍自身の指示が出ない。かといって自分たち下の者がいろいろ大きく変えてしまうことはなおさらできない」(国立公文書館蔵「長崎御役所留」)と述べていることからもわかるように、幕府は、家光の政治が正しかったものとし、その路線を引き継ぐことで、政治の正統性を確保しようとした。さらに、家綱は寛文年間(一六六一〜七三年)に成人し、新たな武家諸法度を定め、大名や寺社の領地を将軍が認める朱印状をいっせいに発給するなど、真の天下人としての姿を国内に示したが、同時に家綱は、それまでにできあがっていた政治システムを積極的に自分の思うように改革したり、自身の側近を強く登用したりすることはなかった。そのため、結果的に幕府の政治システムは以後、固定化する。それにともない政治の中枢を担う老中を輩出することができる譜代大名の家も、おおむねこの時期に確定する。それまでは、将軍の幼少から仕える者が長じて大名に取り立てられて年寄や老中になることから、就任する家が確定しているわけではなかった。

また、幕府の役職が、特定の家柄や石高のグループから起用されるのは、老中だけではなかった。例えば、幕府の財政を預かる勘定方にしても、十七世紀半ばに勘定頭から勘定奉行に変わって役所が整備される。それまでは、特定の優れた処理能力をもつ者が登用され、その能力のおよぶ範囲が役職の職掌であり、ときにはその人物の家政機構が、自分の家臣を動員しながら役所として機能していた。ところが、幕府ができ半世紀を過ぎてくると、役職の行うべき職掌が定まり、それにみあう能力のある人物を、その役職に就任できる基本的階層の中から任用することになる。また役所で実務を担う下僚たちも、幕府の役人として旗本や御家人たちが起用されている。明治になって福沢諭吉が『福翁自伝』で硬直化した状態を糾弾した「封建制」が確立したといえる[藤井 一九九九]。

このように近世初期の段階は、一見順調に将軍職が継承されているようにみえても、それは結果論にすぎず、実際は潜在的に将軍になりうる人物を排除していく過程でもあった。

大名統制と御家騒動

本稿冒頭で述べたように、幕府は諸大名に対しては、武家諸法度を根拠に、統制を強めていった。とくに秀忠は親政になると一六一九(元和五)年に、有力な外様大名であった広島藩主福島正則を、武家諸法度に規定された城の修理の事前申し出をおこたったとして改易して、大名に対して幕府の力を見せつけた。さらに、福島の改易後、広島へ和歌山から浅野家を移封し、同時に実弟徳川頼宣を紀伊和歌山藩主とするなど、畿内周辺の幕府による掌握が強化されていった。有力大名改易は、西日本においてまだ幕府権力の浸透が薄い地帯を掌握する過程であった。家光も、やはり親政開始直後の一六三二年に肥後熊本藩主加藤忠広を改易し、幕府に近しい外様大名である小倉藩主細川忠利を熊本に移すと、空いた豊前一帯に譜代大名の小笠原一族を入部させ、九州での幕府権力の浸透がはかられている。同様に一六二二(元和八)年に山形藩最上家が改易された際は、譜代大名の庄内藩などが成立し東北地方への浸透がみられた。

一方、十七世紀前半は、幕府の将軍と同様に、諸大名の側でも藩主権力を確立する必要にせまられ、失敗し改易となる大名も多く出た。もともと、大名たちは、養子や婚姻を通じて同族団的結合を拡大させたり、あるいは不断の戦争の中で、有能な軍団長を招聘したりして、家を拡大して戦国時代を乗り越えてきた。ところが、戦国時代を乗り切った当主が死去し、若い当主になると、経験と実力のある一門の家老、あるいは先代の才覚を信頼し仕えていた家老などが、新藩主に従わなくなる、あるいは秀忠や家光と同じように新藩主が側近を藩政の中心にすえようとして混乱が起きる、といった御家騒動があいついだ[福田 一九九九]。

幕府は、御家騒動が起きると、一方的に大名家を改易するわけではなく、基本的には藩主を支持した。対馬藩宗家の事例などが典型的である。幕府自体、戦争経験のない人物が将軍である以上、当然のなりゆきであった。だが、幕府の勧告があっても、新藩主を一門の家老たちが拒否して改易となった山形藩最上家や、藩内が内戦状態になった米子中村家や人吉相良家のなどの事例もある。藩主の側も幕府を必要としていた側面があったといえる。

また、諸大名の江戸参府も秀忠までは幕府の年寄を通じて個別に打診されていたが、家光の時期にはこれが定型化し、幕藩関係の双方向的安定化をみてとることもできる。

島原・天草一揆から寛永の飢饉へ

十七世紀初頭の幕府の民衆政策が大きく変換するのは、島原・天草一揆と、それに続いた一六四二〜四三(寛永十九〜二十)年をピークとする寛永の飢饉であった。

十七世紀前半は、世界的に小氷河期に当たり、日本でも不作や農耕牛・馬の疫病の流行などが起きている。一六三七年秋に始まった島原・天草一揆は、領主の重税が続く中で、キリシタンの多い地域でキリスト教が紐帯《ちゅうたい》となって発生したと考えられる。翌年二月末、一揆勢三万七〇〇〇人はほぼ壊滅し、幕府側は少なく見積もっても一五万人以上の軍勢を動員したが死傷者も多数出ている。この結果、江戸幕府は国内でのキリシタン禁制政策を強化すると同時にポルトガル船を追放した。ただ、飢饉の状況は一六四二〜四三年にさらに深刻化する。国内で一〇万人以上の餓死者が出たともいわれるこの寛永の飢饉に対して、幕府は、臨時の政務体制をとり、事態の収拾にあたっている。この中で、流民やキリシタンの移動などにも警戒をする、難しい対応が必要であった[藤田 二〇一二]。

飢饉を経たのち、幕府の農業政策は、「百姓なりたち」、つまり農民の生活や経営が持続するように、方向を転換していった。一六四三年に関東地方の幕府領に出された「土民仕置条々」では、農民の生活が奢侈《しゃし》にならないよう制限を加えるだけではなく、雑穀中心の食生活を命じ、さらには米を消費する酒造の制限、田畑永代売買禁止などがうたわれ、以後の農政の基本的な路線が明確になってきている。また、十七世紀のあいだに二倍近い急速な日本の人口拡大によって、農村では農民が田畑を分割相続させて経営基盤が弱体化する可能性が出てきたため、一六七三(延宝元)年には分地制限令も出されている。

一六一五年の大坂夏の陣ののち、武家どうしが覇権を争う戦いは終止符を打ち、島原・天草一揆の中で、領主対民衆という身分集団間の矛盾が以後の課題として顕著に浮上してきている。一揆は鎮圧したが、幕府としても人民の大半を占める農民たちの生活の安定をおろそかにすれば、再び社会的混乱につながると気づいたともいえる。

2　限定された対外関係へ

全方位型外交の模索（家康）

秀忠時代の日本と異国との関係を考える際に、まずはその前の家康時代の特徴を起点に考える必要がある。なお、日本と外の地域との関係は、国家間の正規の関係である外交以外にも、様々な諸関係からなり、学術的には「対外関係」と称することが多い。

家康が天下人となり、異国との関係についても関わることになるが、大きな課題が二つあった。一つは、朝鮮・中国との関係、もう一つは貿易システムの掌握であった。

朝鮮については、秀吉の朝鮮侵略後の関係正常化が課題だった。日本軍は朝鮮半島から撤収しているが、休戦状態にすぎなかった。また、中世以来、日朝関係に携わった対馬藩宗家にとって、日朝貿易ができないことを意味し、藩の存立に関わった。同時に、家康にしてみると、日朝関係の正常化は、朝鮮半島で実際に日本軍が戦火を交えた中国の明との関係正常化も意味していた。朝鮮にしても、日本との関係を安定化させる必要が出てきた。朝鮮北部では、のちに清王朝を打ちたてる女真族の活動が活発化し国境を脅かしつつあり、国の南北両方の勢力と敵対することは避けたいという事情があったためである。

それぞれの思惑がある中、対馬は使者を派遣し国交回復の方策を探った。当初は使者すら生還できなかったが、日本国内にいる朝鮮人捕虜の帰還などを推進して交渉の席に着き、また日本国内で政権の変化があったことも幸いした。そのため一六〇五（慶長十）年に朝鮮人僧侶惟政《いせい》（ユジョン）が伏見で家康に謁見し、日朝関係の安定化の方向が示された。ただ問題が残った。戦時中の王墓を荒らした犯人の引き渡しと、どちらが先に国書を提出するかであった。下手人については偽者を引き渡して切りぬけたが、漢文を通じた東アジアの外交世界において、戦後最初に国書を送った側が敗戦を認めるという通念があった。家康は朝鮮に行っていないため出す理由がないと考え、侵略された朝鮮から出すということは、ましてありえなかった。

そこで対馬宗家は、中世から得意としていた伝統的な外交手段、国書偽造を行った。徳川家康名義の国書を偽造し、朝鮮に提出した。朝鮮は、疑義はあるが形式上は問題がない国書を受理し、日朝関係が再開した。一六〇七(慶長十二)年に第一回目の朝鮮通信使が派遣されるが、使節の正式名称は「回答兼刷還使」とされ、家康の手紙への返事と、朝鮮人捕虜の帰還の推進が目的であった。対馬の工作が露見する可能性があったが、日本での国書受け取りに際し、今度は偽の朝鮮国王の国書を対馬は作成し、すりかえることに何とか成功し、朝鮮通信使を通じた近世的日朝関係が始まった。つづいて、対馬と朝鮮とのあいだに一六〇九(慶長十四)年には己酉約条が結ばれ、釜山に倭館が再建され、日朝貿易再開が正式に決まる。

一方、明との関係改善はうまくいっていない。一六一〇(慶長十五)年には家康の年寄本多正純が手紙を福建総督に送り、交渉の打開を目指したが先に進まなかった。さらに、薩摩藩島津家の琉球侵略を家康が承認したのは、明と冊封関係にある琉球を経由させて日明関係の改善を期待したこともある。結局一六四四(正保元)年に明が滅びるまで正規の外交関係は樹立せず、基本的には私商人が中国や東南アジアから長崎などへ来航して、貿易が行われた。

家康のもう一つの課題は、貿易システムの掌握にあった。当時の日本と海外との貿易の中核は、大量に産出していた日本の銀と、国産が少ないが身分制を可視化する高級な衣服から甲冑まで様々な需要が大きかった生糸や絹製品の交換という東アジア最大規模の貿易取引であった。十七世紀初頭、中国のマカオに拠点をもつポルトガルがイエズス会とともに長崎にもち込むルートを安定的大規模に独占していた。中国は自国の民間人が自由に海外貿易することを認めていなかった。また、社会的にも需要がある様々な薬種、あるいは儀礼に利用する香木など輸入に頼る高価な品物も多く、権力者にとって調達は重要だった。

家康の場合、一六〇七年あたりまでは、さかんに東南アジア方面に、自身が発行する渡海許可書である朱印状をもたせた朱印船を派遣し、日本側から能動的に貿易を行った。東南アジアの現地の王権にも国書を送り、朱印状持参者のみ交易を許可するよう求めている。

一六〇四(慶長九)年には糸割符制度によって生糸の価格を日本側が主導しようと試みている。また、ポルトガルによる半ば独占的な供給体制を崩すために、取引する勢力を多元化する方向が模索された。そこで、フィリピンやメキシコ(ノバ・エスパニア)との関係も探った。結果的にスペインが支援する托鉢系修道会があいついで来日し、日本での活動を開始した。

家康としては、一六一二(慶長十七)年にキリシタン禁令を出し、原則的にはキリシタン禁制をいいながらも、貿易の関係から、どうしても中途半端な状態となった。

さらに一六〇〇(慶長五)年、豊後にオランダ船リーフデ号が漂着し、乗組員だったイギリス人ウィリアム・アダムズ(三浦按針)やオランダ人ヤン・ヨーステン(耶揚子)らを起用し、英蘭両国との関係を深めようとした。

ヨーロッパ情勢も、家康の政策に有利に働いた。スペインがポルトガルを同君連合の名のもとに支配し、カトリック側ではポルトガルのみが許されていた日本布教権が、スペインにも開放され、さらに一六〇九年に独立戦争中のオランダがスペインと一二年間の休戦協定を結ぶ。その状態が確定する前にアジアにおいて商館を設置する必要から、日本にとりあえずオランダ商館が設置されたのである。

また中世以来、海外と関係をもっていた島津氏・宗氏・松前氏は、その権限の大枠を幕府によって再認されることになった。同時に、これらの大名家では、必ずしも藩主権力が確立しておらず、むしろ幕藩制国家の一部の「役」として対外関係に関わることで、藩主権力が強化されていったという側面がある〔藤井 二〇二〇〕。

限定的対外関係へ(秀忠)

様々な貿易ルートを模索した家康時代の対外関係は、秀忠の時代になると大きく変化し、限定的・統制的になっていく。海外との紛争を極力回避しようとする動きが顕著になる。秀忠は家康の死去直後に、キリシタン禁制を強化し、それまでの武家のみならず領民までもがキリシタンになることを禁じた。また西欧諸国の船舶の統制を行い、ポルトガルは長崎、オランダとイギリスは平戸のみ入港となった。秀忠には、オランダやイギリスの信じるプロテスタントもキリスト教の一つであるという認識がある。一六二二(元和八)年には一度に処刑されたキリシタンの数としては最大規模の元和の大殉教も起きた〔荒野 二〇〇三〕。

先述のオランダ・スペイン間の休戦協定が終わりとなると、ヨーロッパではオランダとイギリスが同盟を結び、平戸を根拠地とする英蘭連合艦隊が、日本に来航するポルトガル船を襲撃する事件が発生した。日本近海での紛争、とくに日本が必要とする物資に影響が出る状態を秀忠は許さず、海賊行為・武器輸出・外国への人身売買についての禁令を一六二一(元和七)年に発令し、日本貿易での採算が見込めなくなったイギリスは一六二三年に自主的に撤退をする。また一六二四(寛永元)年にはスペインも日本から追放された。さらに、海外で日本人がトラブルに巻き込まれることもあった。一六二四年、オランダ東インド会社が台湾を占拠し、寄港する朱印船に課税をしようとして日本側とトラブルになり、長官が日本に連行される台湾事件も発生し、オランダ貿易は一時中断している。一六二三年には英蘭が香料の産地であるアンボイナ島をめぐって衝突をするが、その際、現地では日本人傭兵たちが活躍したことからも、秀忠の懸念は正鵠《せいこく》を射ていたといえる。一六二八(寛永五)年にはシャムで朱印船が襲われ朱印状が奪われている。

ポルトガル追放と近世的対外関係の固定化(家光と家綱)

家光親政が始まると、キリシタン禁制とポルトガル船の管理強化という方向は続くが、一六三五(寛永十二)年になって、西日本各地に来航することのあった唐船を長崎に集中させることに成功した。幕府と大名との関係から、秀忠でも難しかったことに成功している。またあいついで出された長崎奉宛の指示の中で、海外在留の日本人の帰国禁止やヨーロッパ人とのあいだの混血児の追放が定められ、人の出入りに排他的な姿勢もみえてくる。これらの指示は、家光になって二名で相互監視するようになった長崎奉行が初夏に長崎に向かう際に与えられ、奉行が必要に応じて九州などの関係大名に知らせている。後世に第一次から第四次「鎖国令」といわれている法令であるが、大名に必要部分以外は周知されていなかった。また出島を長崎に造成し、ポルトガル人を収容し監視しながらも、まだ唐人は長崎の町に寄宿している。キリシタン禁制を強めつつも、貿易構造の関係から、それ以上はできない状態であった[山本 一九九五]。

しかし、島原・天草一揆によって情勢は変化する。一揆勢がポルトガルの援軍を期待したからである。ポルトガル側は民衆反乱とみなし同調しなかったが、幕府は、来航すること自体がキリシタンの蜂起を誘引すると認識した。幕府は一年余りの議論を経て、オランダが日本が必要とする輸入品を供給できると約束することで、一六三九(寛永十六)年にポルトガル船追放を全国に発した。翌年には再考を願ったマカオからのポルトガル使節の多くを幕府は処刑し、報復や宣教師の密入国に備えて沿岸警備体制を固めた。とくに長崎は福岡藩と肥前佐賀藩が交互に警備を行うこととなった。また、対馬では宗家内部で御家騒動が発生し、家康以来の欺瞞《ぎまん》行為が一六三五年に発覚したが(柳川一件)、日朝双方とも軌道に乗った関係を崩すことはなかった。

このように、一六四〇(寛永十七)年前後に、後世に「鎖国」といわれる状況ができ、長崎へはオランダ東インド会社の船と唐船が来航したが、来航者の国籍は多様であった。また、注意すべきは、幕府はスペイン船・ポルトガル船を追放したのであって、とくに世界各国に対して、日本は関係を断ち切ったという認識はもっていない[木村 二〇〇九]。

家綱の時代になると、中国における明から清への王朝交替の余波で、日本に来航する異国船どうしの紛争が一六七〇年代まで日本にもち込まれたが、幕府はそれを制御し、またアジア各国から唐船名義の貿易は認めたが、国交レベルのやりとりはなくなっていった。ヨーロッパとの関係は、一六七三（延宝元）年にイギリス船が長崎に貿易再開を願って来航した際に、最終的に幕府はこれを拒絶するが、この時期に、ヨーロッパ諸国との関係はこれ以上増やさないということが意識化されてきている。家綱政権の政治のあり方が、外交政策でも状況の固定化を生んだ。

〈**参考文献**〉

荒野泰典　二〇〇三年「江戸幕府と東アジア」（荒野泰典編『日本の時代史14　江戸幕府と東アジア』吉川弘文館）

木村直樹　二〇〇九年『幕藩制国家と東アジア世界』（吉川弘文館）

高木昭作　一九九九年『江戸幕府の制度と伝達文書』（角川書店）

福田千鶴　一九九九年『幕藩制的秩序と御家騒動』（校倉書房）

藤井讓治　一九九九年『江戸時代の官僚制』（青木書店）

藤井讓治　二〇二〇年『徳川家康』（吉川弘文館）

藤田覚　二〇一二年「寛永飢饉と幕政」（『近世史料論の世界』校倉書房）

山本博文　一九九五年『鎖国と海禁の時代』（校倉書房）

山本博文　二〇二〇年『徳川秀忠』（吉川弘文館）

4　身分社会の見方

齊藤　紘子

1　「身分」についての教科書記述

教科書記述の変化

山川出版社の現行教科書『詳説日本史』（日探　二〇二三）第九章二節「幕藩社会の構造」には、「身分と社会」「村と百姓」「町と町人」に続いて「農業」「林業・漁業」など産業に関する項がおかれている。高校生の学習の進め方としては、まず近世の身分秩序と社会についての全体的な特質を頭に入れたうえで、被支配者身分の中で基礎的な身分集団・生活共同体であった「村」「町」の特徴を理解し、そうした社会の中で展開した諸産業の展開について学ぶという順序が想定されている。このうち、冒頭の「身分と社会」という見出しから明らかなように、現在の日本近世史研究では、「身分」は支配の道具としての制度ではなく、社会のあり方そのものと関わる問題としてとらえられるようになっている。こうした変化の背景にある研究動向については、二〇一〇年に部落問題研究所から出版された塚田孝氏のブックレット『近世身分社会の捉え方——山川出版社高校日本史教科書を通して』において、近世身分研究の展開とともに詳しく解説されているので、まずその内容をみておこう［塚田二〇一〇］。

塚田氏は、その当時の最新の教科書である二〇〇九年版『詳説日本史　改訂版』(日B)と一九九二年版の『新詳説日本史　改訂版』とを比較し、近世の身分に関する記述が大きく変化していることを挙げたうえで、一九九五年版の『詳説日本史』(日B)にその画期があったと指摘している(一九九四年版の誤りと考えられる)。具体的には、一九九二年版では身分に関する部分には「士農工商」という項が立てられ、幕府や藩が自らの支配を強固にするために身分の別を立てた制度を定めて、その下に賤民身分をおいたものであり、身分は幕府によって上からつくられた「制度」であると説明されていた。ところが一九九四年版以降の『詳説日本史』では、項の立て方が大きく変わり、「幕藩体制の成立」という節の中で「幕府と藩の機構」や朝廷・寺社などの記述に続いて「村と百姓」「町と町人」「身分秩序」の項が立てられるようになった。そこでは、身分秩序を基礎に成り立つ近世社会の主要な身分として、支配身分である武士と、被支配身分である百姓・家持町人・職人の三つについて、彼らの所属した「町」や「村」などの集団のあり方などが詳しく紹介されるようになったのである。またそれ以外にも、僧侶・神職・芸能者など、職業や居所によって区別された多数の小規模な身分集団が存在し、それぞれの身分は村や町、仲間など集団ごとに組織されていたという記述が盛り込まれるようになった。一方で従来の教科書に太字で記載されていた「士農工商」という用語については、近年の研究の中で儒者などが体制を合理化するために用いた言説レベルの観念・イデオロギーであったと指摘されるようになり、その後二〇〇三年版の教科書記述では「こうした身分制度を士農工商とよぶこともある」といった程度の言及に引き下げられたのである。

塚田氏はこのような「転換をもたらした研究の展開」として、社会的分業(職分)を「役」によって編成したものが身分であるという高木昭作氏の研究[高木 一九七六]と、それに対する批判として提起された、身分が実態のレベルでは町や村などの「地縁的・職業的身分共同体」として存在したことを重視する朝尾直弘氏の見解[朝尾 一九八一]を前提に、塚田氏自身がそれらの統一的な理解の仕方として、身分を近代とは異なる「前近代における人間の存在様式」としてとらえる新たな見方を示したことに触れている。すなわち、近世社会は町や村といった集団や団体を基礎に成り立っており、諸個人(人間)はそうした集団に属し、集団を通して独自の技術や労働にもとづく「役」をつとめることで社会的な位置づけとしての「身分」を与えられたという理解である。つまり、社会的な分業の進展の結果として、それぞれの職業ごとに集団(共同組織)がつくられ、そうした社会集団は公儀権力などに対して自らの職業に対応する「役」を果たすことによって、社会での特権や位置づけを与えられた。以上のような塚田氏の提起は、集団としての社会的な実態(朝尾説)と、公儀による政治的編成(高木説)の両局面を統一的にとらえたもので、それまで対立的に受け止められていた高木説・朝尾説について、両者とも整合的に理解可能であることが示された。ブックレットでは、かわた身分・非人身分に関する塚田氏の研究成果によりつつ、以上のような研究の展開がわかりやすく説明されている。

なお、一九九四年版以降の『詳説日本史』執筆者の一人である吉田伸之氏は、一九八〇年代以降、江戸や京都の都市社会における町人身分や町人の共同組織である「町」の構造的な研究を進めるとともに、都市下層社会において集団化を遂げつつも独自の身分としては認められず、町人身分の下に従属していた髪結や鳶《とび》、振売商人などのあり方を対比する中で、近世の身分集団に不可欠な要件として職分(所有対象や経営の内容)・共同組織・役の三つの要素を挙げ、それぞれにおける排他性や固有性が満たされることが身分成立の前提として重要であったと指摘した[吉田 一九八七]。こうした都市下層社会における多様な社会集団については、一九九〇年代以降、吉田氏や塚田氏を中心とした「身分的周縁」に関する共同研究の中で具体的に解明が進み、後述するように「身分社会」全体についての新たなとらえ方の提起にもおよんでいるが[塚田・吉田・脇田編 一九九四ほか]、一九九四年版教科書には、僧侶・神職・芸能者などについて、その当時の最新成果が盛り込まれているといえよう。

現行教科書の身分理解――「身分と社会」というとらえ方

以上のような研究の展開をふまえて、つぎに前掲ブックレット刊行当時の教科書であった二〇〇九年版と現行教科書とを比較してみよう。現行教科書の身分に関する記述は、二〇〇九年版をもとにしつつ、二〇一三年版で構成的な組みかえが行われ、内容面でも近年の研究成果が反映されている。

大きな変化として、前述の通り、二〇〇九年版の教科書では町人や百姓などの主要身分と身分集団についての記述のうしろにおかれていた「身分秩序」の項が、二〇一三年版や現行教科書では「幕藩社会の構造」全体の冒頭に「身分と社会」という見出しでおかれていることに気づく。「幕藩社会の構造」という節が立てられていることも重要であるが、その中で「身分と社会」という表現の通り、「身分」が近世の「社会」のあり方全体に関わるものとして位置づけられている点に注意したい。また、それに続く部分で近世「身分社会」の基礎にある「村と百姓」「町と町人」の重要性について、それぞれ項を立てて詳述し、村や町を舞台に展開した諸産業の担い手・特質とその多様性を理解させる記述となっているのである。

近世社会における「身分」の実態として重要なのは、現行教科書における「これらの諸身分は、武士の家、百姓の村、町人の町、職人や日用・芸能者・宗教者の仲間など、団体や集団ごとに組織された」との説明である。この点については、諸身分が形成していた集団や団体の内部構造をみることで、より具体的な理解が深まるだろう。

例えば「武士の家」というのは、大名や旗本などの武家の「家」において、主従制の論理によって編成された家臣団(「家中」)の組織のことである。家臣団の武士は、それぞれの主人の家で作成される分限帳などに、職階の序列や給分である物成《ものなり》・扶持高《ふちだか》とともに把握され、城下町の武家地空間に屋敷地を与えられていた。徳川家自体も江戸を城下町とする巨大な「武士の家」であった。家臣団から離れた武士は一時的に「牢人(浪人)」身分となるが、牢人として武家地以外の町人地や村で暮らす場合には、後述する「町」や「村」を通じて厳しい身元把握が行われたことが指摘されている[朝尾 二〇〇四など]。身分秩序との関係では、治安維持において警戒すべき取締り対象だったのである。

「百姓の村」については、「身分と社会」のつぎにおかれた「村と百姓」の項で詳述されている。戦国時代末期の地域社会では、列島社会規模での地域差もあるが、百姓らが村法(村掟)などを取り決めて自治的な運営を行う共同組織・団体としての「村」が発達しつつあった。豊臣政権は、支配下においた地域で検地を行い、土地一筆ごとに耕作者を把握して検地帳に登録した。この検地帳に登録された土地の所持者が近世の「百姓」身分である。現在の研究では、畿内の村々では検地を境として村ごとに村役人として庄屋(名主)がおかれるようになり、幕府や藩などの領主が「村」を通じて年貢を賦課・徴収する仕組み(村請制)が広まったことが明らかにされている[牧原 二〇二二]。このように近世の「村」は、検地帳に登録された土地を所持する「百姓」の自律的・自治的な共同組織・団体であると同時に、幕府や藩などの諸領主が庄屋を通じて年貢を徴収するなど、支配を行う際の行政的単位でもあった。裏返せば、幕藩権力は身分集団としての「村」に依拠することで、年貢・夫役の徴発や行政的支配を円滑に行うことができたのである。

以上にみたような「村」に対応する都市社会の基礎的な社会集団が「町《ちょう》」であり、その構成員が「町人」身分であった。その詳細は「町と町人」の項で述べられているが、近世の「町」は、通りの両側に「家屋敷」(建物ではなく土地のこと)をもつ「家持町人」(「町人」)たちの共同組織であった。家持町人たちは、毎月のように町ごとに設けられた会所屋敷などで年寄を中心に寄合《よりあい》を行い、「御触《おふれ》」として発令される領主の法度だけでなく、各町で定めた町法(町掟)にもとづいて自分たちの町を運営していた。この「町」という組織は、京都市の中心部などでは現在の町内会の枠組みにも引き継がれており、現代都市における住所表記としての「町」の淵源をなすものであるが、「町」の中の土地所持者を構成員とする共同組織・団体である点に大きな違いがある。また、幕府や藩に対しては、町人らが所属する「町」を単位に町人足役などの夫役を負担するなど、都市支配の単位としても機能しており、村における村請制とも相似的なありようが確認されている。

「職人の仲間」については、それぞれの都市や地域の中で大工や石工・左官など、職業別に職人仲間が編成され、村や町と同じく仲間で定めた「職法」にもとづき仲間が運営されていた。職人の場合には、城下町建設時に領主の普請などを請け負った棟梁を中心に「職人町」が創出される場合もみられた。こうした職人の仲間は近現代の同業者組合の淵源となるものであるが、幕府や藩などが行う普請などに「役」として動員される見返りに「職人」身分の集団として公認され、百姓や町人に課される夫役などを免除されるとともに、城下町や地域での営業独占を認められていた点が大きく異なっている。

「身分制社会」から「身分社会」へ

このように、武士・百姓・家持町人・職人のいずれもが、それぞれの都市や地域において、武士の家臣団や、土地所持を基礎に集団化した「村」「町」、技術・道具などの共通性にもとづく職人仲間など、おのおのの集団・団体に属しながら生活を営んでいたのであり、「士農工商」といった全国一元的な身分制度や序列の体系が存在したわけではなかったのである。「身分と社会」という見出しには、従来教科書と比べて、近世の身分秩序がこうした社会全体のありようと直接的に関わるものであるとの理解が鮮明に示されている。

「身分と社会」の後半では、近世社会の周縁部分(村や都市の周縁)において、こうした四つの主要な身分とも区別されたいくつもの「小さな身分集団」が存在し、かわた身分や非人身分はその中でも下位に位置づけられた身分集団であったと説明されている。これら「小さな身分集団」は、前述のとおり一九九〇年代にスタートした「身分的周縁」をめぐる共同研究の中で解明が進んだ諸存在である〔久

留島ほか編 二〇〇〇、後藤ほか編 二〇〇六〜〇八など」。身分的周縁に関する研究の特徴としては、これらの「小さな身分集団」の実態を明らかにするだけでなく、それを通して近世社会の全体像＝「身分社会」のとらえ方を大きく刷新した点が特筆される。例えば、共同研究の推進者の一人である塚田氏は、身分的周縁研究に先がけて、近世社会の全体像として、村や町などが、より広域な組合などをつくる関係（「重層」）と、非人集団と町など異なる身分集団のあいだで結ばれる関係（「複合」）によって成り立つ「身分社会」の構造を指摘し、〝重層と複合〟というとらえ方を提起している［塚田 一九八七］。また、吉田氏も、二〇〇二年に刊行された『成熟する江戸』において、豪商三井家などの社会的権力や身分的周縁の問題をからませつつ、十八世紀段階の都市社会の全体像にせまる叙述を行っている［吉田 二〇〇二］。

以上のような記述の変化は、他社の日本史探究教科書にもおおむね共通している。例えば、東京書籍では「江戸時代の身分」「村と百姓」「町と町人」の三項目、実教出版では「近世社会の成立」「百姓と村」「町人と町」「身分と家」の四項目によって、身分社会としての近世社会全体の仕組みを説明している。なお、教科書では各社一様ではないものの、現在の近世史研究では、制度的側面を強調した「身分制社会」ではなく、社会全体の秩序や仕組みを含意した「身分社会」という用語が使われるようになりつつある。こうした身分理解に関する全体的な変化をふまえたうえで、以下では、教科書記述の裏側にある研究上の重要な論点について、いくつかのポイントにしぼって現在の研究段階を示すことにしたい。

2 近世身分社会の特質に関する論点

近世身分社会における支配

論点の一つ目は、近世社会における支配の特質である。現行の『詳説日本史』の「身分と社会」の冒頭には、幕藩体制の支配身分として武士だけでなく、天皇家や公家・僧侶・神職らが挙げられている。一九九二年版の身分に関する説明の中で支配者として説明されているのは武士が中心であった。しかし、一九八〇年代以降、近世の朝廷や公家の研究が進められ、山城国内京都盆地周辺部を中心に所領を有し、伝統的権威として存続した朝廷とそれを取り巻く公家社会のあり方が具体的に明らかにされた[高埜 二〇一四など]。また、都市域や在地社会に領地をもつ大規模な寺社の研究も進められ、境内やその周辺の土地を領有して周辺地域社会を編成していた寺社のありようも解明されている[吉田 二〇〇〇]。その結果、現行教科書においては、支配身分についての説明に「天皇家や公家、上層の僧侶・神職」なども加えられ、「村や町、あるいは仲間・組合などの様々な集団によって構成される社会を、身分と法の秩序にもとづいて支配した」(一六七頁)と説明されるようになった。

社会の構成要素である諸集団が支配の単位でもあった点については述べてきたとおりであるが、加えて現行の教科書には「身分と法の秩序」という表現が盛り込まれていることにも注目しておきたい。近世社会では、争論が起こった場合に当事者どうしが武力によって解決をはかることは厳しく禁じられており、幕府や藩に訴訟し、法にもとづく裁きを受けることとなり、身分秩序と並んで「法」の秩序が重要な意味をもつようになったからである。また、近年の身分研究においては、近世の「法」自体が、幕府や藩などの領主が定めた法令だけを指すのでなく、前述した町法・村法や職法などもそれぞれの身分内を規律する公的な「法」として重要な意味をもったことが指摘されている〔塚田 二〇一五〕。このような「身分」と「法」との密接な関係や、それらにもとづき支配が行われていた点も近世身分社会の特徴であると考えられている。

動態的な「身分社会」の展開

もう一つは、近世社会の変容と「身分」との関係についてである。近世の身分は「制度」ではないとしても、構造的には個人がいずれかの集団に属するという点において、静態的で「固い」イメージをいだく人もいるかもしれない。しかし、近世社会の様子を古文書などで具体的にみていくと、時代を経るにつれて身分（集団）と個人との関係には流動的な側面も色濃くみられるようになる。ここではそうした局面を取り上げつつ、そこにみられる特徴を指摘しておきたい。

まず参照しておきたいのは、城下町における身分的な空間の実態についてである。現行教科書一七一頁に示された城下町会津若松の図からも明らかなように、多くの近世城下町の社会は、城郭を中心として、武家地・寺社地・町人地など身分ごとの集住空間に分かれていた。しかし、そこで暮らす人々の生活や社会関係は、それぞれの身分の集住空間内に閉じていたわけではない。例えば、武家地・寺社地などでの武士や僧侶・神職の生活は多数の出入商人・職人との関係抜きには成立しなかったし、それらへの依存度は時代がくだるにつれて高まっていった。また、中間や小者と呼ばれる武家地（武家屋敷）の奉公人については、領地の村々から徴発された者たちに加えて、城下町の下層民衆の中から人宿《ひとやど》などの商人(仲介業者)を通じて雇用される者たちも増加したことが知られている[吉田 一九九八、森下 一九九五など]。近世中期以降の奉公人には、武家屋敷内の居住空間である「部屋」と、供給母体である都市下層社会とのあいだを繰り返し行き来する存在も多かった。さらに寺社地の境内でも、借家や常設・非常設の店舗などが設けられるようになり、多くの商人や芸能者らが活動の場としていったことが指摘されている。実際の社会関係は、身分的な空間を越えて広がり、相互に複雑化していったのである。

そうした中で、とくに巨大都市となった江戸や大坂の場合、支配身分を構成する武士の下層部分(旗本家臣団、御家人など)や神職の身分が被支配身分の者へ株として売買されるケースもみられるようになった[松本 二〇一七など]。また、献金などを行った有力町人・百姓などが、その見返りとして武士身分の特権である苗字・帯刀や代官の地位などを一時的に許される事例もあいつぐようになる。さらに、家中の下に従属的に編成された足軽・中間などの奉公人においても、その地位が物権化される場合があった[森下 二〇〇四a・二〇一四]。こうした動きの中で、各身分の境界が曖昧になり、支配身分・被支配身分のあいだの中間層の形成などに近代社会へのつながりを見出すとらえ方も示された[朝尾 二〇〇四]。

一方で、十七世紀末以降の町人地や村落社会においては、社会構造の変容にともなって膨大な数の社会集団が新たにつくられていく動向も指摘されている。一九八〇年代以降の都市史研究では、江戸や大坂などの城下町における借家人層(表店・裏店)に関する研究が進み、表店を借りて商いを営む商人らが同業者どうしで多様な仲間・組合・講などを結成し、「町」とは異なるレベルで集団化を遂げていく動向が明らかにされた［吉田 二〇〇〇］。また、店舗をかまえることができない裏店の人々の一部についても、日用や仲仕《なかし》など従事する労働を通じて町人地や武家地・武家屋敷などの中で排他的な集団をつくり、集団として利権を確保する場合があった［吉田 二〇〇〇、森下 二〇一四、松本 二〇一七など］。十八世紀にもなると、城下町などの都市ではこうした集団が産業・商業の主要な担い手となるのだが、各集団が幕府や藩などに対して自らの職分に対応した「御用」をつとめることを見返りに仲間集団の公認と営業独占の許可を願い出る動きが広範に確認されている。つまり、町や職人集団が身分集団として公認されている論理（すなわち個人が集団に属し、公儀への「役」をつとめることによって身分として認められるという論理）は、主要な身分である町人や職人にとどまらず、そこから排除された表店や裏店に暮らす借家人層にも必要とされ、積極的に利用されていく。町や村、職人集団だけでなく、様々な社会集団が特権や公認を求めて運動する動態的な「身分社会」のありようが提起されたのである［塚田 一九九七、森下 二〇〇四b］。

こうした点で、身分社会の論理は社会の最下層の人々の行動や意識にまで浸透し、まさに「身分社会としての成熟」というべき様相を呈した。近世・近代移行期を研究対象とする横山百合子氏は、右のような動向について「周縁的、あるいは下層の人々の集団化・身分化の動きを、上からの組織化とみるだけでなく、それらの人々が身分化を内発的に受け入れ自らの生存を確保する手段として捉え返していく過程」として位置づけ、「そのような集団化・身分化を求める人々の動きは、現象的には身分の論理に従い、身分制の成熟のようにもみえ」ると述べつつも、客観的には「身分と職分の合致を軸とする統治手段としての身分制支配をほりくずしていく」動きであると逆説的に評価することで身分制解体への見通しを提示している[横山 二〇一七]。近世後期から近代初頭に至る身分社会の変容と解体については、明治維新による政治的・制度的な変化だけでなく、社会集団の実態や諸個人の意識・行動など社会的なレベルから連続的に検討されるべき研究段階にきているといえよう。

身分社会における古文書の蓄積

最後に、以上のような身分社会の実態を背景として、日本の近世社会ではそれぞれの身分集団・社会集団のもとに膨大な量の史料(古文書)が残されたことを挙げておきたい。例えば、史料調査で近世に村役人などをつとめて有力百姓であった家を訪問すると、蔵や母屋の簞笥・長持などに収納された大量の古文書と出会うことがしばしばある。現在の近世史研究や文化財保存の現場では、このような古文書を調査する時、現代まで残されてきたまとまり全体を「史料群」として一括的に保存・研究することが一般的となっている。これらの史料群は、個人の「家」に引き継がれた古文書であっても、村の検地帳や宗旨人別帳などをはじめとして、その地域全体に関する様々な史料が含まれている場合も多く、家文書に加えて「村の古文書」というべき性格をなしているものが多い。また、城下町の「町」においても「町の古文書」が残されている場合があり、それらの古文書の中には、町文書の取り扱いを定めた規定なども確認されている[塚田 二〇一八]。このほか、筆者が研究対象とする近世都市大坂では、職人身分である大工仲間内の番組レベルで古文書が作成・継承されていたことや[田坪 二〇二三]、非人集団である四ヶ所垣外《かいと》仲間のもとでも大量の古文書が作成・保管されていたことが明らかにされている[塚田 二〇一八]。

こうした古文書は、本稿で紹介してきた近世の村や町の自律的な運営や、それに依拠した支配のあり方(村請制の仕組みなど)などに対応してそれぞれの身分集団のもとで作成され、残されてきたものである。世界史的にみても質・量ともに豊富な内容をもつ日本の近世史料からは、近世の都市や地域・仲間集団などの姿をきわめてリアルかつ具体的に把握することができ、それらが近世・近代を経て現代まで地域社会の中で残されてきた意味は大きいであろう。これらの古文書は、戦後の歴史学において、人々の動きや地域生活など社会の側から歴史をとらえるために欠かせない基礎史料として調査され、利用されてきたが、現在でも未整理・未調査のものも残されており、まだ知られていない近世社会の実態や論点の宝庫であろうと思われる。

〈参考文献〉

朝尾直弘　一九八一年「近世の身分制と賤民」(のち再録『朝尾直弘著作集第七巻』岩波書店、二〇〇四年)

朝尾直弘　二〇〇四年『朝尾直弘著作集第七巻』(岩波書店)

久留島浩・高埜利彦・塚田孝・横田冬彦・吉田伸之編　二〇〇〇年『シリーズ近世の身分的周縁』全六巻(吉川弘文館)

後藤雅知・斎藤善之・高埜利彦・塚田孝・原直史・森下徹・横田冬彦・吉田伸之編　二〇〇六〜〇八年『身分的周縁と近世社会』全九巻(吉川弘文館)

高木昭作　一九七六年「幕藩初期の身分と国役」(のち再録『日本近世国家史の研究』岩波書店、一九九〇

年)
高埜利彦　二〇一四年『近世の朝廷と宗教』(吉川弘文館)
田坪賢人　二〇二三年「近世後期大坂における大工組の存立構造」(『ヒストリア』二九八号)
塚田孝　一九八七年『近世日本身分制の研究』(兵庫部落問題研究所)
塚田孝　一九九七年『近世身分制と周縁社会』(東京大学出版会)
塚田孝　二〇一〇年『近世身分社会の捉え方——山川出版社高校日本史教科書を通して』(部落問題研究所)
塚田孝　二〇一五年『都市社会史の視点と構想——法・社会・文化』(清文堂出版)
塚田孝　二〇一八年「日本の近世社会の特質と史料——和泉市における合同調査の経験を中心に」(『市大日本史』二一号)
塚田孝・吉田伸之・脇田修編　一九九四年『身分的周縁』(部落問題研究所)
牧原成征　二〇二二年『日本近世の秩序形成——村落・都市・身分』(東京大学出版会)
松本良太　二〇一七年『武家奉公人と都市社会』(校倉書房)
森下徹　一九九五年『日本近世雇用労働史の研究』(東京大学出版会)
森下徹　二〇〇四年a『近世瀬戸内海地域の労働社会』(渓水社)
森下徹　二〇〇四年b「近世の身分」(『歴史と地理　日本史の研究』二〇五号)
森下徹　二〇一四年『近世都市の労働社会』(吉川弘文館)
横山百合子　二〇一七年「身分論の新展開」(歴史学研究会編『第四次現代歴史学の成果と課題2』績文堂出版)

吉田伸之　一九八七年「近世の身分意識と職分観念」(『日本の社会史7』岩波書店)
吉田伸之　一九九八年『近世都市社会の身分構造』(東京大学出版会)
吉田伸之　二〇〇〇年『巨大城下町江戸の分節構造』(山川出版社)
吉田伸之　二〇〇二年『日本の歴史17　成熟する江戸』(講談社)

5　泰平の世の幕府政治――社会の変化への対応

村　和明

1　江戸幕府の変貌

分家出身の将軍と側近政治

五代将軍徳川綱吉の頃になると、日本列島を取り巻く東アジアの国際秩序は一応平和なかたちで安定した。幕府と朝鮮・琉球・オランダとの関係は継続したものの、大きな対立は生じず、対外政策も国内事情により左右される傾向が強まる。列島内でも外様大名たちによる反抗の可能性はほとんどなくなり、軍事面での緊張は全体的にごく希薄となった。幕政の主要な課題は、幕府機構の整備や、列島社会の変化への対応が主要なものとなっていく。

綱吉は、その治世の始めに、多くの上級の武士たちを処罰した。大名の改易・転封を代始めに行った点は、三代将軍家光までと似ているが、異なるのは譜代大名や、代官など旗本も多く対象となり、かつ職務上の過ちなどへの処罰とみられる事例が多かったことである。徳川家と大名家の関係はすでに安定しており、むしろ近世ではじめて分家から将軍となった綱吉自身が、将軍としての威信を示し、幕府内で主導権を握ろうとしたものと評価される［辻 一九六三］。江戸幕府は、武家の主従制支配を一つの原理としており、大名らの個別の領主権は尊重していたが、他方で四代将軍家綱の頃から、全領主の主人であるのみならず、しばしば個別領主を超えた全国の支配者であることを押し出した政策も目立つようになっていった。

また、分家出身の将軍が続き、その側近による政治という傾向が生じた。五代将軍綱吉は館林徳川家、六代将軍家宣は甲府徳川家、八代将軍吉宗は紀州徳川家から、それぞれ将軍家を継承した。甲府・館林両家はそれを機に廃され、その家臣団は幕臣に繰り込まれた。紀州家は存続したが、一部の家臣団はやはり幕臣に編入された。これらの将軍たちは、将軍となるまでに成人し、それなりに経験を積んでおり、従来の家臣を将軍側近として重用した［深井 一九九一］。とくにこの側近を介した幕政の運営については、近年も解明が進められている。綱吉・家宣・家継の時代には、側用人が大きな力をもったが、同じく側用人といっても、例えば柳沢吉保は、大名の存続など日常の政務を越えた問題により深く関わるなど、時期ごとに幕政への関与の仕方には差異があったことが論じられている［福留 二〇〇六など］。側用人政治への批判を受けて、吉宗は側用人を廃し、御用取次をおいた。側用人は大名で、老中と格が近く、老中と合議したが、御用取次はより低い身分で、奉行たちなど、より実務レベルに近い役人たちと直接やりとりを行ったとされる［深井 一九九一］。

有力者に接近しようとする社会の人々の側から、幕政の変化をみることもできる。豪商三井家では、綱吉から吉宗の初期頃までは、将軍の家族や側近へ個別に接近したが、吉宗の政治の特徴が明らかになると、しだいに奉行などの役人たちと恒常的な関係を結ぶように方針を切りかえた［村 二〇一五］。

幕政の基本構造

こうした時期ごとの違いはあれ、側近を介して、将軍が直接的に強い指導力を発揮しうる点では、共通する政治構造が続いたともいえる（「将軍専制」「将軍親政」といいうる時期も含まれる）。女性たちからなる巨大な機構である江戸城大奥も、将軍を介して政治力を発揮することがあった。将軍その人と将軍にごく近しい人々が幕政を主導しようとする方針は、家光・家綱の頃に確立した、老中たちの合議を頂点とする幕政運営の慣行と、しばしば齟齬《そご》をきたすことになった。このことは、江戸城内の執務空間にも反映された。老中の執務室は、従来将軍の執務空間の近くにあったのだが、綱吉の頃にはこれが遠くに配置し直され、将軍の執務空間の周辺には、側用人や小納戸《こなんど》など、将軍側近の部屋が配置されるようになる。大奥・中奥といった伝統的に用いられてきた区分についても、こうした空間とあわせた再検討が進展し、議論が精緻化している［深井 二〇二一など］。

将軍その人および側近たちと老中たちのいずれに、より力があり幕政を主導したかは、時期ごとに異なるが、この二つが主軸であることは、幕末まで変わらない幕政の構造となる。田沼意次は、もと紀州家臣の子で、将軍側近であったが、最終的には老中ともなり、この二つの軸をともにおさえて非常に強大な権力を握ったことが、その特色ある政治の前提にあった［藤田 二〇〇七］。

幕政の時期区分

近世、あるいは幕府政治の変遷をどのように区切り、どこにより重大な画期をみるかは、古くて新しい問題である。近世のうちから、為政者が表明した歴史観や、儒者の価値観による時期区分は存在し、近現代の歴史観にも様々なかたちで引き継がれてきた。

例えば、綱吉の治世後半や田沼の時代を腐敗・悪政の時代と位置づけ、そのあとにくる新井白石らの政治（善政との評価を込めて「正徳の治」などと呼ばれた）や松平定信の政治を、改革・善政と評価し、この二つの繰り返しととらえる認識（「一張一弛」などという）があった。こうした見解は、腐敗した時代とみられる政治は、むしろ経済発展に対応しようとした面があるとのとらえ方が登場して、ある程度相対化されたが［大石 一九七〇など］、現在でも一定の影響力をもっているといえるだろう。

将軍その人、あるいはその側近が幕政を主導している時期、例えば五代将軍綱吉の時代や田沼意次の時代には、要路への賄賂が横行し、同時代から批判が高かったことは、現在でも事実とみなされているが、これは必ずしも当時の有力者の個人的な資質によるのではなく、構造的な原因があったと考えられている。民間の力を活用した請負や入札の拡大は、贈収賄の風潮をも広めた。また身分制による問題もあった。武士は主人の軍事動員に応じるために抱えるべき家臣団の規模が、格式としておおむね定まっていた。したがって、とくに将軍側近として引き立てられ、華々しく出世した場合には、新規に多人数の家臣を、短い期間で迎え入れなければならなかった。とくに田沼の時代には、大名の取りつぶしによる牢人などもあまりいなかったため、どうしても家臣に問題が出てくることになった［藤田 二〇〇七］。

また、江戸幕府の政治の展開をたどる際には、とくに享保・寛政・天保のいわゆる「三大改革」を重視する区分が長く大きな影響をもってきたが、こうした理解はかなり見直しが進んだ[藤田 二〇〇二]。こうしたとらえ方全体が、天保の改革を開始する際に、享保・寛政を理想とすると宣言したことに象徴される、幕府自身の歴史観に淵源をもつことが指摘されている。本稿の範囲でいうと、享保の改革の位置づけについては、前提となる幕藩制の動揺・危機の度合いの評価をめぐって、研究史上議論があった。近年は、時期区分や画期の設定をめぐる議論は全体的に低調であるが、享保の改革は幕政の動揺・危機への対応というよりは、その手直し・整備段階とみて、綱吉期との連続性を重視し、その後の田沼意次の時代、社会全体について元号を冠した表現では宝暦・天明期(一七五一～八九年頃)に、大きな画期をみる認識が優勢であろう。また「天和の治」「正徳の治」のような、ある種の価値判断を含んだ伝統的な表現も、しだいに用いられなくなりつつある。

2　経済発展・災害への対応

開発の弊害と対策

泰平の持続によって、開墾による耕地と収納の増加が十七世紀を通じて続き、享保期(一七一六～三六年)にはほぼ頭打ちとなった。そうした開発にともなう問題、とくに自然環境と人間社会の関係の変化による問題が、綱吉の頃から顕著となり、幕府が取り組み続ける課題となっていく。現代社会で環境問題への関心が深まるにつれて、近世史研究においてもこうした視座からの把握が進んでいる。

開墾が山間部まで進行していくことで、農村における獣害問題や牛馬の飼料問題が大きくなり、これらが綱吉時代の一連の動物をめぐる政策(生類憐み政策)の、一つの前提であったといわれる。武器であった鉄砲をめぐる取締りにおいても、害獣駆除のための鉄砲が広く必要と認識されていった(「農具としての鉄砲」と表現される)[塚本 一九八三]。

山林が耕地や飼料・肥料確保のための草山、さらにはげ山へと変貌していき、他方で河川沿いも堤防の外にまで開発が進むと、森林の保水機能が弱まって土砂が流出し、さらに川底が上昇した大河川の氾濫の影響が大きくなるため、土砂災害や水害が発生しやすく、かつ甚大になりやすくなる。こうした災害を防止し、あるいは発生した場合の被害を小さくおさえることは、農村の再生産と、収納を維持・拡大するため、幕府をはじめとする領主にとって非常に重要な課題となり、流路の変更、堤防の建設・補修、川底の浚渫《しゅんせつ》など、大規模な水利土木工事が実施されていく。近年、とくに畿内におけるこうした対策の研究が進展している[村田 二〇一四、水本 二〇二二など]。綱吉の頃から、畿内での土砂災害の頻発を受けて、幕府主導で恒常的な土砂対策が行われるようになり、吉宗の時代には、全国的に国役の制度を整備して、小規模な領主では対応できない大河川の普請を幕府が主導して実施する体制が整備される。こうした政策においては、個別の領主を超えた、全国の支配者としての江戸幕府の性格が押し出されていることが論じられている。

各種の土木工事は、幕府から諸大名へ、軍役の代わりに賦課されることも多かった。初めは諸大名が人員や物資を領地から運んでいたが、諸大名は実質的には費用のみを負担し、入札によって商人が請け負うようになっていった。こうした入札は、都市部の経済発展と領主たちの財政難を前提に、幕府でも綱吉の頃には一般化していたらしい。入札制度は激しい競争をまねき、先述した賄賂や談合が横行し、手抜き工事が常態化するという問題が生じていることが、幕政の構造的な課題として正徳期(一七一一〜一六年)にすでに指摘されるようになっていた[藤田 二〇一二]。

財政問題と幕府勘定所の台頭

幕府財政は、鉱物資源がしだいに枯渇し、明暦の大火(一六五七年)や寺社造営などの出費が続いたことで、綱吉の頃から本格的に課題となる。一六九四(元禄七)年、幕府では年度会計の赤字傾向が老中レベルで深刻に議論され、財政収支の均衡が政策課題として意識されはじめた。以降財政問題と、それを担当する幕府勘定所が、幕政でしだいに大きな位置を占めるようになる[藤田 二〇一八]。

綱吉の頃、幕府財政を一手に掌握する存在として荻原重秀が出現し、綱吉の没後、六代将軍家宣のもとで大きな政治変革が行われたあとも、しばらく影響力を維持した。重秀の時代、財政補塡をおもな目的として一連の貨幣改鋳が行われた。ここにおいてはじめて、金銀銭の三貨を幕府が鋳造・連動・流通させる三貨制度が成立したともいえる[藤井 二〇二二]。

享保期には、農地からの収納を最大化する努力が払われた。さらなる耕地開発の追求(先述した災害対策と相克する)、開発済みの耕地の把握、商品作物生産の開拓・拡大、そのための知識の輸入・普及、これらを担いうる人材の発掘・登用が進められた。これに対応すべく、幕府勘定所の機構も整備される。一七二三(享保八)年には、勘定所を勝手方・公事方に分け、分課の原型が定まった[大野 一九九六]。人員はおよそ四〇%増えたといわれる。勘定所は大規模な普請工事の指揮監督や、評定所・寺社奉行所の訴訟事務処理などをも担当するようになる。こうした体制は幕末まで維持され、幕政における勘定所の存在感はしだいに大きくなり、多くの政策の立案や実施過程において、支出の抑制・収入の増加を追求する勘定所の見解が重みを増していった〔藤田二〇一八など〕。

幕府領の石高・収納高は吉宗の時代に頭打ちとなり、田沼時代には、さらに社会の経済活動を活発化させ、そこから幕府が広く浅く収益を得る仕組みが模索され、そのためのアイディアが広く求められた。幕府の各部局において、提案されたプランを採用し、提案した者（「山師《やまし》」と呼ばれた）に運営を一部ゆだねることが広く行われ、社会・経済を多様な面で刺激した一方で、増収の実現を重視するあまり、従来蓄積されてきた、政策立案に際し諸方面の利害関係者に事情を聞き調整を重ねる手続き慣行が、ややもすれば軽視されることになった。また田沼の時代には、災害など不可抗力で困難におちいった大名たちを救済する従来の制度が、幕府の利益を優先して制限・停止された。先述した国役制度も、一度取りやめていたものを、大大名に負担を転嫁するかたちで復活させた。こうした政治は、同時代から多くの批判を浴び、幕府と藩の関係に影響していくことにもなった〔藤田二〇〇七〕。

勘定所はこうした性格から、比較的昇進しやすい役所となり、多くの人材を輩出した。勘定所を含め、幕府全体で官僚制と呼びうるような体制が確立していた。詳しい実情について、個別の役職や、全体の趨勢をめぐる整理も進んできている〔山本二〇一五、戸森二〇二一など〕。

幕府法・訴訟制度

享保期以降に整備が進んだ幕府法・訴訟制度は、古くから研究されてきた領域ではあるが、近年再び注目が集まり、個別具体的な法・制度の形成過程や運用実態などまで含め、解明が進められている。基礎的な事実を新たな史料により確定しながら、法学・政治学・経済学、また大陸の影響など、横断的・総合的な視座からとらえる研究が盛んになっている。大前提として、近世では暴力による紛争解決は幕府により禁じられており、当事者間で平和裏に解決できない場合は訴訟によったが、社会の大きな変化は訴訟の増加ももたらした。耕地やその周辺の山間部・水資源の利用が進むことで、村落間の争いも増加し、境界や資源利用をめぐる訴訟が増えていく。また都市部では、経済発展にともない、事業のための資金を融資によって調達することが一般化し、金銭貸借をめぐる訴訟が増大していった。とくに享保期には、幕府法や訴訟制度の整備が進展し、以降の幕政の前提となった。

例えば「公事方御定書」などの法の体系的な整備・編纂過程について詳しい解明が進み、同時代における明律研究の影響も具体的に論じられてきている[高塩 二〇一七など]。伝統的に先進地域であり、江戸から離れていた畿内周辺では、京都所司代・大坂城代を頂点とし、適宜江戸の指示を受けつつも、やや独自の行政・司法の仕組みが整えられていった[小倉 二〇一一・二〇一四]。こうした地域性・地域差や、各地の実情は、教科書などではなかなか反映しづらいところであるが、経済をめぐる問題では、とくに京都や大坂が、全国経済の中で枢要な地位を占めていることから、近年重視されている。例えば一七一九(享保四)年の相対済し令は、京都や大坂で触れ出された形跡がない[宇佐美 二〇〇八]。大坂では触や運用を含めた法慣習が独自に展開し(「大坂法」などと呼ばれる)、両替商たちの金融活動も、これに適合的なかたちで営まれていたことがわかってきた[萬代 二〇二二など]。江戸幕府が一七三〇(享保十五)年に存在を容認した大坂堂島米市場は、幕府や諸大名が米を中心とする農産物を換金し、またそれを担保とした融資を商人たちから受けることで、財政を安定的に運営するために機能した。また米を担保とした金融取引が活発に行われ、全国にまたがる流通を支えた諸商人が事業資金を調達する場でもあった。江戸幕府はここでの米価を重視し、政策を打ち出しては、市場の反応をみて調整していくことを繰り返していった〔高槻 二〇一二・二〇一八〕。

幕府機構・制度の整備は、ある程度体系的なアーカイブスや、幕府機構あるいは個々の幕臣による編纂活動につながり、今日研究する材料(史料)にも、質量双方の面で、大きな影響を与えている。同じ近世幕政史であっても、十七世紀前半などと比べれば、史料の点では、相当に豊富となってくる。

3 朝廷の動向

自律化と制度化

近世朝廷の研究は、近年隆盛を迎えており、教科書などでも記述が少しずつ増えている。江戸幕府の全国統治の中で、天皇・朝廷に期待される役割は、日光東照宮の荘厳化や将軍家をはじめとする武家の官位、寺社の統制などをめぐるものであり、綱吉の時代になるとある程度安定して運用されるようになって、軋轢《あつれき》はあまり生じなくなった。朝廷のあり方について幕府があれこれ指図することも減り、朝廷がある程度主体的に判断し実施するようになって、幕府との交渉の手順も定式化する(「自律化」と評される)〔山口 二〇一七〕。また東山天皇以降、天皇・上皇の二、三〇代での早世が連続し、これを背景に、伝統的な院政ではなく、天皇を中心とするかたちで、朝廷の機構もしだいに整備が進んだ。武家伝奏《ぶけてんそう》・議奏を頂点として、天皇・上皇らの御所につとめる公家たちの体制が、享保頃までにおおむね確立していった［村二〇一三など］。

ただし、江戸幕府からの独立性が高まったとまではいえないところがある。重大な人事や新たな施策は、事前に幕府の承認を必要とした。また財政基盤については、天皇・上皇などの領地は幕府の代官が管理し、さらにそこからの収入ではたりない状態が続くと、別枠での幕府からの財政支援に恒常的に依存する構造となり、さらに絶えず臨時の財政支援を要望した。このため近世の朝廷は、幕府財政の動向、とくに幕府勘定所の姿勢に大きく影響されるようになった［佐藤二〇一六など］。

内部対立と幕府への期待

幕末以来、朝廷と幕府は潜在的に対立するもので、明治維新に向けて天皇・朝廷の権威・地位が上昇したとみる歴史観があり、長く影響力をもったが、こうした理解は相対化が進んできている。近世朝廷には、幕府の個別の施策に対する不満はあっても、全体的な政策基調に対抗するような意思も力もなく、江戸幕府の統治に適合的なかたちで自己規定していたと理解されるようになっている。例えば一七四七(延享四)年に桜町天皇は、天皇が処理する具体的な案件について、どれは自身の裁量でよく、どこからは幕府の許可が必要かの区別を一覧にして、つぎの天皇へ伝えた［山口二〇一七］。

対立はむしろ朝廷内部において、天皇・上皇、幕府から朝廷運営に責任をもたされた摂家らのあいだに存在した。代表的な例では、のちに関白となる近衛基熙《もとひろ》は、一六八七(貞享四)年の大嘗祭の再興を、中途半端なものと厳しく批判するなど、絶えず霊元天皇に批判的で、自身を支持してくれるよう裏のルートを用いて将軍綱吉に働きかけた。他方の霊元も最晩年の一七三二(享保十七)年に、将軍吉宗が自身を支持し、近衛家久(基熙の孫)を退けてくれるよう、下御霊社へ祈願した。対立の一方の当事者である近衛基熙は、後水尾法皇(霊元の父)に愛され、その遺志を継いでいると自負していた。他方の霊元上皇をその没後にまつった関白一条兼香《かねか》は、中御門上皇(霊元の孫)と近衛家を批判した。このように、対抗関係とその軸は世代を超えて続いていた[山口 二〇一七]。

一七五八(宝暦八)年に問題化した宝暦事件は、桃園天皇と側近たちが幕府批判を含む言説を学んでいたことから、幕末の幕府・朝廷の対立、さらに明治維新につながるものとして長らく重視されてきたが、最新の研究では、むしろ朝廷内の統制をめぐる、利害を異にする摂家たちと、若い桃園天皇・側近の対立による事件ととらえられるようになっている[林 二〇一二]。

こうした中で、女性たちの役割が大きかったことも、朝廷の特徴であり、近年しだいに詳しくわかってきた。天皇の御所には古代以来かたちを変えつつ存在してきた女官たちがおり、江戸城へは公家出身の女性たちが、将軍正室やそのお付きの女中として多数送り込まれていた。重要なパイプとなった彼女らの動きや人事は、幕府・朝廷の政治課題の一つであった[石田 二〇一二 など]。

販売される朝廷権威と社会

この時代の朝廷をめぐる動向で、近年解明が進んでいるものに、様々な民衆との関係の構築がある。例えば下級の公家(地下《じげ》官人や受領《ずりょう》といった)や公家の家臣の身分は、商工業者でも事実上金銭で買えるようになっていた[西村 二〇〇八、山口 二〇一七など]。神道における権威とみなされた公家の吉田家・

白川家・土御門《つちみかど》家は、相互に争いながら、全国の民間宗教者を傘下に入れていった［井上二〇〇七、間瀬二〇二二など］。これらの構造的な背景として、経済発展にともない、商工業者や宗教者間の競争が激化していたことがあり、既存の組織を巻き込んだ紛争が頻発する中で、朝廷につながる権威を獲得することが一つの方策と考えられるようになっていた。他方で、公家たちは武家と同様に財政難に苦しみ、家ごとの伝統的な学芸（実際にはあまり伝統的な実態がないものもあった）から収入を得ようと模索し、この両者の動向が合致した［高埜編二〇〇〇、高埜二〇一四など］。こうした動向を通じて、広く社会に、天皇・朝廷を漠然と権威とみなす風潮が広まっていった。また、様々な出版物や雛祭りなど、多様な媒介を通じた天皇・朝廷のイメージも社会に浸透していった［鍛治二〇二一、間瀬二〇二二など］。ただし、こうした動向は基本的に幕府の承認・保証を前提としていた。またこのような場合の天皇・朝廷の権威は、営利的な選択肢の一つであったり、かなり漠然としたものであったりし、幕末に天皇・朝廷が政治的な影響力を行使するようになる事態に、必ずしも単線的につながるものでないことは、右の研究が等しく強調する点である。

〈**参考文献**〉

石田俊　二〇二一年『近世公武の奥向構造』（吉川弘文館）

井上智勝　二〇〇七年『近世の神社と朝廷権威』（吉川弘文館）

宇佐美英機　二〇〇八年『近世京都の金銀出入と社会慣習』（清文堂出版）

大石慎三郎　一九七〇年『元禄時代』（岩波新書）

大野瑞男　一九九六年『江戸幕府財政史論』（吉川弘文館）
小倉宗　二〇一一年『江戸幕府上方支配機構の研究』（塙書房）
小倉宗　二〇一四年「近世の法」（『岩波講座日本歴史12』岩波書店）
鍛治宏介　二〇二一年「朝廷文化の広がり・再考」（『日本史研究』七〇二号）
佐藤雄介　二〇一六年『近世の朝廷財政と江戸幕府』（東京大学出版会）
高塩博　二〇一七年『江戸幕府法の基礎的研究』（汲古書院）
高槻泰郎　二〇一二年『近世米市場の形成と展開――幕府司法と堂島米会所の発展』（名古屋大学出版会）
高槻泰郎　二〇一八年『大坂堂島米市場――江戸幕府vs市場経済』（講談社現代新書）
高埜利彦　二〇一四年『近世の朝廷と宗教』（吉川弘文館）
高埜利彦編　二〇〇〇年『シリーズ近世の身分的周縁1　民間に生きる宗教者』（吉川弘文館）
塚本学　一九八三年『生類をめぐる政治――元禄のフォークロア』（平凡社、のち再録、講談社学術文庫、二〇一三年）
辻達也　一九六三年『享保改革の研究』（創文社）
戸森麻衣子　二〇二一年『江戸幕府の御家人』（東京堂出版）
西村慎太郎　二〇〇八年『近世朝廷社会と地下官人』（吉川弘文館）
林大樹　二〇二一年『天皇近臣と近世の朝廷』（吉川弘文館）
深井雅海　一九九一年『徳川将軍政治権力の研究』（吉川弘文館）
深井雅海　二〇二一年『江戸城御殿の構造と儀礼の研究――空間に示される権威と秩序』（吉川弘文館）
藤井讓治　二〇二二年『近世初期政治史研究』（岩波書店）

福留真紀　二〇〇六年『徳川将軍側近の研究』(校倉書房)
藤田覚　二〇〇二年『日本史リブレット48　近世の三大改革』(山川出版社)
藤田覚　二〇〇七年『田沼意次――御不審を蒙ること、身に覚えなし』(ミネルヴァ書房)
藤田覚　二〇一二年『泰平のしくみ――江戸の行政と社会』(岩波書店)
藤田覚　二〇一八年『勘定奉行の江戸時代』(ちくま新書)
間瀬久美子　二〇二二年『近世朝廷の権威と寺社・民衆』(吉川弘文館)
萬代悠　二〇二一年「三井大坂両替店の延為替貸付――法制度と経済史の接合の試み」(『三井文庫論叢』五五号)
水本邦彦　二〇二二年『土砂留め奉行――河川災害から地域を守る』(吉川弘文館)
村和明　二〇一三年『近世の朝廷制度と朝幕関係』(東京大学出版会)
村和明　二〇一五年「三井の武家貸と幕府権力――享保期の上方高官貸の成立を中心に」(牧原成征編『近世の権力と商人』山川出版社)
村田路人　二〇一四年「吉宗の政治」(『岩波講座日本歴史12』岩波書店)
山口和夫　二〇一七年『近世日本政治史と朝廷』(吉川弘文館)
山本英貴　二〇一五年『旗本・御家人の就職事情』(吉川弘文館)

6

藩から江戸時代史を見直す――その前提作業として

千葉　拓真

1　教科書の記述にみる藩と近世史研究

教科書の記述

高校の日本史教科書において藩はどのように記述されているのだろうか。例えば山川出版社の『詳説日本史』(日探　二〇二三)には「幕府は(中略)大名の居城を一つに限り(一国一城令)、さらに武家諸法度を制定して大名をきびしく統制した」とあり、外様大名の改易や軍役などの賦課、参勤交代の義務化などに触れており(一五五～一五六頁)、大名家が将軍家に従属していく過程を中心に記述している。一方、藩自体については「大名の領地とその支配機構を総称して藩と呼ぶ」とし、知行制や俸禄制度、藩の機構などについて簡単に述べている(一五七頁)。このほかには、江戸前期に儒者を登用して藩政の刷新をはかった事例として池田光政らが取り上げられ(一七七頁)、また幕府による寛政の改革について取り上げる中で、諸藩による藩政改革についても触れ(二〇六頁)、近世後期から幕末における朝廷や雄藩の「浮上」について解説する部分でも、藩政改革について述べている(二一二〜二一三頁)。しかし、全体としては、幕府を中心とした政治史などの動向に付随するものとして取り上げられ、総じて幕府や将軍家に従属する、あるいはその統制下にあるという側面が中心に記載されている。

これには江戸時代の藩がもつ特質が影響していると考えられる。つまり、江戸時代の藩は、それぞれが共通性を有しながらも、領国統治や家臣団編成、思想やアイデンティティ、歴史性などにおいて固有性を強く有する存在である[今村・小関編 二〇二一など]。したがって二百数十もあった藩の事例を個別具体的に教科書に反映していくことは困難であり、「幕府中心史観」のような記述にならざるをえないといえよう。

近世史研究における藩

しかし、例えば近世の法についてみても、幕府(江戸)の法が必ずしも全国に一元的に貫徹するのではなく、幕法の影響を受けつつも、藩がそれぞれに独自の法を定めている。加えて現存する史料の多くは藩の史料であり、幕府史料はそれに比して少なく、近世史研究においては藩政史料の利用が欠かせない。また近年の大名家や藩に関する諸研究をみると、たんに幕府に従属するだけではない藩の姿が明らかになっている。例えば、笠谷和比古氏が明らかにした、大名家の江戸留守居組合の事例では、江戸留守居組合が大名家の存立を脅かすような幕令を撤回させる動きをみせている[笠谷 一九九三]。笠谷氏は、将軍(幕府)の天下支配の全体性・統合性と、大名家(藩)の領有権と自立性とが必ずしもあい反するものではなく、むしろ両者が両立均衡する状態の中に幕藩関係の実態は存在すると述べ、さらに高野信治氏が大名家研究の視点から藩の自立性について論及するなど［高野 二〇一四ａ］、藩の自立的側面も承認・重視されている。現在までに幕府の専制性や優位性が指摘されながらも、程度の違いはあれ、大名の「自分仕置権」の領域を認めることがおおむね承認されてきたのである［深谷・堀編 二〇〇〇］。

一方、藩領の中で展開する社会を「藩社会」あるいは「藩世界」などととらえ、藩という枠組みのもとにある地域社会の特質を検討しようとする研究動向がみられる。地域社会の構造、諸社会集団のあり方や関係、江戸や上方、飛び地などとの関係などについて、これらを総合的に検討しようとする取組がなされている［高野 二〇〇九・二〇一四ｂなど］。近年ではそうした諸研究の課題を整理し、藩どうしの比較研究を提起する動きもある［今村・小関編 二〇二二］。加えて、藩政や家政における思想をめぐる問題［小川ほか 二〇一三］や明君論などについても研究が進んでおり、若尾政希氏や小関悠一郎氏、高野信治氏らによる研究が積み重ねられている。さらに従来教科書に記載されてきた親藩・譜代・外様の区別、あるいは幕府や藩といった呼称が同時代的なものではないことは、すでに研究者のあいだでは自明であり、とくに親藩・譜代・外様の区別については、大名制の成立過程や近世前期における武家編成のあり方に注目すべきとの見解もある［松尾 二〇一九、三宅 二〇一四など］。このように藩に関する研究は着実に蓄積されつつあり、藩を軸に近世の国家や社会について新たな歴史像を提示しようとする試みがなされている。

こうした研究の成果が教科書に反映されているかといえば、必ずしもそうとはいえない現状があり、教科書における大名や藩の記述については、「三十年一日」であるという評価もある［高橋ほか 二〇一六］。たしかに多様性を有する藩を一括りに論じることは不可能である。ゆえに教科書への記載が限定的であったり、幕府を中心とした見方にならざるをえないこともまた事実である。そして、これまでの大名家・藩研究を総括する視点が示されてこなかったことも要因の一つであろう。しかし、江戸時代において民衆を統治したのは言うまでもなく幕府だけではない。江戸幕府によって全国が統一されながらも、その中で多様性をもって地域支配が展開した。つまり二百数十にもおよぶ藩が、それぞれの規模や仕組み、あるいはアイデンティティや地域性などにもとづいて民衆を統治し、紆余曲折はあるにせよ、約二五〇年にもおよぶ平和な社会を実現させたのである。諸藩が有した統治構造およびその再生産の仕組みを知ることは、江戸時代について学ぶうえで重要であることは疑いない。また教科書の記述については、各藩領における事象にもとづくものも多い。

加えて、江戸幕府と各地に存在する諸藩は、同時代に存在した権力であったとしても、その性質は異なっている。全国支配を目指す幕府と、地域社会に向き合い、その実情に応じた支配を行う必要にせまられる諸藩とでは、そもそも権力としてみているところが違うのである。ゆえに幕政史のみで江戸時代が語れるわけではなく、幕府中心史観ではない、諸藩の視点から、近世の成立から解体までを見通すことも、近世史研究においては非常に重要となる。

2　藩の多様性――大名家の歴史性という視点から

では具体的に、藩のもつ多様性とはどのようなものなのか。なぜ多様性が生じるのであろうか。また教科書の幕府中心の視角を相対化し、藩の実態を理解するうえで、どのような視点が必要になるのか。それについて、筆者がこれまで研究を続けてきた諸藩のあり方、あるいは最新の近世史研究の動向などを事例に考えてみたい。

加賀藩の場合

筆者が初めに検討を加えたのは、加賀藩および藩主前田家についてであった。加賀藩は言うまでもなく、江戸時代における最大の藩であり、かつて幕藩制構造論が議論される中で、重要なモデルの一つとして検討されてきた。その加賀藩は、一向一揆との対峙を経て藩権力を確立させてきた経緯がある。加賀藩の為政者たちは、幕末まで加賀藩領は「一揆国」、つまり浄土真宗の門徒らを中心とした一揆の多発する地域であるという認識をもち続け、それが藩の政治意思決定に影響している[千葉 二〇二〇]。また、前田家は徳川家康による公儀の掌握過程の中で大きな影響を受け、徳川家への従属を選択せざるをえなかったが[見瀬 二〇一八など]、元禄期(一六八八〜一七〇四年)には五代藩主綱紀と将軍綱吉との蜜月関係を背景に、御三家につぐ家格を獲得するなど、他藩には類をみない特徴がある。

飯田藩の場合

つぎに筆者が検討を加えたのは飯田藩である。飯田藩は堀家(外様)を藩主とする二万石の小藩であったが、信州南部に広がる伊那谷の中心である飯田を支配し、城付米の管理や榑木《くれき》の伐採・輸送などに加え、伊那谷を拠点とする交代寄合信濃衆や旗本、幕府代官らと日常的に連絡を密にし、幕府による南信地域の支配を支えた[吉田 二〇一一、千葉 二〇一六]。そして、十代藩主であった堀親審《ちかしげ》はなかば譜代大名化した。外様でありながら奏者番への就任を皮切りに老中格まで昇進し、水野忠邦のもとで天保の改革に邁進したが、改革の失敗とともに減封のうえ、隠居させられている。飯田藩は親審が幕閣として昇進し活躍する中で、領内に過重な負担を強い、子の親義《ちかのり》も奏者番就任を目指し、家中統制や領内支配をめぐる問題がさらに顕在化している[千葉 二〇一七・二〇二一 a]。

土浦藩の場合

また譜代大名については、土浦藩土屋家について少し検討したことがある。土屋家は、歴代当主の多くが奏者番や寺社奉行など、幕府の役職に就任しており、初代数直《かずなお》や次代の政直は老中をつとめている。一方、その所領は霞ヶ浦に面し、洪水などの災害にたびたび悩まされる地域であった。そうした土屋家の当主は、幕府役職への就任と領内統治を両立する必要に強くせまられる時期があった。筆者が検討した寛政期(一七八九〜一八〇一年)初年の当主である泰直は、奏者番であり、在府の必要がある中で、短期間の帰国を実施し、荒地開発計画の策定や文書整理などを行った。これは藩主土屋家にとって幕府役職に就任していても、決して投げ出すことはできないものであった。譜代大名の多くは、こうした課題を抱えていた。大名家の性格の違いが、藩政や家政への向き合い方にも影響を与えた[千葉二〇二一b]。

鳥取藩の場合

一方、近年検討を加えている鳥取藩は、三二万石の国持大名であり、藩主池田家は岡山藩主池田家の別家だが、初代藩主池田光仲は家康の曾孫であり、この由緒が重視された。また近世後期に八代藩主斉稷《なりとし》は、実子がいながら将軍家斉の子乙五郎(斉衆《なりひろ》)を養子に迎えたことで、官位が上昇し、大廊下段への伺候、葵紋の使用などを許可されている(ただし、斉衆は家督相続以前に死去)。幕府は、家斉の数多くの子を大名家に縁づかせたので、この時期にはほかにもこうした大名は多い。しかし加賀藩前田家などは、家斉の息女溶姫《ようひめ》を十二代藩主斉泰《なりやす》の正室として迎え、その子慶寧《よしやす》が前田家を相続するなど、前田姓以外から養子を迎えることはなかった。一方、家斉の子を養子として迎え入れた鳥取藩池田家は、将軍家とはいえ、他姓から養子を迎えるという方針をとっており、前田家とは状況が異なっている。その後、十代藩主池田慶行が若くして亡くなり、加賀藩主斉泰と溶姫の子である慶栄《よしたか》が池田家を相続したが、これには将軍家の意向が働き、藩内でも慶栄を迎え入れることを画策した一派とそれに抵抗する藩士らが対立した[河手 一九九三]。幕末には、十二代藩主慶徳が水戸徳川家から養子に入り、徳川斉昭の実子として周囲から期待される中、文久期(一八六一〜六四年)に国事周旋を行うなど、積極的な中央政治への関与を行っている。池田家は将軍家との養子取組や、他大名家からの養子による相続が続いたことで、将軍家や他大名家の影響を受けやすい状況にあったと考えられる。

何が大名家・藩の動向を規定するのか

このようにみると、諸藩の特徴については、将軍家や幕府への接近志向といった点で共通性はあるものの、そのあり方は将軍個人への接近、あるいは縁組や養子取組による血縁関係の構築、幕閣就任など三者三様である。また各大名家が抱えた課題も、家の性格や来歴などに左右された。なお逐一触れないが、藩政機構や財政構造はもちろんのこと、天皇・朝廷、あるいは都市京都などとのつながりについても同様であり、大名家の規模や性格、地域性、家格などが影響している［千葉二〇一四・二〇二〇・二〇二二など］。

では、そうした個別性はなぜ生じるのであろうか。例えば加賀藩前田家をみると、浄土真宗や徳川家などとの歴史的な関係が影響を与えている。一方で飯田藩は、藩が存在する地域の特質に藩の動向が左右される一方、藩主堀家の動向が地域社会に与える影響も大きかった。そして土浦藩土屋家は、譜代大名であることが領地経営などに大きく影響している。すなわち地域社会のあり方に加えて家風や来歴、つまり大名家のもつ歴史性が、藩の個別性に大きく影響しており、大名家の特質と領分の地域性は、相互規定的な関係にあるといえる。

3　「比較藩研究」の視角と藩の類型化

「比較藩研究」の有効性

では、藩について理解し、近世の国家や社会について考える際には、どのような視点が求められるのであろうか。多様性を有する藩について検討するうえでは、比較軸となる藩を設定し、他藩の事例と比較しながら、近世における藩の特質を探るという方法が重要な意味をもつ。この方法はいわゆる藩社会研究などを行うグループに意識されており〔加賀藩研究ネットワーク編 二〇二〇など〕、とくに熊本藩の研究を続けてきたグループが提起した「比較藩研究」という手法に代表されるものである〔今村・小関編 二〇二二〕。藩どうしの比較という視点は、一九六〇年代に山中寿夫氏が「比較藩政史」の必要性を提起しており〔山中 一九六三〕、その後も複数の研究者によって提起されてきたが、これまで十分に議論が深められてこなかった。「比較藩研究」の動向については、研究の個別化(タコ壺化)を抑止し、大名家や藩に関する研究をさらに昇華させる可能性をもっていると筆者は考えている。ただし、藩どうしを比較するだけでなく、藩がもつ多様性の背景にある大名家の歴史性に注意を払い、藩の類型化などを目指していく必要があるだろう。

大名家・藩の類型化について

一方、大名家や藩の類型化については、親藩(家門)・譜代・外様という将軍家との親疎にもとづく区分があるが、必ずしも同時代的なものとはいえない。しかし、「比較藩研究」を推進するグループが、その有用性が必ずしも失われていないことを述べるなど、その影響力はいまだ存在する。大名家を分類するうえで、将軍家との関係性が重要であると筆者も考えているが、親藩(家門)・譜代・外様という分類は、大名家・藩の性格の違いを単純化しすぎている。例えば同じ外様でも、守護や国人などにルーツをもつ大名家と、織豊期に大名化した家とでは家風や来歴は大きく異なる。大名家と将軍家との関係は、近世初頭以来の武家編成や大名家の歴史性、さらにその大名家が江戸幕府の中でどのような立ち位置にいるのか、という点に注意を払って考える必要があろう。

筆者はこれまでおもに外様とされる藩の研究を中心に行ってきたが、例えば、いわゆる譜代大名は、領地経営・家中統制と、幕閣への就任・昇進を両立するという課題を抱えていた。譜代大名が将軍家や幕府へ接近する方法は幕閣への就任と昇進であり、血縁関係や大奥とのつながりなどを介して将軍家へ接近する外様の国持大名などとは異なる。またもともと独立した戦国大名などであった家と、徳川家の家臣団であった家では大名家としての性格も違ってくる。いわゆる譜代大名は、徳川家(将軍家の家政機構や軍事機構、幕領などの支配機構などを含む)の構成員となる武家領主であり、石高の違いこそあれ、性格としては外様の国持大名よりも旗本に近い。親藩(家門)も徳川家の一門として、この枠内にくることができる。一方、いわゆる外様大名や交代寄合などは、もともと徳川家の枠外にあり、徳川家による公儀掌握の過程で従属した武家領主というように考えることができる。その外様大名や交代寄合でも、徳川家との関係構築の過程は家によって大きく異なる。このように考えた場合、近世初頭までの由緒や来歴に加え、徳川家との関係性の違いが、大名家の性格の違い、将軍家や幕府、あるいは領地経営への向き合い方に差異が生じる要因であると筆者は考えている。こうした点を念頭におき、大名家に限らず、武家領主全体の比較を行い、類型化して考えていくことが、政治史や地域社会論などに限らず今後の近世史研究において必要とされるのではないだろうか。

近年の藩をめぐる議論

また近年、近世における藩の誕生について、天下人による国土領有権などの掌握と大名の国替などを前提とするものであり、井伊彦根藩や藤堂津藩などをその嚆矢《こうし》とし、堆積平野への城下町の建設などを特徴としつつ、国際的な動向とも関連したものであり、荒廃した地域社会の再生に寄与したとする藤田達生氏の議論がある［藤田 二〇一九］。藤田氏はその中でも初期藩政史を重視し、戦国時代・織豊期から江戸時代への「革命」について論じている。この議論にはまだ検討の余地が残されていると考えるが、藩がどのような過程を経て成立したのか、その歴史的な特徴とは何かという点を、当該時期の政治・社会的状況、国際的な視野から論じており、藩について考えるうえで重要な視点を提示している。

一方、先に紹介した「比較藩研究」の視点を提示した熊本藩研究を行うグループは、「比較藩研究」とともに近世史と近代史との架橋を重視している。そこではもちろん戦国時代や織豊期を前提とした議論もなされているが、筆者は、大名家の歴史性が藩の個別性の形成に与える影響や、藤田氏の議論などもふまえれば、中世および戦国・織豊期との接続、さらには初期藩政史がもう少し意識されてもよいのではないか、と考えている。とくに戦国期から近世初期までの大名家の動向、およびその特徴と変質は、その後の大名家や藩政の性格を規定する重要な要素であり、そうした大名家の歴史性の検討は藩を研究するうえで必要不可欠と考えられるからである。これに対し、地域社会論を重視する立場として、百姓による団体的自治の成立と発展に注目しつつ、中世から近代の成立までを見通した稲葉継陽氏の議論がある［稲葉 二〇〇九］。稲葉氏は、領主による行政機能を限定的に評価しているが、今後の藩に関する研究は、中世から近代成立期までを見通し、大名家研究と地域社会論を両輪として展開させていく必要があるだろう。

おわりに

以上雑駁《ざっぱく》ではあるが、教科書における藩の記述および近年の研究動向を整理しながら、藩という視点から江戸時代史を見直すうえで何が必要なのか、という点を述べてきた。今後は従来の親藩・外様・譜代の類型化にとどまらず、大名家・藩や旗本、交代寄合なども含む武家領主間の比較と類型化が必要であること、藩の固有性を生み出すものとして、藩領の地域性とともに、大名家の歴史性や徳川将軍家との関係性を重視すべきであり、これらに関する研究を両輪としながら、中世から近世への移行期における諸大名の動向、および初期藩政史の研究を重視すべきであることを述べた。これらをふまえた研究を積み重ねながら、諸藩のあり方を比較し、類型化することを通じて、幕府中心史観を相対化する教科書叙述が今後目指されるべきであろう。しかし、こうした試みはまだ緒についたばかりである。

〈参考文献〉
稲葉継陽　二〇〇九年『日本近世社会形成史論――戦国時代論の射程』(校倉書房)
今村直樹・小関悠一郎編　二〇二一年『熊本藩からみた日本近世――比較藩研究の提起』(吉川弘文館)

小川和也・千葉一大・三宅正浩・野口朋隆・佐藤宏之　二〇一三年「特集「御家」の思想――大名家の自己認識」(『歴史評論』七五四号)
加賀藩研究ネットワーク編　二〇二〇年『加賀藩政治史研究と史料』(岩田書院)
笠谷和比古　一九九三年『近世武家社会の政治構造』(吉川弘文館)
河手龍海　一九九三年『続・鳥取池田家の殿様』(富士書店)
高野信治　二〇〇九年「「藩」研究のビジョン」『近世領主支配と地域社会』(校倉書房)
高野信治　二〇一四年a『大名の相貌――時代性とイメージ化』(清文堂出版)
高野信治　二〇一四年b「大名と藩」(『岩波講座日本歴史11』岩波書店)
高橋秀樹・三谷芳幸・村瀬信一　二〇一六年『ここまで変わった日本史教科書』(吉川弘文館)
千葉拓真　二〇一四年「一七世紀後半における飯田藩と京都――「飯田御用覚書」から」(『飯田市歴史研究所年報』一二号)
千葉拓真　二〇一六年「一七世紀後半における飯田藩と信濃衆――「飯田御用覚書」の分析から」(『飯田市歴史研究所年報』一四号)
千葉拓真　二〇一七年「近世後期の飯田藩政――その展開と課題」(『飯田市歴史研究所年報』一五号)
千葉拓真　二〇二〇年『加賀藩前田家と朝廷』(山川出版社)
千葉拓真　二〇二一年a「嘉永期、飯田藩領における堀親義親政の動向――「耳目抄」を素材に」(『飯田市歴史研究所年報』一九号)
千葉拓真　二〇二一年b「寛政初年における土浦藩政の展開と課題――土屋泰直の藩内調査命令と荒地開発計画」(『茨城史林』四五号)

千葉拓真　二〇二二年「近世中後期から幕末における藩と京都――京都詰藩士および天皇・朝廷との関係を事例に」(『日本史研究』七一四号)
深谷克己・堀新編　二〇〇〇年『展望日本歴史13　近世国家』(東京堂出版)
藤田達生　二〇一九年『藩とは何か――「江戸の泰平」はいかに誕生したか』(中公新書)
松尾美惠子　二〇一九年「徳川政権の「国分」と国主・城主・領主」(幕藩研究会編『論集　近世国家と幕府・藩』岩田書院)
見瀬和雄　二〇一八年『前田利長』(吉川弘文館)
三宅正浩　二〇一四年「江戸幕府の政治構造」(『岩波講座日本歴史11』岩波書店)
山中寿夫　一九六三年「藩政改革と地域類型――比較藩政史の課題」(『地方史研究』一三巻四号)
吉田伸之　二〇一一年「城下町飯田の性格を考える」(『飯田市歴史研究所年報』九号)

7 環境と生業

町田　哲

はじめに――歴史社会の環境への視角

深刻化する温暖化など、地球規模での環境問題への関心の高まりから、近年、環境史に対して大きな関心が寄せられている。環境史とは、人間と自然との関係の歴史を問う、歴史学の一つの視角である。自然環境が人間社会を一方的に規定する環境決定論でもなく、逆に人間が一方的に自然を破壊・収奪したりコントロールしたりするといった人間中心主義でもなく、歴史上の自然と人間との相互作用を問う視点が重視される。その中で、人間と自然のもっとも基礎的な関係の一つとして注目されてきたキーワードが、「生業」である。「生業」は、人間の自然への働きかけのもっとも基本的で重要な営みである[鬼頭 一九九六]。資源の持続的利用という今日的関心のもと、「自然・大地の様々な資源を、列島各地域において人々がいかに利用してきたのか」、その歴史を理解しようとする研究が、近世史においても二〇〇〇年代から積み重ねられてきた。

一方、「環境」や「生業」といった用語が教科書に記されることは少ない。高校の日本史教科書『詳説日本史』(日探 山川出版社 二〇二三、以下『詳説』と略す)でも、ほとんどみられない。しかし、環境や生業と深く関わる内容は、随所に存在する。例えば、第九章二節「幕藩社会の構造」では、「村と百姓」「町と町人」というもっとも基礎的な共同組織が示され、そこを具体的な場として展開した「農業」「林業・漁業」「手工業・鉱山業」「商業」といった基幹的な生業が述べられる。これを教師側が羅列的に説明して終わるのではなく、それぞれの生業が自然環境のもとで「どのようにして実現していたのか」という問いを発すれば、その内容は近世の自然環境に根ざした生業・生活を考える宝庫といえよう。では、「環境と生業」という視角から近世社会をとらえた場合、何がみえてくるのだろうか。

1 近世の「二次的自然」への着目——農業と肥料

一九九〇年代以降、生態学の進展や、自然保全への意識の高まりの中で、人の手が加わった自然(二次的自然)が着目された。その典型が里山論である。農用林や薪炭林が広がる里山にこそ、手つかずの自然(原生的自然)に比する生物多様性が存在し、そこに人間と自然の「共生」の典型を見出そうとする。しかし、人口に膾炙《かいしゃ》した現代的な里山観は、あくまで自然と人間の「共生」の理想像を伝統的かつ不変なものしてとらえる隘路《あいろ》におちいる危険性がある[結城・黒田編 二〇一七]。そこで現代の予定調和的な共生イメージを排し、むしろ生物的知見やそれをふまえた生業の歴史的な実態を、意識的に解明することが目指されてきた。

草山

百姓にとって、田畑の肥やしや牛馬の秣《まぐさ》を獲得する場として、山は不可欠だった。『詳説』にもあるように、近世農業における肥料の基礎は、山野の草木葉を田畑に敷き込む刈敷と、落葉や下草と牛馬の糞尿を混ぜた厩肥という、自給肥料だったからである。日本近世における生産力の増大は、年貢の重圧のもと、多肥多労働で園芸的な生産技術の深化によって、いかに反《たん》当たりの収量を増加させるかにかかっていた[山口 二〇〇六]。そのための肥料の確保が、百姓にとって重要な課題だった。

刈敷は、毎年、田植え前に水を張り土を細かくくだく代掻《しろか》きのあと、田に若草や新芽・若葉を入れて踏み込むことで、肥料としていた。速効性はないが、毎年入れ続けることで肥料としての効果があり、稲をつくる地力が保たれた。そのため、百姓らは入会山などで確保した草や若葉を田畑に入れ込み、自給肥料の中心をなした。田一反(約一〇アール)に必要な刈敷は一五〜三五駄(駄は馬一頭で運べる分量)、畑でも一五駄必要で、そのためには田畑面積の一〇倍以上の広さ(一〇〜一二反)の山野が必要だった[水本 二〇〇三]。

列島の大半の地域では、その気候的特徴から本来、草地を自然のまま放置すれば、森林へと変化する。しかし百姓らは、刈敷を確保するために、山野の草や小枝を刈り取り、火入れ(山焼き)によって低木の成長を妨げることで、山を草地化させ、再び刈り取るという行為を繰り返した。「草地から森林へ」という自然の遷移を、伐採や火入れといった人間の働きかけ(人為的な植生の攪乱《かくらん》)によっておしとどめることで、草山を維持した。

草山の過剰利用

しかし、草山の利用が進展すると、問題も発生した。新田開発が拡大する中で、山野自体が開発の対象地となり、刈敷や厩肥を充分に確保できなくなったのである。そのため、干鰯などの購入肥料(金肥)が十七世紀後半以降、各地で導入されていった。金肥は速効性はあるが、村の外部から購入せざるをえないため、購入できる百姓とできない百姓という、村内の階層格差を助長させることにもなった。

金肥導入以後も、秣や刈敷の需要は依然として高かったため、草山・柴山が砂山・はげ山となる地域も少なくなかった。はげ山から土砂が流出し、土砂が滞留した下流は天井川となり、土砂災害や堤防決壊などの原因ともなった。山城・大和・摂津・河内・近江では、土砂流出をくいとめるための植林や砂防ダム敷設を内容とする土砂留制度が十七世紀後半以降、幕府の肝煎りで進められた。その結果、土砂の流出は減少したが、地元への工事費の過重な賦課や、植生の変化(松の植林)による草肥確保の困難化をもたらし、さらなる金肥導入を必然化させた。また、木々の繁茂は、猪・鹿などの獣害も増大させることになった。田畑のための草山の過剰利用が、山野荒廃の原因となったのである[水本二〇〇三]。

十七世紀からの一〇〇年余りで、列島では沖積平野の新田開発などにより耕地が約二倍となり、水田が生産の中心となる社会になった。しかしそれは必ずしも持続可能な社会ではなく、むしろつねに前述のような危険にさらされる「水田リスク社会」の幕開けであったとされる[武井二〇一五]。

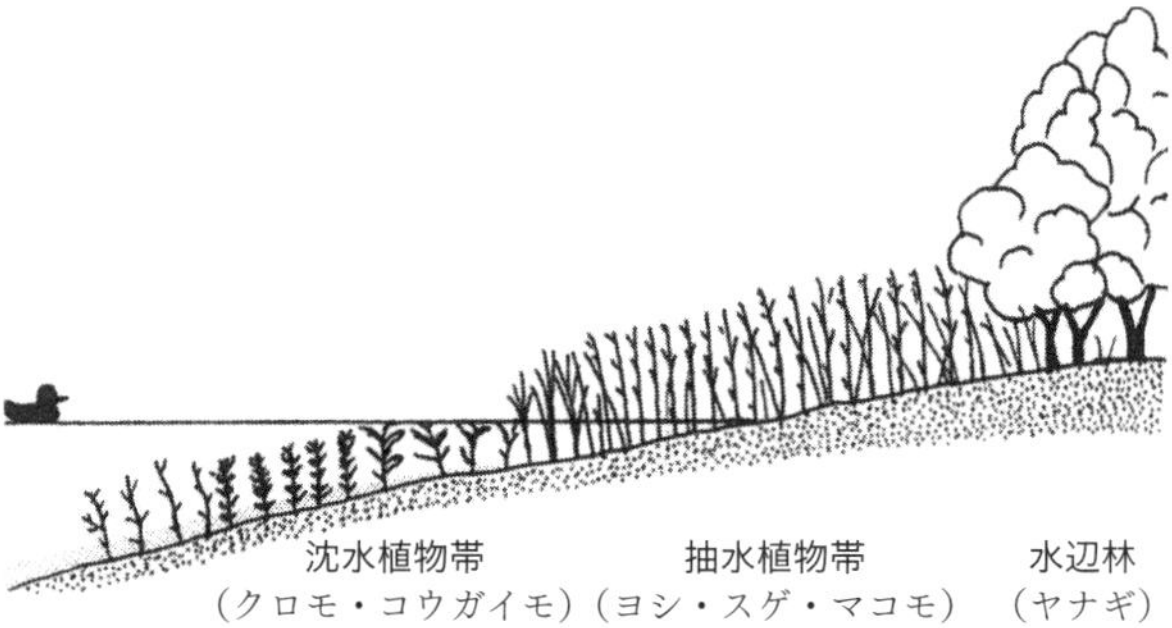

図1　琵琶湖岸の水生植物の景観構造（[佐野 2021]より転載）

水辺の環境

湖・潟の水辺でも、草山同様、人為的な撹乱によって植生の遷移が妨げられ、ヨシ群落が維持されるという「二次的自然」が成立していた[以下、佐野二〇一七・二〇二二]。

琵琶湖の場合、その水辺の植生景観は、ヤナギによる水辺林、ヨシ群落などの抽水植物帯、そして水面下の藻といった沈水植物帯から成り立っていた(**図1**)。抽水植物帯では、ヨシは簾や屋根葺き材に、マコモは敷物原料や牛馬の秣に、スゲは笠・蓑・縄などに利用されてきた。とくに屋根葺きには一棟あたりヨシ二〇〇〇束(一束=一〇五センチ周)と、大量のヨシが必要であった。こうした抽水植物帯は「葭地《よしち》」として検地で把握され、「葭分米《よしぶまい》」「まこも銭」をおさめることで利用が許された村の共有地が中心だった。ヨシ群落は、刈り取らなければ枯死して埋まり、乾陸化するとヤナギ林へと遷移するが、ヨシを毎年刈り取ることで、埋積を防ぎ、ヨシ群落が維持されてきた。草山同様、人為的な植生の撹乱が、水辺景観を生んでいた。

また、沈水植物帯の水草も、肥料として採取されていた(「藻取《もと》り」)。水草や底泥を浚渫《しゅんせつ》することは、内湾や入江の堆積を防ぐ。それは湿地への遷移を防ぎ、植生を維持することにつながった。さらに藻取りは、生活排水に含まれるリン・窒素などの水中の栄養塩を陸上に回収することになり、琵琶湖の水質浄化にも貢献していたという。

ただし、こうした生態系は、地域に伝統的に存在したのではなく、「外来種」である商品作物の導入を契機に、近世後期に人為的に成立したものだった。十八世紀後半以降、琵琶湖周辺では台風による冠水被害を防ぐため、出穂時期が台風より遅い晩稲《おくて》が選択的に栽培されると、その裏作として、低湿地でも栽培可能な菜種が広く普及して、二毛作を実現させ、生産性を高めていた。二毛作を維持するためには多肥化が必要となる。しかし干鰯《ほしか》は高額であったため、水草が自給肥料として大いに活用された。菜種の作付け拡大が、肥料藻確保の動きをいっそう本格化させたのだった。

しかもこの生態系の形成は、都市需要とも密接に関係していた。菜種は、灯火用の油原料となり、それは京都で消費された。琵琶湖南岸では蔬菜栽培が、北岸では養蚕のための桑畑が展開し、各肥料に水草や底泥が導入されていた。とくに長浜周辺は、輸入白糸に代わる生糸「浜糸」の産地となり、十八世紀半ば以降は「浜縮緬《ちりめん》」が京都に販売された。また山地荒廃による土砂流出は、琵琶湖の湖底の砂質化をもたらし、セタシジミの分布が広がった。セタシジミはその濾過機能を通じて水質浄化にも役立ったが、これも京都市中に出荷され、貝殻は焼成して漆喰原料の貝灰や肥料・土壌改良剤として利用された。

このように、琵琶湖の水辺の生態系とは、地域内で完結したものではなく、巨大都市の市場と直結して近世後期に確立された「人為的な生態系」だった。①商品作物の導入、②都市での消費、③山地荒廃といった地域間の関係の中で、生態系が変化を遂げたのである。

2　地域に根ざした生業と流通――山野河海と消費地を結ぶ

山野河海に包蔵される多様な資源を利用するには、土地や環境に根ざした知識や技能が不可欠であり、列島の人々は、それぞれの環境に適応させた生業を行ってきた。各村(集落)には、環境利用のあり方、衣食住のスタイルや信仰の類型、あるいは生業や生活の維持に適した村落組織などがあった。自然条件にそくして複数の生業を組み合わせながら家を維持することが多かった(複合的生業)。こうしたその土地で生きるための固有な生活様式の全体を、白水智氏は「生活文化体系」と呼んでいる[白水二〇一八]。したがって生業のあり方はきわめてローカルなかたちで現れるため、地域によって異なり多様である点に特徴がある。とくに山野河海は、草山や水辺環境のように共有地であることも多いが、複雑な所有―用益関係が展開している場合も少なくない。「自然と人間との関わり」を考える場合、人間一般ではなく、「資源」に関与する主体とその社会関係を問うことが求められる。

そこで重要なのが、「所有」論である。一九九〇年代以降の身分的周縁論(本書「4　身分社会の見方」参照)によって深められてきた所有論は、基本的生産関係としての領主―百姓の土地所有関係にとどまらず、用具所有や、貨幣所有・労働力所有など、社会の隅々に見出せる様々な所有形態を対象とすることで、それに関わる社会関係を解明してきた[吉田二〇〇〇]。生業の実態を読み解く場合にも、村レベルまでおり立って、その「場」をめぐる重層的かつ輻輳《ふくそう》する権利関係の実態(所有と用益)を精緻に考察することが不可欠である[横田二〇〇八]。

山里の社会史

所有論を基礎に、山をめぐる地域の動向を全体史的に把握することを提起したのが、「山里の社会史」［後藤・吉田編 二〇一〇］の視角である。信州伊那郡の清内路村《せいないじ》（幕領、千村《ちむら》氏預所）を例にとろう［吉田二〇一〇］。清内路村は全体が、同郡のほかの山間部幕領と同様に、城郭や城下町建設に必要な良質な榑木《くれき》（板材）を供給する御榑木山の一つであった。そのもとで、杣頭《そまがしら》（木師）とこれに従属する杣や日用を小単位とする伐木請負が生業の中心であった。杣頭は村役人でもあり、彼らが村落秩序の中心的存在だった。清内路村の当初の村高は無高だったが、十七世紀後半に高六五石（畑）が打ち出され、榑木の現物納入をもって年貢に当てていた。しかし十八世紀前半になると御榑木山の森林資源が枯渇したため、榑木の現物納入から榑木代金納へと年貢収納形式が変化した。

そこで必要となったのが、代金納しうるだけの貨幣取得機会の確保だった。第一は伐木請負の拡大である。杣頭―杣・日用は、飛騨・三河・遠江・甲斐の周辺諸国に出稼ぎし、伐木請負金や賃銀を得たため、十九世紀には村の成人男性の四分三が旅稼ぎ・出稼ぎに従事しているという独特の人口構成となった。第二は、御榑木山の不要材や、百姓持林（村中入会林）からの立木を売却することによる利益であった、第三は、莨《たばこ》生産である。村では、十八世紀後半までに百姓持林が畑に開発され、一七八〇（安永九）年の検地によって村高は一五五石余りへと倍増した。その地で栽培された莨は、十八世紀末から岐阜の莨問屋との取引関係を生み出し、材木とは異なる遠隔地ネットワークが形成された。また、村内では莨の集荷・販売に関わる有力百姓が台頭し、従来の、杣頭が村役人でもあるあり方から、村落秩序もまた大きく変化した。

このように村人らは、御榑木山という支配の枠組みや、森林資源の変化に対応した年貢収納方式の変化のもとで、山里の生業を多様化させ、伐木出稼ぎや、都市需要と結びついた茛栽培などを重視していった。つまり、山の「所有」関係を基礎とする人々の生業と「場」を起点にすえ、一つの村のあり方を一貫してとらえることで、近世山里の展開が明らかとなる。山里の歴史は、森林資源のあり方、支配の枠組み、そして都市との関係にもとづく貨幣経済の浸透といった複数の要因がからまりあう中で展開したのだった。

巨大都市と材木・薪炭需要

以上のように、本来ローカルなかたちで展開する生業のあり方は、自然環境に直接関与する主体や、地域の背後に展開する社会のあり方（政治支配や流通経済）によって変化した。『詳説』の第九章四節「経済の発展」の記述は、「農業生産の進展」「諸産業の発達」が、「交通の整備と発達」の進展や「貨幣と金融」をともないながら展開し、都市とりわけ「三都の発展」につながるという構成である。各地の生業が、社会的分業の進展の中で、社会全体と結びついていく展開が示されている。教科書の各項を単独で理解するのではなく、その連関に注目することが重要である。

例えば、巨大都市江戸の人々の薪炭需要を支えたのは、伊豆・武蔵・房総など江戸周辺の山間地域であり、これらの地域の生業は、都市需要と強く結びつきながら展開した。

岩槻藩分領である房総の奥山御林では、①御林や周辺地域（入会山）の薪（雑木）を請負人が独占的に買いつける奥山真木《まき》買留《かいどめ》運上請負、②同じく雑木をもとにした炭焼を林守が独占する堅炭運上請負、③

線香の原料となる樒《しきみ》を独占的に伐採する樒抹香買留運上請負という請負制が存在し、各請負人が運上銀(①③)や現物(②)を藩に上納する見返りに独占確保する特権を有していた。①では、江戸商人らが請負人となり、養老川の河岸で買い集めた薪を、河口まで川船で輸送し、河口部の荷宿から海船に積みかえて江戸へ輸送していた。

一方、②のあり方は一七六六(明和三)年に崩れた。藩が炭焼を御手竈《おてがま》化(藩直営の炭焼)し、同時に御用炭流通との混乱を防ぐため、御林周辺の入会山や持山で百姓による炭焼を禁じた。藩は、この時期の薪生産量の減少を前に、原料が競合する薪と炭のうち、薪生産を優先させたのである。しかし、周辺村の百姓らは、炭焼の再開を願った。販売値段が安く労力が収入にみあわない薪よりも、一定の値段を期待でき、軽量で津出《つだし》先を選択可能な炭の生産を求めたからである。その結果、一八三八(天保九)年に炭焼が実現し、当該地域の産物は、薪から炭焼へと大きくシフトすることになった。都市の需要と結びつく百姓の利害が、真木買留運上や炭焼禁止といった藩の政策・制度を乗り越えて実現したのである[後藤 二〇二三]。

林業地帯の形成

同じ江戸地廻り経済圏の中でも、武蔵国西川地方は、百姓が中心となった内発的な林業発展により、林業地帯へと展開した地域の一つである[加藤 二〇〇七]。当地域では元来、焼畑耕作が中心だった。焼畑耕作では山の木々を伐採し火入れしたあとに、ヒエ・ソバなどの諸穀物を栽培するが、耕作地を転々と移動させる必要があるため、広大な焼畑予定地(焼畑休閑地)を要した。しかし、一六六八(寛文八)年の幕領検地により、焼畑の場である「切替畑」が「切畑」「下々畑」として登録されると、その所持者である百姓(小経営)は、検地帳への登録を根拠に、切替畑周辺の林野の所持・利用権を確保し、切替畑付林野から薪炭や用材を生産し、江戸に販売する商品経済への道を推進させた。こうして切替畑の所持とその公認を基点に、小経営の家による山(切替畑付林野)の個人所持が確立することで、焼畑の村から炭・材木の村への転換が進み、その中から山村豪農が生まれた。

また、この地域では、切替畑付林野と入会地が一つの村に併存していたが、十八世紀以降の材木・薪炭生産の発展にともない、秣・薪を採取する入会地が用材地や製炭地として侵食されていった。ここでも地域内での森林資源の利用をめぐる相剋がみられたのである。

塩業・たたら製鉄と森林資源

ところで薪炭は、諸産業においても不可欠なエネルギー資源であった。『詳説』に載る瀬戸内海沿岸部で盛んになった塩業では、入浜塩田で生成された塩分濃度の高い水(鹹水《かんすい》)を釜屋でたき、水分を蒸発させて塩を製造した。その塩焚に必要だったのが、大量の薪である。製塩燃料としての薪が、周辺地域の山々から大量に塩田地帯へと供給された。しかし、十九世紀に入ると薪の高騰を受け、製塩燃料は九州北部や周防などで採掘された石炭にシフトした。その結果、薪を供給していた山が荒廃したり、百姓個人が所持する山が開発対象となり、段々畑の景観が生み出された[佐竹二〇一二]。

刀剣や工具・農具に必要な鉄は、中国地方・東北地方で砂鉄を採取し、たたら製鉄により生産されたことも『詳説』にあるが、たたら製鉄も大量の木炭を必要とした。例えば石見銀山領(幕領)では、製鉄経営を行う「たたら師」が、入札によって御林請負の権利を得て、銀山経営に必要な銀吹炭を上納する見返りに、森林資源を確保していた。しかし、十七世紀末以降の天秤鞴《てんびんふいご》をはじめとする製鉄技術の革新が、生産力の増大や操業の安定化をもたらし、十八世紀半ば以降、木炭需要の過多による森林資源の枯渇をまねいた。そのため有力なたたら師は、御林請負期限の延長や、御林資源の集積をはかり、製炭資源の確保に腐心せざるをえなくなったという[笠井 二〇一三]。一方、この地域の百姓らは、たたら製鉄に関わる諸稼ぎに依存度を高めていったが、それは大坂市場の鉄価格によって左右されるなど、市場原理に巻き込まれることにもつながった。さらに木炭・砂鉄採取によるはげ山化や、製鉄過程で生じる鉄滓《てっさい》(鉄屎《かなくそ》)の河川投棄は、土砂流出・堆積・川床上昇をもたらし、河川氾濫の原因にもなった[岩城 二〇一二]。同様の事態は仙台藩領でもみられ、流域の村々による反発が生まれ、藩による利害調整が必要となるなど、流域社会や藩の政策にも大きな影響をおよぼした[高橋・佐藤 二〇一三]。薪炭というエネルギー資源の過度な利用と、領主需要や、地域間の流通が連関して、新たな社会問題に発展する事態が生まれていたのである。

3　地球環境の影響と対応

気候変動をふまえた歴史

列島の近世は、一般的に小氷期に含まれ寒冷化が進んでいた時代と考えられてきた。しかし近年、樹木年輪セルロースの酸素同位体比のデータ分析による古気候データ研究が進展し、小氷期の中にも寒暖のサイクルがあり、降水量にも一〇〜二〇年と短い周期的な変動がみられること、また列島地域においても差が存在することが明らかとなってきた[中塚 二〇二二]。当時の気候変動は、現代のように人間活動が変動要因の一つとなっていたわけではないが、気候変動に、当時の社会が対応できたか否かという観点からの分析も始まっている。例えば下野国では、天明期(一七八一〜八九年)の寒冷期において、大凶作・米価高騰となったにもかかわらず、むしろ材木などの山林資源の商品化の動向を生み出すといった対応もみられた。一方、文化・文政期(一八〇四〜三〇年)には気候が温暖化に転じた結果、稲の豊作が米余り・米価安をもたらしたため、米麦作のみならず、畑作の商品作物生産(真岡木綿)や、賃仕事など現金取得をもたらす生業が増加し、奢侈《しゃし》的な風潮が広がった。こうした、有利な生業を人々が選択していく動向を、平野哲也氏は「生業選択」と評している[平野 二〇二〇]。

気候の影響だけではない。金肥の原料であるイワシやニシンは、数十年単位で増減を繰り返していた。それが魚肥の高騰、肥料不足、そして凶作・飢饉へと人間社会に影響をおよぼしていた可能性が指摘されている[武井編 二〇二二]。とくに蝦夷地産の鰊粕《にしんかす》は、大坂市場では十九世紀に入ると激増し、十九世紀末には全魚肥の九割を占めるようになった。こうした干鰯から鰊粕への転換にあたっては、場所請負制のもとでアイヌの人々を労働力とした鰊漁や鰊粕への加工が行われ、これを買いとった北前船が自分荷物(自己荷物)として各地に運び販売したことはよく知られているが、都市における流通構造の転換をもともなっていた[原 二〇〇〇]。気候変動や漁獲周期はもちろん、産地の動向、商品流通の展開、そして消費需要との相関の中で、その変動メカニズムを動態的かつ精緻にとらえることが課題となろう。

資源保全と政策

『詳説』にもあるように、魚介類は、田畑の肥料であると同時に、人々の重要なタンパク源であったため、近世には様々な漁法が漁船・漁具とともに発達した。同時に近世は、魚介類の生態についての認識や利用も発達した時代であった。魚の群れが生息する場所・時間を発見し、これを誘引する技能・仕掛けが生み出されるとともに、生態上の認識・知識の深まりから、資源保全や増殖の動きも生まれた[高橋 二〇一三]。

例えば、十八世紀前半以降、越後村上藩領村上町では、鮭川の請負人＝「納屋」(商人資本)が、村上町を介して藩から請け負ったうえで、雇われ漁師を直接投入する操業や、又請、あるいは地子代と引きかえに鮭漁場への入漁を認めるかたちで漁師を編成し、重層的な請負制にもとづくサケ漁が行われていた。山野河海では請負制が広く展開していたのである。その後、十八世紀末の村上藩では、サケ資源の保全をはかる種川制度を、殖産政策の一環として導入した。サケが遡上する鮭川に、半人工的に産卵場を設置し特定の水界にまとめることで、産卵・孵化や稚魚の保護を行い、保全・増殖を目指したのである。ただし、夜漁の取締りなど、漁獲行為の規制と監視体制をともなっていた。水産資源の人為的な保護と、漁獲行為の監視・取締りとがセットで展開していた。

こうした種川制度は、殖産政策の成功例として人々に広く認知され、その情報は十九世紀には藩領を越えて伝わり、地域の側から各藩に献策されることで、東北各藩に広がった。さらにこの資源保全政策は、近代の漁業政策における水産資源繁殖政策にも継承された。なお、近世では、資源保全と生業保障のいずれを優先させるかで、二つの論理がせめぎ合っていたが、近代になると、主産となる魚を優先させた資源保全（繁殖）の論理に一元化され、かつ警察という近代支配機構をも利用した監視体制のもとで、生業抑圧的な傾向をおびながら、展開していくことになった［高橋 二〇一三］。

おわりに

そもそも人間は、絶えず自然に働きかけて、様々なものを生産・消費・廃棄するという循環過程を介してでしか、地球上で生きていくことはできない［斎藤 二〇二〇］。列島社会において、そうしたあり方が、芽生えてきた〝資本〟の影響により変容を遂げはじめた時代、これが日本の近世社会であった。各地域で展開した様々な生業は、近世のあいだに大きく変化を遂げていった。その変化は、むき出しの利益追求というよりも、あくまで従前からの自然に根ざした営みを続けながら、支配や市場経済といった諸条件のからまりあうベクトルの中で、地域の人々によって模索された結果であった［町田ほか二〇二三］。もちろん都市需要などによって、資源枯渇におちいった例も少なくない。そうした自然と人間との関わり合いの複雑かつ多様なあり方を、地域の歴史の中から読み解くことは、「人新世」とも評される現代社会に至る歴史過程やその特徴を考えるうえでも、重要な手がかりとなるに違いない。

〈参考文献〉

岩城卓二　二〇二一年「たたら製鉄と百姓成立――近世百姓の生業を考える」（石井美保・岩城卓二・田中祐理子・藤原辰史編『環世界の人文学――生と創造の探究』人文書院）

笠井今日子　二〇一三年「近世中期石見銀山領における鉄山政策と鑪製鉄業の展開」(『史学研究』二八二号)
加藤衛拡　二〇〇七年『近世山村史の研究――江戸地廻り山村の成立と展開』(吉川弘文館)
鬼頭秀一　一九九六年『自然保護を問いなおす――環境倫理とネットワーク』(ちくま新書)
後藤雅知　二〇二三年「房総の山稼ぎと江戸」(多和田雅保・牧原成征編『日本近世史を見通す5』吉川弘文館)
後藤雅知・吉田伸之編　二〇一〇年『山里の社会史』(山川出版社)
斎藤幸平　二〇二〇年『人新世の「資本論」』(集英社新書)
佐竹昭　二〇一二年『近世瀬戸内の環境史』(吉川弘文館)
佐野静代　二〇一七年『中近世の生業と里湖の環境史』(吉川弘文館)
佐野静代　二〇二一年『外来植物が変えた江戸時代――里湖・里海の資源と都市消費』(吉川弘文館)
白水智　二〇一八年『中近世山村の生業と社会』(吉川弘文館)
高橋美貴　二〇一三年『近世・近代の水産資源と生業――保全と繁殖の時代』(吉川弘文館)
高橋美貴・佐藤大介　二〇二三年「近世東北における土砂流出・堆積問題と流域――近世後期の仙台藩領を事例として」(『日本史研究』七三三号)
武井弘一　二〇一五年『江戸日本の転換点――水田の激増は何をもたらしたか』(NHK出版)
武井弘一編　二〇二二年『イワシとニシンの江戸時代――人と自然の関係史』(吉川弘文館)
中塚武　二〇二二年『気候適応の日本史――人新世をのりこえる視点』(吉川弘文館)
原直史　二〇〇〇年「松前問屋」(吉田伸之編『シリーズ近世の身分的周縁4　商いの場と社会』吉川弘文館)

平野哲也　二〇二〇年「北関東下野における天保の凶作・飢饉と在地社会の応答」（鎌谷かおる・佐藤大介編『気候変動から読みなおす日本史6　近世の列島を俯瞰する――南から北へ』臨川書店）
町田哲・石川登・内藤直樹　二〇二三年「近世の「山里」における社会変化――景観・生業・政治権力の関わりのなかで」（『文化人類学』八八巻二号）
水本邦彦　二〇〇三年『日本史リブレット52　草山の語る近世』（山川出版社）
結城正美・黒田智編　二〇一七年『里山という物語――環境人文学の対話』（勉誠出版）
山口啓二　二〇〇六年『鎖国と開国』（岩波現代文庫）
横田冬彦　二〇〇八年「生業論から見た日本近世史」（国立歴史民俗博物館編『生業から見る日本史――新しい歴史学の射程』吉川弘文館）
吉田伸之　二〇〇〇年「所有と身分的周縁」（久留島浩・高埜利彦・塚田孝・横田冬彦・吉田伸之編『シリーズ近世の身分的周縁6　身分を問い直す』吉川弘文館）
吉田伸之　二〇一〇年「山里の分節的把握――信濃国伊那郡清内路を事例として」（後藤雅知・吉田伸之編『山里の社会史』山川出版社）

8 民衆思想と民衆運動

大橋 幸泰

はじめに——教科書の中の民衆思想・民衆運動

民衆運動に代表される民衆思想

高校日本史教科書では、近世の民衆はこれまでどのように描かれてきただろうか。百姓・被差別民などの身分や村・町といった帰属先の説明を除けば、教科書の中の民衆の動向は、治者に異議申立てを行う百姓一揆のような民衆運動に代表させて叙述されているという印象である。もちろん、様々な産業を支えていたのは被治者である民百姓であったから、諸産業の近世的特徴や近世経済の仕組みについての叙述には民衆の営為が含まれているはずである。したがって、教科書執筆者の意図としては、近世秩序を根底で支えていたのは民衆であることが当然意識されているのであるが、教科書には政治史・経済史から文化史まで過不足なく叙述するという分量の制約があるため、民衆意識とからめて表現しづらいのが実際のところであろう。結果、民衆の思想や意志はその主体性が発揮される民衆運動に代表させて表現されることになる。

教科書の中の近世民衆運動は多くの場合、十八世紀以降、年貢・諸役の負担増加に対して異議を申し立てる行動として登場する。もちろん、近世初期から民衆運動は起こっているが、十七世紀前期の土豪が指導する武力闘争(島原天草一揆を含む)や、十七世紀中後期の義民伝承として後世に語られる代表越訴(ただし、佐倉惣五郎が義民として伝承されたような一揆は実際に起こったものではない可能性が高い)の形態に続いて、十八世紀に入ると惣百姓一揆というかたちが定着し、とりわけ十八世紀後期以降、規模・数量ともに拡大する。そして、十九世紀に入って激しい打ちこわしをともなう世直し一揆が一八三〇年代以降、幕末に向かって展開していくという構図である。

民衆宗教と「ええじゃないか」

幕末の世直し一揆と並んで、十九世紀の民衆思想を表す事象として教科書に登場するのが民衆宗教である。幕藩体制の動揺・解体期に生まれた天理教・金光教などの民衆宗教は、近世秩序が崩壊することにともなう民衆の不安感を背景に信者を増やした。一八六七(慶応三)年に東海から畿内を中心に起こった民衆乱舞の「ええじゃないか」も、ほぼ同じ文脈で教科書に記載される。同時期に並行して展開した世直し一揆と民衆宗教、「ええじゃないか」は、近世から近代への転換を民衆がどのように受け止めたのかを理解する重要な歴史的事象として叙述されている。

このような民衆運動と民衆宗教の教科書における位置づけは、近世民衆史研究の立場からも大筋で違和感はない。権力・治者の動向ばかりを記載するのではなく、少ないスペースながら民衆・被治者の思想や行動に目を配る教科書の叙述は望ましいあり方である。

その一方で、民衆運動や民衆宗教に代表させて民衆の思想や意志を表現するというのは、非日常の場面にしか民衆が登場しないということでもある。当然のことながら、民衆には日々の生活が存在したのであり、その日常と非日常とがどのようにつながっていたのかを知ることが、その時代を生きた民衆を理解するうえで重要である。そこで以下、近世民衆史研究の現状をふまえて近世民衆像を豊かにし、民衆運動や民衆宗教に限って想起される民衆像を相対化したい。

1 「百姓成立」と「仁政」

近世民衆思想を理解するキーワード

近世の民衆思想を理解するうえでのキーワードは「百姓成立《なりたち》」と「仁政」である。訴願を基本的行動様式として展開する惣百姓一揆の訴状では、年貢・諸役の負担増加が「百姓成立」を阻害するのでその撤回を求めると記される。したがって、その訴状の根底には、百姓の経営を成り立たせる義務が領主にはあり、それを履行することを領主に求めるという民衆意識が存在する。その政治が「仁政」である[深谷 一九九三]。

もとより、「百姓成立」も「仁政」も近世民衆が一方的に領主に要求したものではない。近世領主自身も領民の「百姓成立」を保障する「仁政」の実施を領主の義務として自覚しており、それを実現する明君となることを理想としていた。したがって、「百姓成立」を実現することは領民と領主、共通の目標であり、「仁政」が近世領主の責務であることも双方が共有していた政治常識である。

「仁政」の回復を求める百姓一揆

百姓一揆はこの近世の政治常識を基盤に起こった。つまり、百姓一揆とは幕藩体制の枠組みの中で「仁政」の回復を求める民衆運動であり、反体制運動ではなかった。ただし、百姓一揆が処罰を受ける非合法運動であったことも事実である。訴願そのものは違法行為ではなかったが、百姓一揆は集団で無理矢理訴状を受理させようとする強訴をともなうものであったからである。とくに頭取をはじめ一揆の指導者は厳罰に処されるのが通例であった。一揆後、義民が誕生するのはこのためである〔保坂二〇〇六〕。

ところで、「百姓成立」と「仁政」という政治常識が誕生した背景には何があったのだろうか。大局的には、戦国時代が終結して、求められる領主像・武士像に転換がせまられたことを挙げなければならない。「惣無事」(太平)の時代には、勇猛で戦略能力に熟練した武将ではなく、知略・才覚に富んだ治者こそが領主に求められ、家臣はそれを助けるのが役割とされた。十七世紀中期の岡山藩主池田光政は、戦争の時代の「乱の忠」から太平の時代の「無事の忠」への転換を家臣に求めた(「申出覚」『日本思想大系38』)。

そのような領主像・武士像の転換をあと押ししたのが、「太平記読み」の政治論であったことが指摘されている。「太平記読み」は、十七世紀前期に流行した、軍記『太平記』の登場人物を解説する芸能である。そこでは、治者の責務として撫民を実行する楠木正成が理想的な領主として解説される。その後、農書などの被治者が接するメディアにおいても共通の指導者像が描かれるとともに、被治者自身もそのもとで年貢・諸役をつとめる律儀な「御百姓」という自己認識を育てていく。こうして、「百姓成立」を保障する「仁政」を実行することが治者の責務であるとともに、その明君へ年貢・諸役を皆済する律儀な「御百姓」であることが被治者の責務であるという観念を、治者と被治者双方が共有していった［若尾 一九九九］。

反面教師としての島原天草一揆

その観念を下支えする、反面教師としての役割を果たしたのが島原天草一揆である。幕藩領主を震撼させたこの事件が起こったのは、「太平記読み」が領主のあいだで流行した頃と一致する。島原天草一揆はキリシタン禁制に対する反発から起こった宗教一揆として知られているが、この一揆には領主の苛政に対する異議申立てという側面があったことも忘れてはならない。

島原藩主松倉勝家と天草を領有していた唐津藩主寺沢堅高による収奪が過酷なものであったことを示す史料はいくつもある。一揆後、仕置き不行届を理由に、松倉勝家は斬罪(切腹の可能性もある)、寺沢堅高は天草を没収されたうえでのちに切腹し、両家とも断絶した。そして、この一揆を伝える実録物では、領主非法が重要な原因であったと記され、二人の領主は暗君の典型として江戸時代を通じて語り継がれた。「太平記読み」が普及した同時代に、島原天草一揆を引き起こした松倉勝家と寺沢堅高が暗君の代表として語られたことは、「太平記読み」の中で明君として語られる楠木正成のような理想の領主がいっそう求められる気分を高めたであろう。

加えて江戸時代では、厳禁された「切支丹」をはじめとしたあやしげな宗教活動は、「農業専一」の百姓の日常生活を乱すものとみなされた。「百姓成立」を妨げるあやしい宗教活動の象徴が「切支丹」であったとすれば、領民からそのような「邪」である「切支丹」を遠ざけることも領主の責務であった。「切支丹」を基盤に起こった島原天草一揆は、松倉・寺沢がそうした領主の役割を果たせなかった暗君でもあったことを証明したことになる。「百姓成立」を実現する「仁政」は、近世領主の経済上の責務であるとともに宗教上の責務でもあった［大橋 二〇〇八］。

2 役の体系と被治者の横並び意識

職の体系から役の体系へ

職分と一体となっている権限・権益が重層的に存在し、それらが分権化している中世の秩序を職《しき》の体系というのに対して、職分に付随する権限・権益がそれぞれの職分から分離し一元的に集権化されたうえで、職分の役割分担によって秩序が成り立っている近世の秩序を役の体系ということがある。「仁政」が領主の責務であり、それを支えるのが家臣(武士)の役割であるという政治常識は、こうした役の体系の中で成立した認識でもある。したがって、右のような責務の認識は領主・武士にだけ向けられたものではない。近世に生きた人々には、職分と密着している身分にそれぞれの役割があり、それぞれの身分に託された責務を果たすことによって秩序が保たれているとする認識があった［尾藤 一九九二]。

例えば、十七世紀前中期の禅僧の鈴木正三《しょうさん》はつぎのようにいう。諸職人がいなくては世の中に必要なものをととのえることができない、武士がいなくては世の中は治まらない、農民がいなくては世の中の食物を確保できない、商人がいなくては世の中に物を流通させることができない、このほかにもあらゆる事業を担う者がいて世のためとなるといい、士農工商をはじめとしてあらゆる職分には役割があると説く(「万民徳用」『鈴木正三道人全集』)。

横並び意識としての士農工商論

これは宗教家の言説であるが、十七世紀後期に成立した農書『百姓伝記』にも、耕作労働を家職として自覚することが百姓の役割であることが説かれており、右の認識と通底する。そもそも士農工商の語は儒教文明圏社会における人民のことを指し、個々のあいだには尊卑上下関係は含意されていない。その意味で、こうした士農工商論は横並び意識ともいえる属性論である。ただし、近世日本社会の現実の尊卑上下関係からすればまったくの虚偽意識でもあった[深谷二〇〇六]。

それだけに、非武士身分の者が士農工商の語を口にする時は武士への対抗意識の気分が含まれており、武士に対してもっとも厳しい規範を求める傾向があった。例えば、商行為の矜持《きょうじ》を主張したことで知られる石田梅岩はつぎのようにいう。士農工商の中でもとりわけ武士は領主を助けて政治に関わる者であり、農工商の頭であるから、清潔にして正直であるべきだと説く。もし武士に私欲があったならば世の中は常闇《とこやみ》になるとし、規範身分としての武士のあるべき姿を強調した(「倹約斉家論」『日本思想大系42』)。

3 天譴と世直し

天譴論の登場

その延長線上に、武士一般の上に立つ領主に対して、その責務としての「仁政」を求める意識があった。年貢や諸役の負担増加に対して領主の「仁政」回復を求める百姓一揆は、その時限りの方便ではない。そして、民衆が主体的に被治者であることを受け入れているからこそ、飢饉や百姓一揆・打ちこわしは、治者がその責務を果たしていない時に起こる天譴《てんけん》、すなわち天からの制裁として認識された[岩田 二〇〇四]。

例えば、一七八七(天明七)年の江戸打ちこわしのあと、ある幕臣はつぎのように感想を述べる。この打ちこわしは指導者という者は存在せず、自然とそれぞれの所で起こったことであるから、天の意志によるものであるという。また、下野国鹿沼宿で書きとめられた記録ではつぎのようにある。世の中が騒がしいのは、まことに「御上」の政治がよくないからであり、士農工商の四民が自分の役割を果たさず、ほかのつとめを好めば天地も自然と逆になってしまうものであるから、現在の飢饉は政道が悪くなったので起こったのだとみなが申しているという。このように、四民の職分の乱れが自然の乱れを引き起こすという認識のもと、治者による悪しき政治が飢饉の原因であると人々がうわさし合っていた(『東京市史稿』産業篇第三一)。

世直しの願望

十九世紀に入ると、こうした天譴論を基盤に世直しを標榜する一揆が登場する。具体的には、一八三〇年代を画期に訴願活動を中核とする一揆の作法が崩れ、訴願を欠いた、豪農への激しい打ちこわしを第一義とする形態の運動が展開してくることが知られている。そのうえで開国による経済的混乱を経て、一八六〇年代、日本列島各地で世直し一揆が頻発する〔須田 二〇〇二〕。

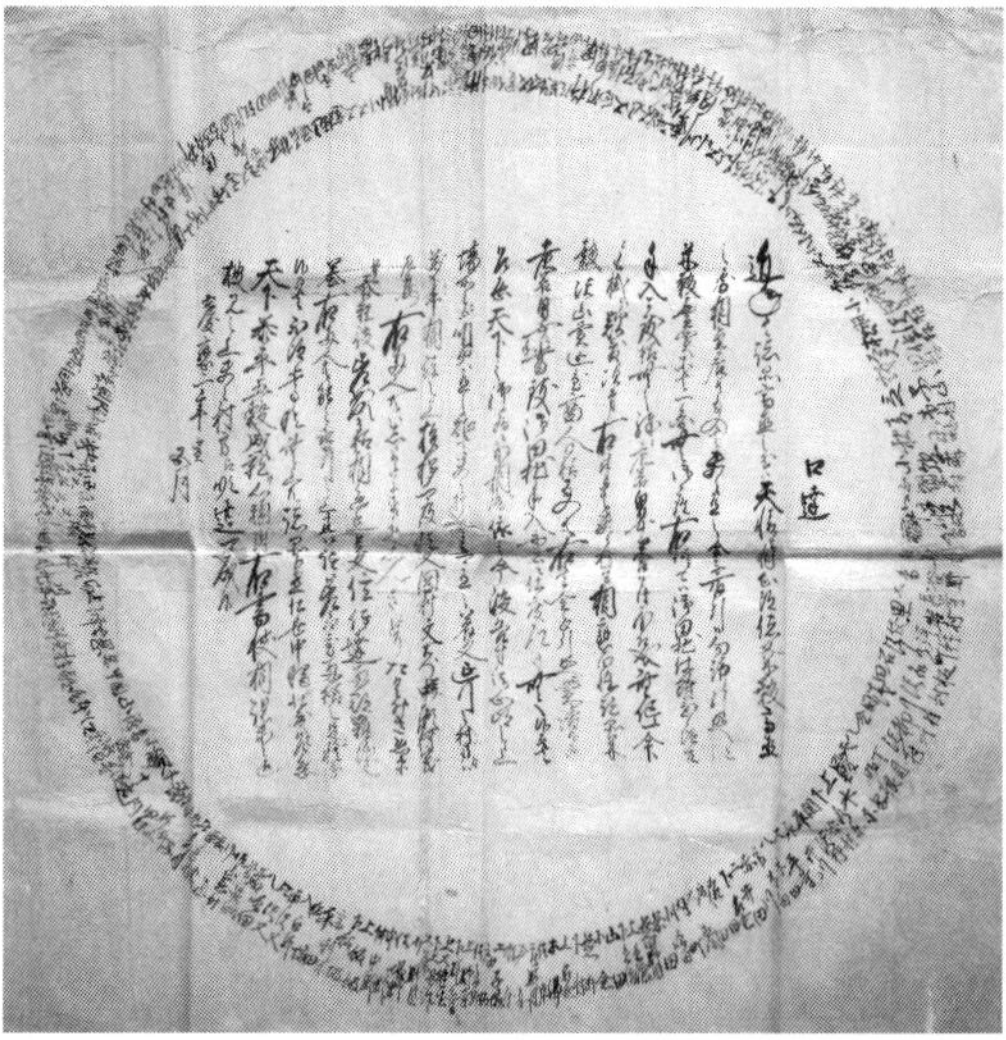

図 信達世直し一揆のわらだ廻状 「わらだ」とは蚕を飼育する際に使う道具。「わらだ」のような輪の形状に連判するのは、首謀者を隠すためであるとともに、一揆参加者の平等性と連帯を表した。（韮沢一家文書、福島県歴史資料館所蔵）

例えば、一八三六（天保七）年に三河国で起こった加茂一揆では、豪農に対する打ちこわしの際、「金銭かすめ取たる現罰逃るべからず、今日只今、世直し神々来て現罰を当て給ふ、観念せよ」と一揆勢が叫んだとされる（「鴨の騒立」『日本思想大系58』）。一八六八（明治元）年に下野国で起こった野州世直し一揆では、「世直し大明神」ととなえた一揆勢に対して豪農が貸金質物の返還を約束する一札が提出されている（「世直しにつき貸金質物返還の一札」『日本近代思想大系21』）。また、一八六六（慶応二）年に陸奥国信夫郡・伊達郡で起こった信達世直し一揆では、打ちこわしは「私欲にあらず」「万民のため」である旨が触れられて行われたという(「奥州信夫郡伊達郡之御百姓衆一揆之次第」『日本思想大系58』)。一揆勢が世直しの神となり、万民のために豪農に天罰をくだすという論理は、先にみた天譴論を底流としているとみていいだろう。

豪農の家屋が一揆勢に打ちこわされるのは、一見、理不尽のようにもみえるが、一揆勢にはつぎの三つの点で正当性の意識があった。第一は、人々は現代の契約関係にもとづく所有観念とは異なる土地所持観念をもっていたこと、第二は、それだけに豪農による土地集積は、共同体の秩序を破壊する行為であるとの認識があったことである。第一・第二の点から、村請制のもと、耕作地は個人の土地であるとともに共同的に所持する土地でもあり、流地となった質地でも、元金さえ支払えばいつでも請け戻せる可能性をもっていたことが指摘されている[白川部 二〇一二]。そして第三は、領主による「仁政」の肩代わりを担う豪農がその役割を果たしていなかったことである。絵に描いた餅である「仁政」は、近世後期、地域の指導者である豪農によって担われることが期待されたが、それが実行されることは困難であった。一揆にともなう打ちこわしは、共同体の和を乱した豪農への民衆的制裁であったといえる[深谷 一九九三、渡辺 二〇一二]。

4 民衆宗教と異端的宗教活動

既存秩序を克服しようとする民衆宗教

こうした世直しの気運は一揆という運動にだけ表れたのではない。同時期の宗教にも同様の傾向がみえる。それは十九世紀、既存秩序をラディカルに批判する民衆宗教がつぎつぎと登場したことに示されている。教祖をはじめ民衆宗教を担った人々は、近世秩序の枠組みの中にとどまっていた既存の神仏信仰との葛藤を経て、そこから逸脱する世界に希望を見出した。

民衆宗教の代表である天理教の場合は、一八三八(天保九)年に大和国山辺郡庄屋敷村庄屋中山善兵衛の妻みきが神がかりしたことをもって開教とする。一七九八(寛政十)年に同国同郡三昧田村庄屋前川家に生まれた彼女は、一三歳で中山善兵衛と結婚し、一六歳で姑から中山家の経営管理を譲渡されたが、結婚後、夫の浮気や家の重責で自己犠牲を強いられた。一男五女の子どものうち、二人の娘の死亡、長男の足の病気、という不幸に見舞われる中、修験道(山伏)の寄加持の際、加持台となり、神がかり状態を経験した。みき四〇歳の時のことである。以後、しばしば神がかりを経験し、「世界一れつをたすけるため」一、社会変革を期待する激しい言葉を吐いた[小澤 二〇一二]。

つつましく、信心深く、何事にも一生懸命に努力する彼女が、そのかいあって幸せを獲得できたならば、おそらく平凡な一人の女性として一生を終えたに違いない。しかし、勤勉や正直・倹約などの通俗道徳をどんなに真摯に実践しても、それが幸せにつながらないばかりか、かえって様々な不幸がもたらされたとすれば、幸福が望めない既存の秩序の方にこそ問題があるとして、その矛先がその既存秩序を痛烈に批判する方向に向かったと考えるのは不思議ではない。既存の価値観への激しい批判をともなう神がかりは、通俗道徳の真摯な実践による自己犠牲の代償である。

この点について、安丸良夫氏は以下のように指摘している。すなわち、通俗道徳の真摯な実践によって平穏な生活を求める民衆の平凡な理想が、現実の生活の中では実現しないことが明らかになった時、「民衆はみずからの理想を支配のイデオロギーから分離して表現するために宗教という媒介を必要とした」［安丸 一九七四］と。

異端的宗教活動の裾野

こうした民衆宗教が叢生する裾野には、同じ時期、異端的な宗教活動として問題視される動向が存在した。例えば、一八二七（文政十）年に京・大坂で「切支丹」が発覚する事件が起こる。この京坂「切支丹」一件は、近世秩序から逸脱することに希望を見出した者による宗教活動が「切支丹」として処罰されたという事件である。九州各地に実在した実際の潜伏キリシタンとは明らかに異なる［宮崎 二〇二二］。

発覚時、この宗教活動の中心にいたのは豊田みつきという祈禱師・陰陽師であった。彼女を支えた女性の一人、さのというみつきの弟子は信仰心の高揚から、この宗教活動の本尊とされた「天帝如来」をひと目見たいと思い、長崎で実施されていた絵踏を見に行くことを思いつく。さのは人形遣いの一行に加えてもらい、長崎で絵踏が行われる正月、同地滞在中の旅人にも実施される絵踏を経験した。ただし、絵踏を見るというのはそれを踏むということと同義である。さのは信心の念から踏めば、「天帝如来」もかえってそれほどの信心をもっているものと許してくださる、と考えて踏絵を踏んだと証言している。

このように、この事件で「切支丹」とされた者は、この宗教活動が「切支丹」であると自覚していたことになる。加えて、「切支丹」であるがゆえに、信心の念から踏絵を踏んだ。この証言は幕府を大いに悩ませた。なぜなら、これを認めてしまえば、絵踏が「切支丹」検索に機能しないばかりか、かえって「切支丹」の信仰心をあおることになるからである。幕府内にはこれを「切支丹」と認定することに躊躇《ちゅうちょ》する意見もあったが、いまさら「切支丹」ではなかったと判断すれば、禁制政策のゆるみにもなりかねないとして、最終的には当初の見込みどおり「切支丹」と認定し、六人(ただし、判決時存命であったのは二人のみ)に極刑の判決がくだった。

京坂「切支丹」一件の宗教運動は、教団未形成のうちに「切支丹」として完全につぶされたため、天理教のような教団化を達成できなかったが、この宗教運動を担った女性たちには、天理教教祖中山みきと共通点がある。それは既存秩序に不満をもっていたということである。みきは神がかりというかたちでそれを表したし、みつきやさのは厳禁されている「切支丹」に自分たちの希望を託した[大橋二〇一七]。

既存秩序が必ずしも幸せを保障しないとすれば、その崩壊を望むのはありえることである。人々の幸せを目指して、世の中の大きな変化を期待する気運が十九世紀の宗教活動に醸成されたのは、同じ時期の民衆運動が世直しを標榜したのと共鳴している。

おわりに――民衆とは誰か

「生活の専門家」

本稿の最後に、民衆とは誰のことをいうのか、という根源的な問いについて考えてみよう。かつて、安丸良夫氏は民衆を「生活の専門家」と呼んだ[安丸 一九七七]。「専門家」とはどのような意味か。その問いを考える前提には、一人の人物に複数の属性が同時に備わっていることを念頭におく必要がある。それは現代人ばかりでなく、過去に生きた人々も同じである。その際に、人と人とのあいだを区分けする概念として属性という語を使うのは、身分という語には尊卑上下の関係がつきまとうからである。もちろん、尊卑上下の関係が確実に存在した前近代では、身分の語を使う方がふさわしいという考えもあるだろう。しかし、前近代においても身分という概念に当てはまらないアイデンティティが存在するし、近現代においても尊卑上下の観念は消滅していない。序列の観念が解消されるという、あるべき未来像を展望する時、今ある身分をどうしたらフラットな属性に転換できるかを意識したい、というのが筆者の考えである。加えて、人と人とを区分けする概念について、利害集団の問題としてだけでなく、個の問題としても考えたい。

一人の人物に複数の属性が備わっているとすれば、治者も被治者も属性の一つである。一つのものさしだけでその人が何者であるかを判定することはできない。「生活の専門家」である民衆とは、複数の属性の中で、生活者という属性に基盤をおいて行動したり考えたりする人々のことだと考えることができる[大橋 二〇二二]。

生活という判断基準

思考や行動の際の、生活以外の判断基準として想定できるのは、様々な地位にもとづく権限である。他人よりも一段高い地位の属性をもつ者は、そちらを基準に物事を発想したり行動したりしがちである。それとは反対に、様々な権限とは無縁な人々は余計な権限がない分、生活に比重をおいて自己の判断をくだすことになる。そうした人々こそ民衆というカテゴリーがふさわしい。ただし、多くの権限を身にまとい、生活以外の様々な判断基準をもっている人々であっても、日々の生活者という属性ももっているから、そちらの属性に寄りかかって物事を判断するとすれば、それは民衆としての属性で判断したとみなされる。

いずれにしても、生活を基準に思考したり行動したりする人々のことを民衆と考えたらどうだろうか、というのがここでの結論である。その場合の生活は特定の人々の生活ではなく、あらゆる枠組みを超越した、すべての人々共通の生活という発想が望ましい。本来、人は誰でも複数の属性を有するから、あらゆる枠組みを超越することが難しいことであるのは承知のうえである。それでも、過去の人々の営みを評価することを含めて、様々な判断をせまられる際には、すべての人々共通の生活から発想する努力をおこたらないようにしたい。その思想こそ究極の民衆思想である。

〈参考文献〉
岩田浩太郎　二〇〇四年『近世都市騒擾の研究――民衆運動史における構造と主体』(吉川弘文館)
大橋幸泰　二〇〇八年『検証 島原天草一揆』(吉川弘文館)

大橋幸泰　二〇一七年『近世潜伏宗教論――キリシタンと隠し念仏』(校倉書房)
大橋幸泰　二〇二二年「近世日本の民衆史研究――民衆運動・政治思想・身分認識をめぐる議論から属性論の射程を展望する」(『民衆史研究』一〇二号)
小澤浩　二〇一二年『日本史リブレット65　中山みき――「心直し」から「世直し」を説いた生き神教祖』(山川出版社)
白川部達夫　二〇一二年『近世質地請戻し慣行の研究――日本近世の百姓的所持と東アジア小農社会』(塙書房)
須田努　二〇〇二年『「悪党」の一九世紀――民衆運動の変質と〝近代移行期〟』(青木書店)
尾藤正英　一九九二年『江戸時代とはなにか――日本史上の近世と近代』(岩波書店)
深谷克己　一九九三年『百姓成立』(塙選書)
深谷克己　二〇〇六年『江戸時代の身分願望――身上りと上下無し』(吉川弘文館)
保坂智　二〇〇六年『百姓一揆と義民の研究』(吉川弘文館)
宮崎ふみ子編　二〇二一年『京坂キリシタン一件と大塩平八郎――史料と考察』(吉川弘文館)
安丸良夫　一九七四年『日本の近代化と民衆思想』(青木書店)
安丸良夫　一九七七年『出口なお』(朝日新聞社)
若尾政希　一九九九年『「太平記読み」の時代――近世政治思想史の構想』(平凡社選書)
渡辺尚志　二〇一二年『百姓たちの幕末維新』(草思社)

9 近世日本と清・琉球

渡辺 美季

はじめに

現在の高校の日本史教科書は、近世日本と清代中国との関係について、長崎貿易・琉球・俵物・儒学・『国性爺合戦』などの用語を通じて分散的かつ断片的に扱う傾向にある。しかし実際にはそれらの要素が相関的に連なって日本社会と結びつき、多方面にわたって少なからぬ影響をおよぼしていた。本稿では教科書からでは総体的に把握しづらい近世期の日清関係について、日本を中心に琉球の動向も含めつつ概観していく。

1 「華夷変態」の東アジア

明清交替と日本

十七世紀半ば頃、それまで総髪だった中国商人が、「頭頂をとさかのように剃って」――つまり辮《べん》髪《ぱつ》(**図1**)にして――長崎に来航するようになった。

図1 辮髪の清人(国立公文書館蔵『清俗紀聞』より)

彼らは、頭を見られる恥ずかしさから頭巾《ずきん》をかぶっていたという(『オランダ商館長日記』)。この変化の背景には、明から清への王朝交替があった。一六四四年、農民反乱により自滅した明に代わって、東北アジアから台頭したジュシェン(女真、のちに満洲《マンジュ》と自称)人の国家清が中国の新たな支配王朝となり、彼らの髪型である辮髪を全土の男性に強制したのである。

明の残存勢力は南へと逃れ、各地で明の皇族を擁する亡命政権(南明)を樹立し、日本・琉球・安南(ベトナム)からローマ法王に至るまで広く援軍要請を行った。しかし幕府はこれを拒否し、ほかの国々も応じず、結局、南明はすべて清に平定された[石原 一九四五、小宮 一九九〇]。こうして明人――大多数は漢人(漢民族)だった――は、今まで「夷狄《いてき》」とみなしてきた清の支配を受け入れ、同じく清が配下においたモンゴル人・チベット人やそのほかの諸民族とともに、清人として生きることになる。ただし一部の明人は清への帰順や出仕を拒み続け、なかには浙江の儒者朱舜水《しゅしゅんすい》のように日本へと亡命する者もいた。

明清交替や南明政権の情報は、長崎来航の中国商人やオランダ・朝鮮(対馬経由)・琉球(薩摩経由)によって幕府へと伝えられた[トビ 一九九〇、程 二〇二一]。このうち中国商人による情報(唐船風説書)は、幕府に仕えた儒者の林鵞峰《がほう》(羅山の子)・鳳岡《ほうこう》父子によって『華夷変態』という書物にまとめられたが、鵞峰が記した序文には「韃虜《だつりょ》(清)が中原《ちゅうげん》(中国)に横行している様子は、華が夷に変じたという態である」とあり、明清交替を「夷狄(清)」による「中華(明)」の侵略ととらえていたことがうかがえる。

明清交替と琉球

一方、明に朝貢していた琉球にとって事態はより深刻だった。琉球は当初、南明に帰順したが、一六四九年に清が使者を派遣して琉球の帰順を求めると、対応を先延ばしにして情勢をうかがったうえで、最終的には一六六三年に清の冊封を受け、清を中心とする新たな国際秩序の中に朝貢国として組み込まれた。

この過程で薩摩藩は幕府に対して、冊封使が琉球に「服従の証」として辮髪や清服といった清の風俗を強制した場合の対応を問い合わせている。島津氏は、清の風俗は「日本の瑕《きず》(不名誉)」なので拒絶して冊封使を追い返すか、あるいは冊封使が納得せずにことをかまえてきた場合には討ち果たすか、という強硬策を提示したが、幕府は冊封使の指示に従うべきであるとして、琉球支配者としての自らの体面よりも、清と琉球の君臣関係を優先する姿勢を示した[紙屋 一九九〇]。清との摩擦を回避して自らの安定を守ろうとしたのだろう。この幕府の譲歩の姿勢によって、琉球は清の国際秩序に従いつつ、日本の支配をも受け入れるという複雑な状態を、比較的容易かつ安定的に維持できるようになった。

なお日本の懸念とは裏腹に、渡来した冊封使は辮髪も清服も強制しなかった。清は国内(中国)と国外(朝貢国)を明確に区別し、国外には柔軟に対応していたのである[豊岡 二〇一二]。そこで国王は明帝から下賜された礼服を身に着けて冊封の儀式に臨むと、以後は清帝から与えられた高級絹織物で明風の礼服を作成し、重要な儀式の際に着用するようになった。

三藩の乱と日本・琉球

一六七三年、清に帰順していた漢民族の将軍が「興明討虜(明を復興させ清を討伐する)」を掲げて三藩の乱を起こし、台湾を占領して清に抵抗していた鄭氏勢力(鄭成功の子孫)もこれに呼応して大反乱となった。清の国際秩序はいまだ盤石《ばんじゃく》ではなかったのである。この動きに対して幕府は情報を収集しつつ局外中立を保ったが、実際は明の復活に期待を寄せていたとみられ、かの林鵞峰は「(清が滅び明が復活して)夷が華に変ずる態となれば、異域のこととはいえ何とこころよいことではないか」と記している(『華夷変態』)。

一六七六年には三藩の一藩を率いる福建の耿精忠《こうせいちゅう》が琉球へ遣使して「大明」(三藩)の優勢を説き、火薬の材料となる硫黄を求めた(琉球には硫黄鳥島がある)。琉球は清の冊封を受けていたが、明復活の可能性を考慮して耿精忠の要請に応じ、幕府・島津氏もこれを了承した。さらに琉球は耿精忠宛と清宛の二通の国書を用意して福建に遣使したが、使者が現地に到着すると耿精忠はすでに清軍に敗北していた。そこで使者は耿精忠宛の国書を焼き捨て、清宛の国書を清軍に提出してことなきを得たという[島尻 一九八〇]。

結局、幕府や琉球のあわい期待にもかかわらず、清は第四代皇帝康熙帝《こうきてい》が優れた統率力を発揮して一六八一年に三藩の乱を制し、八三年には鄭氏勢力をも降伏させて、明に代わる国際秩序のゆるがぬ主宰者となった。このため一六三〇年代から四〇年代前半にかけて「鎖国」の状態を完成させ、朝鮮・琉球使節、オランダ商館長の将軍引見を通じて、日本を中心とした(かつ明から自立した)「国際」秩序を国内向けに演出しはじめていた幕府にとっては、清が以後、日本とその「国際」秩序にいかなる姿勢で臨むのかが潜在的な懸案となった。

2 日清の「棲み分け」

清の海禁解除と幕府の貿易制限

鄭氏を孤立させるため清は長らく海禁を実施してきたが、鄭氏降伏の翌一六八四年にこれを解除し、民間商船の出航・貿易を許可した。すると長崎に来航する中国船が急増したが、日本の主力輸出品であった銀の産出量が減少していたことから、幕府は一六八五(貞享二)年に貿易額に上限を設け、一六八八(元禄元)年には中国船の来航を年七〇隻に制限する(同年は史上最高の一九三隻が来航した)。これにより積荷のもち帰りを命ぜられた中国商人が長崎周辺で密貿易(抜荷《ぬけに》)に走ったため、その防止策として幕府は一六八九(元禄二)年に長崎の町はずれの沿岸部に唐人屋敷(唐館)を設立し、長崎町内の民家に分宿していた中国商人を一括収容した。その敷地は練塀・堀(のちに竹垣も)・二重の門・複数の番所により日本社会から厳重に隔離され、一七〇二(元禄十五)年には貿易品を収容するための新地《しんち》蔵も唐人屋敷に隣接して建設された。

一六九七(元禄十)年、幕府は貿易管理を強化すべく、貿易と町政の財務機関として長崎会所を設立し、長崎奉行および幕府勘定方の配下においた。この結果、幕府の統制下で日本・外国の商人がたがいに貿易を行う従来の方式は変更され、会所が輸出入を一括して担うようになり、その利潤は貿易の実務を担う長崎の町と住民に経費・給与などのかたちで還元されたうえで、残余は幕府財源へと吸収された。一般に「鎖国」により幕府は貿易を独占したといわれるが、厳密には貿易から諸藩を排除して、取引を担う商人たちを管理下においただけであり(したがって利潤を得るのは商人である)、幕府自身が貿易経営に直接参与し、利潤を得るようになったのは会所の設立以降のことである。

一六九九(元禄十二)年、長崎会所は中国商人に宇治茶を試飲させ、また日本の産物で希望するものがあれば書き出すように指示した[若松 一九九六]。その頃、幕府は銀に代えて銅——清で銅銭の原料となった——の輸出を促進していたが、銅も減産しつつあり、新たな輸出品の開拓が急務となっていたのである。こうした模索の結果、主要輸出品となったのは乾燥海産物であった。一七一五(正徳五)年、幕府は海舶互市新例(正徳新令)を施行し、来航船数などをさらに制限したうえで(中国船は年間三〇隻まで)、俵物(煎海鼠《いりこ》〈干しナマコ〉・干し鮑《あわび》・鱶鰭《ふかひれ》)や諸色(昆布・鯣《するめ》・天草など俵物以外の海産物とそのほかの商品)での物々交換(代物替《しろものがえ》)を促進する。その背景には、「盛世」と呼ばれる好況にあった十八世紀の清における高級中華料理の発展と、その食材としての海産物需要の増大があった[松浦 一九七二]。

信牌問題と「沈黙外交」

海舶互市新例ではまた、来航する中国船に長崎唐通事(中国語通訳)の名義で信牌という通商許可証を発給し、これをもたない船には翌年以降の入港・貿易を認めないという管理制度が導入された。信牌にはその船の来航すべき年次と貿易額の上限が記され、新例を遵守する証書の提出と引きかえに交付された。

幕府が一方的に、日本の条例と信牌によって清の商人を管理する制度を創始したことは、清において大きな物議をかもした[大庭 一九八四、松浦 二〇〇七、彭 二〇一五、岩井二〇二〇]。そこで長崎行きの船が多く出航する浙江・江蘇の長官らは、従来の貿易方法の継続を志向し、一七一六(享保元)年に商船一七隻をあえて信牌なしで長崎へ送り日本の出方を探った。長崎では商人たちが長官の指示により来航したとして貿易を求め、また信牌を受給しそびれた商人が信牌を得た商人を「清に背いて日本に従い、外国(日本)年号のある信牌を受領した」と提訴する事件が発生したことを伝えて、信牌の「弊害」をアピールした。

これに対応したのは将軍の政治顧問として海船互市新例の立案を主導した儒者の新井白石である。白石は「信牌は長崎奉行所から渡したのではなく、唐通事との約定なので通事が渡したものだ。……このようなものを外国の信牌を受領して本国(清)に背いたというのは心得がたい」という反論を中国商人に提示させた。唐通事は長崎奉行の部下ではあったが幕臣ではない。幕府直轄地の長崎では、幕府派遣の長崎奉行の監督のもとで、地元出身の地役人が行政・貿易の実務を担っており、唐通事も地役人の一種であった[戸森 二〇〇七]。幕府の施策であるにもかかわらず唐通事の名義で信牌を発給したのは、清との関係を非国家レベルにとどめ、国家間の外交を回避しようとする白石の戦略だったのである。

結局、信牌なしで来航した商人は貿易を許されずに帰国し、日本の姿勢を知った浙江の長官は康熙帝へ訴えて勅裁を仰いだ。すると皇帝は自ら信牌を確認したうえで、「倭照(信牌)は商人どうしがかわす認め印付きの証文にすぎず、わが国の地方官に宛てた文書(つまり外交文書)などではない。……かくも重大事としてよいものか」と訴えを一蹴した。おそらくは信牌や新例の文面から白石の戦略を察知し、白石と同様に国家間の外交摩擦を避け、貿易のみを維持するという現実的で柔軟な対応を選択したのだろう。一七一七(享保二)年、皇帝の方針をふまえ、浙江当局は商人らに信牌の通融や順番利用などを提案し、清の側だけで信牌問題を解決する手立ての構築へと向かうことになる。

こうして信牌問題は収束した。その過程で日清両国は「沈黙外交」と呼びうるような間接的・非公式な探り合いを行い、国家どうしの関係や交渉を避け、たがいの権威と秩序を保全しつつ共存する暗黙の了解を形成するに至った[岩井 二〇二〇]。ここに日本の潜在的な懸案——清が日本とその「国際」秩序にいかなる姿勢で臨むのか——が解消され、日本の「国際」秩序はようやく安泰を迎えたのである。以後、日清の秩序が棲み分ける中、両国は長い「無事」を維持することになる[杉山ほか 二〇一三]。

清に対する琉日関係の隠蔽政策

一方で、琉球でも日清秩序の棲み分けを支える仕組みが整えられた。それは琉球の政権(首里王府)が日本の協力のもとで実施した、清に対する琉日関係の隠蔽政策である。その端緒は、明清交替後、薩摩藩が「薩摩の支配下に入ったことを清においで取り沙汰してはならない」(一六六四年)などと琉球に指示したことであったと考えられるが[紙屋 一九九〇]、当初、琉球による主体的な隠蔽の動きは確認できない。

やがて一六八三(天和三)年、清が派遣した二回目の冊封使が、「琉球属地の頭目」と詐称して面会した薩摩役人らの進物を拒絶する事件が起こった。正使汪楫《おうしゅう》は「彼らの容貌は憎々しげで卑しく琉球人とは似ていない。……倭人だという者もいる」と記しており、明言は避けているものの日本人であると看破していたとみられる。汪楫は事前に康熙帝に謁見した際に「日本は琉球と往来している」と述べており、両者にとって琉日関係の存在は既知のことであった［渡辺 二〇一二］。そのうえで汪楫は琉球において薩摩人の進物を拒絶し、琉日関係が清の公的視界に入ることに難色を示したのである。ただし琉日関係そのものを公然と禁じることはなかった。それは琉日関係を黙認しつつ、琉球に「忠実な朝貢国」としてのふるまいを求め、自らの国際秩序の体面を保全しようとする清の政治的戦略であったと考えられる。

汪楫の帰国後、琉球は主体的かつ積極的に琉日関係を隠蔽しはじめ、段階的にこれを強化した［喜舎場 一九九三、豊見山 二〇〇四、渡辺 二〇一八］。また薩摩藩も隠蔽に協力し、琉球に滞在する薩摩人は冊封使や中国人漂着民から姿を隠すようになった［徳永 二〇〇五］。隠蔽政策によって、琉清関係の現場から「日本」が排除され、琉球に併存する清日の二秩序は安定的な棲み分けが可能になったのである。隠蔽はさらに清と関わるすべての国に対しても行われたが、少なくとも朝鮮は日本との交流などから「事実」を把握していた［夫馬 二〇一五］。「清の朝貢国である琉球が水面下で日本にも従っている」という暗黙の了解(公然の秘密)は、東アジア世界全体で共有・維持されていたのである。

3　日本社会と中国・琉球

輸入品の広がり――モノと書籍

一八一五(文化十二)年、長崎へ向かう中国商船永茂《えいも》号が伊豆半島に漂着した[松浦 二〇一二]。そのおもな積荷は、ヨーロッパ製の毛織物を含む織物と多種類の薬種(漢方薬の材料)、そして船のバランスをとる底荷を兼ねた大量の砂糖であった。同様の傾向は、江戸時代後期に長崎に来航したほかの中国船の積荷にもみることができる。十七世紀まで日本の主要輸入品は生糸・絹織物(輸出品は銀)であったが、十八世紀を通じてそれらの国産化・代替化が進み、同世紀後半にはおもな輸入品は薬種・砂糖(輸出品は乾燥海産物)となっていた(ただし朝鮮人参や砂糖の国産化も同時に進展していた)[小山 一九九六]。また国産化が難しかった毛織物の輸入も増えていた。十八世紀以降、日中貿易は規模を縮小しつつ、普遍的かつ高価な商品から、個々の需要に応じて社会で広く消費される日用品の取引へと重心を移したのである[杉山ほか 二〇一三]。それは日本市場が中国経済から相対的に自立していく過程でもあった。

一方、積荷に占める割合は少ないものの、永茂号には事典・儒学書・詩集・石摺(拓本)など多様なジャンルの書籍一五箱も積まれていた。このように中国船はしばしば漢籍(唐船持渡書《とうせんもちわたりしょ》)をもたらし、それらは長崎でキリスト教関係の禁書の有無などの検閲を経たうえで輸入され、幕府や藩を中心に消費された[大庭 一九六七]。また訓点付きの「和刻本」が刊行されることで、漢籍は流通量を飛躍的に増し、かつ廉価となって、社会に普及していった[辻本 二〇〇三]。一七一九(享保四)年に来日した朝鮮通信使中維翰《しんいはん》は、大坂の書店を見て「中国の書、わが朝(朝鮮)の諸賢の撰集も、ないものはない」と驚いている(『海游録』)。

輸入漢籍は、人々の中国への関心を喚起しつつ、儒教を中心とした漢学の裾野を広げた。中国古典への理解が深まる中、十七世紀末から十八世紀前半には伊藤仁斎・荻生徂徠が、朱子学を批判し儒教の古典に直接学ぼうとする思想体系を開拓し、とくに徂徠の古文辞学は大いに流行した[日野 二〇〇五]。また古典を学ぶための唐話(中国語)学習の教科書として、十八世紀前半には中国の白話(口語)小説が読まれるようになり、同世紀後半には白話小説そのものもさかんに愛読されるようになった。

漢籍はときに琉球からも伝播した。一七一九年、薩摩藩が八代将軍徳川吉宗に中国の儒教的教訓書『六諭衍義《りくゆえんぎ》』を献上したが、これは琉球の高官程順則《ていじゅんそく》(名護親方《なごウェーカタ》)が清において私費で印刷し、もち帰ったものである。吉宗は「世の風教(教化)のたすけとなる」として、一七二一(享保六)年に荻生徂徠による訓点本を、一七二二(享保七)年には儒者室鳩巣による大意和訳本(『六諭衍義大意』)を官刻(公刊)させ、後者は藩校や寺子屋の教科書として広く用いられた。

日清の人的交流と長崎

舶来する中国産物・書籍を通じた間接的な日清交流が拡大する一方、直接的な人的交流の場は、(漂着民との偶発的な交流以外は)一貫して長崎に限定された。唐人屋敷の設立以降、交流の場は一段と狭まったが、それでも唐通事など長崎奉行所の関係者や、何らかのつてを得た日本の文人たちが、直接、あるいは書面により中国人——文人も含まれていた——と接触・交流し、これによって絵画・煎茶・音楽などの文化が国内へと伝えられた。

また、中国人の生活文化は、唐人屋敷の設立以前から長崎の文化へと取り込まれた。中国人による端午節の行事をみならうかたちで各町のペーロン（龍舟競漕）が開始され、中国の清明節や彩舟流《さいしゅうながし》の影響により、盂蘭盆会《うらぼんえ》には墓所での会食や精霊流《しょうろうながし》が行われるようになった。唐人屋敷で行われた元宵節《げんしょうせつ》（旧正月十五日）の龍踊《じゃおどり》は、隣接する籠町《かごまち》（本籠町）の住民がならって長崎くんち（諏訪神社祭礼）の奉納踊の一つとなった。中国風の料理と卓上で大皿料理を食べるというスタイルも長崎の食文化に取り入れられ、日本料理・普茶《ふちゃ》料理（中国風の精進料理）などと融合しつつ独特の卓袱《しっぽく》料理（卓子・唐料理）が生まれた。十八世紀には上方や江戸にも卓袱料理を標榜する店ができている。

こうした長崎の「異国（おもに中国）情緒」は、「鎖国」下におかれた人々の興味・好奇・憧憬をかき立て、唐人屋敷の設立前後から長崎は名所・観光地と化していく［若木 二〇一三］。中国人ゆかりの唐寺に参詣し、唐人屋敷や出島を（外から）見物し、舶来品を買い求める遊客に加え、十八世紀前半には唐通事などから漢学や医学を学ぼうとする遊学者も増加した。長崎では土産物として眼鏡・びいどろ（硝子）などの工芸品がつくられたほか、十八世紀半ば頃からは、唐人・唐船・蘭人などを虚実取りまぜて描いた異国趣味の版画（長崎絵）がさかんに刷られた［岩下 二〇〇六］。

中国イメージと日本イメージ

外国に対する強い関心は文学作品の設定にも反映された［村上 一九九三］。その代表的存在が、近松門左衛門の浄瑠璃『国性（姓）爺合戦』である。鄭成功をモデルとした日明混血児の和藤内《わとうない》（和でも唐でもないという洒落）が北狄の「韃靼」（清）に滅ぼされた明を再興するという武勇譚で、一七一五（正徳五）

年に大坂で初演されると一七カ月のロングランとなり、以後もさかんに上演されて夷狄としての清のイメージを再生産した。

一方、日本では中国・朝鮮・琉球といった国々の存在を前提としつつも、中国人だけでなく朝鮮人・琉球人も「外国人」と一括りにとらえ、その総称として「唐人」の語を用いることが一般化していく［トビ 二〇〇八］。そのイメージの要素としては、朝鮮通信使の外観的特徴（チャルメラ〈唐人笛〉・つば広の帽子・使節の旗など）が取り込まれ、「唐人」の定番スタイルとなった。異国・異界を連想させるこの唐人イメージは、都市の祭礼行列（練物）や、薬など外国と関わりの深い商品を扱う行商人などの仮装パフォーマンスの一つとして定着し（**図2**）、庶民文化（ポピュラー・カルチャー）に根をおろしていく。

図2　唐人に扮した江戸の飴売り（国立国会図書館蔵『江戸年中風俗之絵』より）

また、漢学の盛況や長崎由来の中国諸文化の広がりにより、十八世紀以降、都市部の知識人を中心に中国の文化・教養を好む中華趣味（文人趣味）が流行した［中村 一九五九、中野 一九九五］。この流行は、長崎から運ばれる舶来品を商う各都市の唐物屋も下支えしていた［河添 二〇一四］。やがてそこから『水《すい》滸《こ》伝《でん》』などの白話小説に題材をとった／影響を受けた読本（歴史伝奇小説）が生まれ、上田秋成『雨月物語』（十八世紀後半）・曲亭馬琴『南総里見八犬伝』（十九世紀前半）などが世に送り出されていく[徳田 二〇〇四]。こうした中華趣味では、おもに中国古典ないしは漢人の伝統文化が嗜好されたが、長崎奉行所の参照用に作成された清の風俗情報『清俗紀聞』が一七九九(寛政十一)年に出版されて広く普及するなど、同時代の清の事情を把握しようとする動きもあった。

このように十八世紀以降の日本社会には、大まかにいって①夷狄または大清国としての「清」、②古典や漢人の文化に象徴される「中華」、③漠然とした外国としての「唐」といった中国イメージが混在していた。その大半は現実の清を「まなざす」ことなく生み出された自己完結的な(ともすれば自己満足的な)中国観であったが、清への往来はもとより、人的交流もままならない日本では、これらのイメージを相対化することは難しかった。それは清でも同様で、海を隔てた隣国への関心が日本以上に低かったこともあり、沿海部を襲う十六世紀の倭寇(後期倭寇)のイメージが小説などを通じて拡散され続けていた[遊佐 二〇一六]。

「遠い」琉球

外交関係のない清の「唐人」とは異なり、朝鮮や琉球の「唐人」は使節としてときに江戸までやってきた。朝鮮使節は計一二回、琉球使節は計一七回来日したが、前者が江戸まで訪れたのは一一回目の一七六四(明和元)年が最後であったため(一二回目は対馬まで)、以後、日本人が実際に目にすることのできる「唐人」は琉球使節にほぼ限定された。いきおい琉球使節に対する人々の関心は高まり、参府にあわせて使節や琉球を紹介する書物(琉球物刊行物)が多数刊行されたが、そこに含まれる情報の精度は必ずしも高いものではなかった。一六〇九(慶長十四)年の軍事侵攻により琉球を支配下においた薩摩藩は、琉球―日本の交通・物流を統制したため、琉球へ出入りできる日本人は藩の許可を得た一部の薩摩人男性のみとなり、同藩の「外」で精度の高い琉球情報を入手することはきわめて困難だったからである。

そこで日本の人々が参照したのは、むしろ同時代の中国人――具体的には清から琉球へ派遣された冊封使――の琉球見聞録であった。これらの書物は清で刊行されたあと、しばしば長崎から日本に輸入され、和刻本もつくられていたのである。江戸時代の日本でもっとも読まれた琉球物刊行物は、一七九〇(寛政二)年の使節参府にあわせて刊行された森嶋中良《ちゅうりょう》による『琉球談《ばなし》』であったと推定される

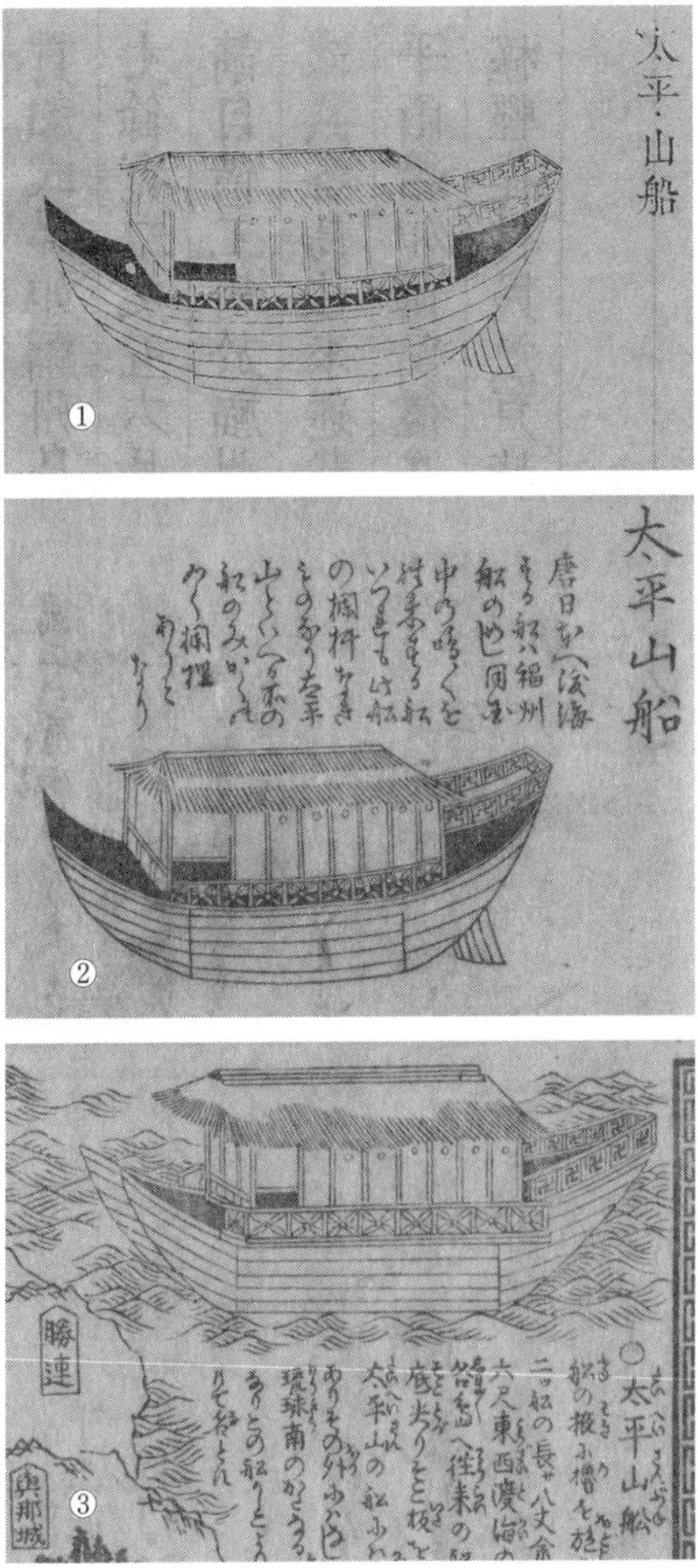

図3　太平山(宮古島)船の挿絵　①は『中山伝信録』(国立公文書館蔵)、②は『琉球談』(国立国会図書館蔵)、③は『椿説弓張月』(国立国会図書館蔵)。

が、その内容は一七一九年に琉球を訪れた冊封使徐葆光《じょほこう》がまとめた『中山伝信録《ちゅうざんでんしんろく》』に大きく依拠するものであった［横山 一九八七］。やがて十九世紀初頭には、曲亭馬琴が『中山伝信録』や『琉球談』を資料として利用しつつ、琉球をも舞台とした読本『椿説弓張月《ちんせつゆみはりづき》』を著して人気を博す（図3）。源為朝が琉球に逃れて生き延びたという伝説を素材としたこの作品を通じて、琉球から政治的に「遠く」隔てられた日本の人々は、想像上の「琉球」に親しさをつのらせていくのである。

〈**参考文献**〉

石原道博　一九四五年『明末清初日本乞師の研究』（冨山房）
岩井茂樹　二〇二〇年『朝貢・海禁・互市――近世東アジアの貿易と秩序』（名古屋大学出版会）
岩下哲典　二〇〇六年『江戸の海外情報ネットワーク』（吉川弘文館）
大庭脩　一九六七年『江戸時代における唐船持渡書の研究』（関西大学東西学術研究所）
大庭脩　一九八四年『江戸時代における中国文化受容の研究』（同朋舎出版）
紙屋敦之　一九九〇年『幕藩制国家の琉球支配』（校倉書房）
河添房江　二〇一四年『唐物の文化史――舶来品からみた日本』（岩波新書）
喜舎場一隆　一九九三年『近世薩琉関係史の研究』（国書刊行会）
小宮木代良　一九九〇年「「明末清初日本乞師」に対する家光政権の対応――正保三年一月十二日付板倉重宗書状の検討を中心として」（『九州史学』九七号）
小山幸伸　一九九六年「近世中期の貿易政策と国産化」（曽根勇二・木村直也編『新しい近世史2』新人物往来社）

島尻勝太郎　一九八〇年『近世沖縄の社会と宗教』（三一書房）
杉山清彦［主編］・渡辺美季・藤田明良　二〇一三「すみわける海　一七〇〇―一八〇〇年」（羽田正編『東アジア海域に漕ぎだす1　海から見た歴史』東京大学出版会）
辻本雅史　二〇〇三年「学問と教育の発展――「人情」の直視と「日本的内部」の形成」（藤田覚編『日本の時代史17　近代の胎動』吉川弘文館）
程永超　二〇二一年『華夷変態の東アジア――近世日本・朝鮮・中国三国関係史の研究』（清文堂出版）
徳田武　二〇〇四年『近世近代小説と中国白話文学』（汲古書院）
徳永和喜　二〇〇五年『薩摩藩対外交渉史の研究』（九州大学出版会）
トビ（ロナルド・トビ）、速水融ほか訳　一九九〇年『近世日本の国家形成と外交』（創文社）
トビ（ロナルド・トビ）　二〇〇八年『全集日本の歴史九　「鎖国」という外交』（小学館）
戸森麻衣子　二〇〇七年「長崎地役人」（森下徹編『身分的周縁と近世社会7　武士の周縁に生きる』吉川弘文館）
豊見山和行　二〇〇四年『琉球王国の外交と王権』（吉川弘文館）
豊岡康史　二〇一二年「清朝と舊明領國際關係（一六四四―一八四〇）」（『中国史学』二二巻）
中野三敏　一九九五年「都市文化の爛熟」（『岩波講座日本通史14』岩波書店）
中村幸彦　一九五九年「文人意識の成立」（『岩波講座日本文学史9』岩波書店）
日野龍夫　二〇〇五年『日野龍夫著作集第一巻　江戸の儒学』（ぺりかん社）
夫馬進　二〇一五年『朝鮮燕行使と朝鮮通信使』（名古屋大学出版会）
彭浩　二〇一五年『近世日清通商関係史』（東京大学出版会）

松浦章　一九七二年「日清貿易による俵物の中国流入について」(『千里山文学論集』七号)
松浦章　二〇〇七年『江戸時代唐船による日中文化交流』(思文閣出版)
松浦章　二〇一一年『文化十二年豆州漂着南京永茂船資料』(関西大学出版部)
村上明子　一九九三年「外国」(浅野晃ほか編『講座元禄の文学5　元禄文学の状況』勉誠社)
横山學　一九八七年『琉球国使節渡来の研究』(吉川弘文館)
遊佐徹　二〇一六年「小説に描かれた倭寇――明清「倭寇小説」概論」(須田牧子編『「倭寇図巻」「抗倭図巻」をよむ』勉誠出版)
若木太一　二〇一三年「「長崎土産」三題」(若木太一編『長崎・東西文化交流史の舞台――明・清時代の長崎／支配の構図と文化の諸相』勉誠出版)
若松正志　一九九六年「長崎俵物をめぐる食文化の歴史的展開」(『京都産業大学日本文化研究所紀要』一号)
渡辺美季　二〇一二年『近世琉球と中日関係』(吉川弘文館)
渡辺美季　二〇一八年「隠蔽政策の展開と琉清日関係」(『琉大史学』二〇号)

10

商人の活動と交通

永原　健彦

はじめに

筆者に与えられた課題は「中等教育と交通・流通史」である。中等教育機関に身をおいてはいるものの、二〇年近く漫然と過ごしてきた身には重荷だが、あえて引き受けた。中等教育・学校教科書と研究の齟齬《そご》はしばしば指摘されるところだが、それが何か、またそれを埋めるものは何か、考えてみたかったからである。

また最初にお断りしておくが、本稿では中等教育の基本的文献である教科書の記述について、揚げ足取り、ないし重箱の隅をつつくような指摘を含めた分析をすることになる。私が述べる細かい批判が、仮に正当なものであったとしても、それを教科書に盛り込むことは紙幅の関係で現実的ではないことは、容易に予想できる。本稿で指摘する点は、学習者の理解がおよびにくい箇所、教員からの説明が望ましいと思われる部分だと思っていただければ幸いである。

1　教科書における交通・流通史

最初に、高校の日本史教科書『詳説日本史』(日探 山川出版社 二〇二三、以下『詳説』と略す)第Ⅲ部近世から、交通・流通に関わる記述を抽出してみよう。なお本稿では、交通・流通に関する詳しい記述がある『詳説』を材料に、問題点を考えてみたい。近世部分は、三章構成(八～一〇章)である。

第八章「近世の幕開け」には商人・交通関係の記述は少なく、織田政権での城下町繁栄政策(楽市など)が述べられる程度である。

第九章「幕藩体制の成立と展開」には「幕藩社会の構造」という節(第二節)がある。身分社会や村・町・農林漁業・鉱山業など、近世社会を知るうえで不可欠の要素が説明される中、「漁業」の項で鮮魚や干し鮑《あわび》などの乾物の流通に「都市の魚問屋が資金を前貸し、生産地や漁獲物の流通を支配した」(一七四頁)とあるのが、流通に関わる記述の最初である。そのあとの「商業」項では、商業の担い手である豪商(初期豪商)や問屋・仲買・振売などの基礎的な用語について説明される。近世商業の特徴を簡潔に説明する中で「全国の商品流通は三都や城下町などの都市を根拠地とする問屋が支配するようになった」(一七五頁)という記述があり、流通における問屋の重要性を明確に示している。

つぎに流通関係の記述がみられるのは第九章の四節「経済の発展」である。ここでは「農業生産の進展」の項で、十七世紀末に確立した全国市場《しじょう》で年貢米売却が行われたほか、諸商品が城下町などの問屋・市場で取引され、村々がしだいに「遠隔地との商品流通に巻き込まれるようになった」と記す(一八〇頁。なおここで初めて「市場」に「しじょう」のルビがふられている。「いちば」と「しじょう」の使い分けも、高校生には実は自明ではない)。そして「交通の整備と発達」の項で、交通機構の整備について比較的詳しく記されている(一八二〜一八四頁)。五街道の整備、道中奉行による管轄、宿駅、一里塚、本陣等々である。さらに陸上での物資輸送について、中部地方における馬や牛による中馬《ちゅうま》、江戸など都市内部の牛馬・大八車輸送が紹介されるが、「遠隔地を結ぶ馬車は発達しなかった」と陸上物資輸送が低調だったことを示唆する。

一方、流通の中心となる舟運についても詳しい説明があり、角倉了以による河川航路の整備をはじめとし、河川・湖沼を利用した内水面舟運の説明がある。そしてそれに続いて菱垣廻船・樽廻船の説明とその競争、東廻り・西廻りの海運、下り荷、最後に北前船・内海船が紹介されている。

「三都の発展」(一八五頁)と、つづく「商業の展開」(一八六頁)では、全国市場の要《かなめ》としての三都それぞれの重要性を記している。物資集散地である大坂には、蔵屋敷がおかれ、蔵元・掛屋らが重要な役割を果たしたことが述べられる。また江戸の十組問屋、大坂の二十四組問屋の解説もここである。都市の問屋と豪農の主導により、資金・原料の貸与にもとづく問屋制家内工業がみられたこと、また、卸売市場が都市・農村間流通の心臓部となり、問屋・仲買の売買の場として大きな役割を果たしたことも説明されている。そして三都の米市場・魚市場・青物市場が、それぞれ紹介される。

第一〇章「幕藩体制の動揺」は享保の改革以降の動きを述べた章だが、流通関連の記述はあまりみられない。「経済の変化」の項(二一一頁)で藩専売制などが紹介されているが、流通への影響には言及がない。ほかに天保の改革での株仲間解散、および問屋の流通支配に反対する国訴が紹介される程度である。なお第Ⅳ部近代・現代の一一章「近世から近代へ」には、五品江戸廻送令の説明がある(二二四頁)。一方、交通に目を転じると、四節「化政文化」の「民衆文化の成熟」項(二一七~二一八頁)で、庶民による寺社参詣や巡礼の盛行に触れられているのが注目される。

以上が教科書にみられる交通・流通分野のおもな記述である。このように『詳説』においては、道・航路・廻船など交通運輸の機構に大きな注意が払われていることが、見て取れるだろう。一方で、運輸機構を利用する商人などについての記述は、様々に工夫をこらして各所で説明されているものの、あちらこちらに分散している感を否めず、かなり注意して読み込まなければ、流通構造の全体像とその変容を理解することは難しいという印象を受ける。

つぎに、中等教育機関で交通や流通に関して授業をする中で、教科書の記述にやや困難を感じる点をいくつか個別具体的に挙げてみたい。

①豪商(初期豪商、一七五頁)

「商業」の項は「商人は本来、自分の資金で仕入れた商品を、みずから買い手に売る小経営をいう。こうした小経営の商人は、中世以来、広く存在した」との文章から始まる。これは商人と問屋の、本源的性格の違いに関する議論[吉田 二〇〇〇など]をふまえての一文と思われるが、やや唐突な感が否めない。このように小経営に関する文から始まるにもかかわらず、そのあとに「平和が実現し、交通や流通が安全におこなわれるようになると、まず豊富な資金や船・馬など商品の輸送手段、蔵などの貯蔵施設を所有する豪商が活躍した。彼らは(中略)地域間の大きな価格差を利用して、巨大な富を得た」と初期豪商に関する説明が続く。この文章のつながりでは、学習者は、中世の小経営の商人の中から近世初期に豪商が急成長したと理解しかねない。これより前の商人に関する記述は、戦国期に日明貿易の根拠地として栄えた堺や博多、あるいは遠隔地商業の拠点、港町として繁栄した摂津平野、伊勢桑名などの紹介である。近世初期の豪商は、明らかに戦国期の豪商の系譜を引いているのに、小経営の一文でかえって関係性がみえにくくなっている。

また初期豪商について、「鎖国により海外との交易が制限され、一方で国内において陸上・水上交通が整備されていくと、これらの豪商は急速に衰えた」と続く。「鎖国」状況によって外国との交易が縮小するのはともかく、国内的には平和で商業環境が整っていくにもかかわらず、急速に衰退するというのも、学習者にはなかなか理解がおよばないようだ。彼らの衰退要因については純粋に商業的なものだけでなく、政治的・社会的な説明[山口 一九九一など]も必要だろう。政治権力と密接に関係する初期豪商の性格理解とも関わる問題と思われる。

②交通制度(一八二〜一八三頁)

先述のように、比較的詳しい記述がある交通制度だが、やや不足していると思われる点もある。一つは脇街道である。「五街道」は学習者に浸透する一方で、脇街道(脇往還)はほとんど認知されていない。全国的な交通網は、五街道だけでは当然成立しないのだから、そのほかの街道の様相にも触れる必要があるのではないだろうか。もう一点は、陸上交通周辺の多様な営み、具体的には飲食業・駄賃稼ぎ等々の民衆像が捨象されている点を指摘しておきたい。制度に重点をおいた叙述により、実態把握・理解が困難になっているように思われる。

また街道・宿駅や飛脚制度が整備され、「全国の情報が早く正確に伝えられるようになった」とあり、脚注で幕府の法令、商品の相場、社会状況、海外の情勢などの事例が列挙されているが、あまり学習者にはその意義が伝わらないようだ。コラムないしは副教材などで、実例を詳しく説明する必要があろう。

③水運（一八三〜一八四頁）

物資流通の主役である水運についての記述は「航路」整備が中心で、河川舟運では、鴨川・富士川・高瀬川などの整備と、木材などの輸送が説明されている。しかし、使われている船については「高瀬舟などの中型船や小舟」とあるだけで、これでは具体的な姿はわからない。一般に「高瀬舟」と聞いて想起するのは、文学作品としての森鷗外『高瀬舟』である。「京都の高瀬川を上下する小舟」ではない船を具体的にイメージさせるためには、絵図や復元模型などを積載量とともに記載することが不可欠である。また陸上交通については宿役人や本陣・旅籠屋など、交通に関わる諸職が述べられているのに対し、内水面舟運にはそれがない。河岸問屋ほかの説明がほしい。

つぎに海運については、菱垣廻船・樽廻船や、東廻り・西廻り航路を説明したうえで「十八世紀末頃から、日本海の北前船や尾張の内海船など、遠隔地を結ぶ廻船が各地で発達した」とあるが、この記述は、読み手に高度な知識を要求している。菱垣廻船と樽廻船の競争については説明があるのだが、賃積みであるこれらと、買積みである北前船・内海船などとの違いがまったく説明されておらず、後者の登場がもつ意味はわからない。また内水面舟運と同様、海運を司る廻船問屋・船持・船乗りなど、実際に運輸業に従事する人々についての記述もまったくない。

また、湊・河岸での荷物積みおろしの局面も捨象されている。艀《はしけ》・軽子《かるこ》、車力《しゃりき》[吉田 二〇一五]など港湾荷役関連業務は、近現代でも多くの人々が従事する職種であり、現代においても社会的影響力は小さくない。十分に学習者の関心をひきうる素材であるから、例えばコラムなどでも事例紹介がほしい。

そして何よりこの項では、輸送する具体的な品物についての言及が少ないことが、理解の障害となっている。もちろん、内水面舟運では木材が、海運では酒に加えて木綿・油などの品目が列挙されているが、近世社会の流通は、海・川ともに米を除いては語れない。石高制・米納年貢制によって、藩領などから中央市場への米輸送と売却が不可欠となっており、そのために東廻り・西廻り海運が整備されたのに、米に触れないのでは、学習者の理解が不十分となる。

④大坂と蔵屋敷(一八五頁)

各藩領経済と中央市場との関係は、「三都の発展」の項で述べられている。江戸が最大の消費都市となった一方で、大坂が物資の集散地として栄える大商業都市として、そして京都が両替商などの大商人の本拠地であり、かつ高い技術をもつ工業都市として説明されている。蔵物・納屋物が大坂に集荷され、「天下の台所」と称されることは、学習者もよく知っている。しかし「なぜ大坂なのか」という説明があるべきではないだろうか。江戸は幕府がおかれる政治的中心地であり、京都は伝統的権威が集積する地で、商業的にも繁栄してきたことは、よく理解できる。もちろん学習者は、豊臣秀吉が大坂城を築いたことは知っている。だが大坂の、町としての商業的な繁栄についてはここまでの教科書の記述にはないため、疑問を感ずる場合があるようだ。とくに、近隣にあって中世以来の貿易都市である堺ではなく、なぜ大坂なのか。日本有数の大都市である現代の大阪を知る多くの学習者は、「三都の一角としての大坂」を、疑いなく受容するだろうが、必ずしも自明のことではない。

また、細かい点になるが蔵屋敷の配置についても一言触れておきたい。大坂のほかに、脚注で「江戸・長崎・大津など幕府の直轄都市におかれた」と記す。生徒たちは、江戸や長崎はともかく大津の意義をあまり理解していない。古代・中世以来の琵琶湖舟運の重要性は言うまでもない。折に触れて説明もするが、内水面舟運に馴染みがない学習者には、なかなか浸透しない。先述されている水運網の整備によって大津の地位にいかなる変化が生ずるのか、あるいは生じないのかを含めて説明すると、よいと思われる。

⑤享保の改革と米価（一九三頁）

享保の改革の施策として「米価を安定させて武家の財政を保とうと、米価の平準化を目指して大坂の堂島米市場を公認した」ことが挙げられているが、米市場を公認することがなぜ米価の安定につながるのか、理解できない学習者は多い。そもそも享保期（一七一六〜三六年）以前から大坂には大量の年貢米が入る仕組みがあったのに、それを「公認」とは、具体的にはいかなる政策を指すのか、教科書には説明がない。また公認後、米価調整のために堂島米市場をどのように操作したのか、具体的な説明がほしい。きわめて重要な問題でもあり、高槻泰郎氏の研究などによって理解を進めるサポートが、不可欠である［高槻 二〇一八］。

⑥株仲間の解散（二一〇頁）

「天保の改革」の項の中で株仲間解散令については、「物価騰貴の原因は、十組問屋などの株仲間が上方市場からの商品流通を独占しているためと判断して、株仲間の解散を命じた」との説明がなされているが、学習者にはやや唐突に映るようだ。直前には厳しい天保の飢饉の説明があるから、おおむね物資不足を物価騰貴の原因と考えている。そして、今まで価格統制のために株仲間を認めてきたのに、なぜその株仲間を通して物価対策ができないのかと思うようである。地方都市商人の成長、三都問屋の地位低下が、三都での物資不足の要因であることは言うまでもない。しかし多くの学習者にはその知識はなく、次項「経済の変化」で「畿内を中心に、菜種・綿・金肥などをめぐり（中略）自由な流通を求めて大坂の株仲間などによる流通支配に反対し」とあるのを待たねばならない。そして、これを三都問屋の地位低下、幕藩制的市場構造の解体に結びつけて理解することは、容易ではない。

2 歴史研究としての流通史

以上、教科書を読み返す中で交通・流通関連について感じる疑問点を挙げてみた。では、近年の交通・流通史研究での関心事あるいは成果とは何であろうか。中等教育に取り入れられる、あるいは取り入れるべき論点は何か。いくつかの論考などから、それを探ってみたい。なお、流通史の研究史整理としては曲田浩和氏の「近世都市と商品流通史研究」〔曲田 一九九五〕、原直史氏の「全国市場の展開」〔原 二〇一四〕などが参考となる。

最初に、すでに二〇年以上前の刊行だが『新体系日本史12 流通経済史』(山川出版社 二〇〇二年)から本城正徳氏の「近世の商品市場」をみてみたい。ここで述べられているのは、幕藩制的流通構造の成立および解体である。石高制＝米納年貢制を採用する領主層は、兵農分離・城下町集住とあいまって年貢米の換金を必須とし、商品の供給(年貢米売却)と需要(都市消費者)の両面で主要な担い手であったと位置づける。諸藩の城下町市場は年貢米の市場としては小さいため、各領国(藩領)経済は中央市場(上方)と結合して年貢米を売却する一方、高い技術をもつ上方諸都市から、衣服・工芸品、酒などの醸造製品を買っていたとする。このような幕藩制的流通構造が十七世紀前半に成立し、航路整備が進むことで領主米販売市場としての京都・大津の地位が低下し、大坂はさらに上昇していった。しかし領主経済の悪化は借金返済のための大坂廻米強制をまねき、米価下落に続く領主経済の悪化という悪循環におちいる。そして近世後期には種々の要因から、幕藩制市場構造が解体に向かう、とする。

また、同書収載の中西聡氏の「近世・近代の商人」は、商人の経営展開とそれにともなう市場構造の変容を描いた論考である。初期豪商の没落と、十七世紀後半における近江・伊勢商人の三都進出のあと、十八世紀後半に株仲間を認められた特権商人(幕府御用商人)が台頭するという。そして幕府御用商人の台頭が、中央市場における江戸の地位向上につながるとする。この時期には、北前船を代表とする買積船が増加し、運送業者と商人の分業が曖昧になるとする。そしてこの船を所有する新興業者が三都を通さない売買を行うことで、三都の地位を低下させるが、金融市場の中心としての三都の地位はゆるがない、とする。

『流通経済史』所収の二論考を粗くまとめてみたが、おおむね幕藩制的市場構造の形成と解体過程に大きな関心が寄せられていた、といってよいであろう。この「解体」については、斎藤善之氏の「流通構造の転換」が詳しい［斎藤 二〇一五］。そこでは、市場原理を内包する買積海運勢力が、幕藩制的全国市場・流通構造を転換させるとする。そして、近世後期における買積廻船の活動とその周辺に位置した米穀商人らにより、明治以降の全国的流通市場が形成されていくとして、彼らの活動を評価している。

一方、交通運輸機構を詳述した論考として、深井甚三氏の「水運と陸運」が挙げられる［深井 二〇一四］。この論考の特徴は、水運における賃積みの再評価である。「菱垣・樽廻船と北前船・内海船などの相克」的な描かれ方が多く、買積船への関心が高いが、深井氏は、やはり近世社会全体では賃積みの比重は大きいとする。そして、それ以上に注目されるのが観光史への視点である。現代社会の観光産業への関心の高まりから、近年は近世期のそれへの研究も進んでおり［山本 二〇〇四］、関連産業も含めた研究の進展が必要との指摘は、非常に興味深い。

最後に、宮本又郎氏の「近世日本の市場と商業」をみてみたい［宮本 二〇一七］。「あえてやや理屈っぽい議論を展開」したというこの論考は四節構成だが、中等教育での歴史教育と深く関係するのは第二節「幕藩制と市場・商業」、第三節「循環構造・流通機構・その担い手」だろう。第二節では士農工商の身分制、「鎖国」政策、通貨の統一など八点を近世社会の特質として挙げ、それらがいかなる経済構造を生んだか、詳細に述べられている。とくに交通については五街道、西廻り航路や菱垣廻船などの海運、北前船などの買積船に字数を割いている。そして石高制・米納年貢制が、幕藩制経済をいかに成り立たせていたかについても論じている。そこでは、通貨の普及状況に地域間格差があったこと、重い米を販売市場(畿内・江戸)に効率的に輸送する必要性が、一元的な集荷・輸送をともなう米納年貢制を選ばせたものと指摘する。一方、第三節では地域間のモノ・カネの移動を取り上げる。中央市場と藩領域市場の関係について述べたあと、流通機構の説明をする。初期豪商・問屋・仲買を説明し、塚田孝氏・吉田伸之氏らの問屋・仲買論を「単純すぎる」と批判している。

塚田氏らへの批判の当否はここではおくが、問屋・仲買論をはじめとする諸研究は、流通史研究に大きな影響を与えたことは事実である。そうして生み出されたのが、ある一つの商品の生産・輸送・販売・消費という流通の全局面を、一貫して追究する研究潮流である。干鰯や石灰、牛馬皮革などで、豊かな成果がみられる[原 一九九六、川勝 二〇〇七、高垣 二〇一二など]。

3 これからの教科書における交通・流通史記述

長々と各氏の論考をまとめてきたが、これらの交通・流通史研究から教科書、ひいては中等教育に組み込むべき点は何であろうか。繰り返しも多いが、述べてみたい。

第一に、幕藩制市場の形成および解体局面に関する記述を盛り込むべきであろう。論者によってもちろん差はあるが、近世流通史研究者の主たる関心事は長年、やはり解体局面にあったと思われる。現状の教科書では、十七世紀末に完成した全国市場、幕藩制的流通構造については説明があるものの、十七世紀における形成途上の局面や、十八世紀後半以降の社会、そして幕藩権力の変容にともなう流通の変化に関する記述は、乏しいと言わざるをえない。内海船などの買積船、地方商人らが果たした役割を記述に盛り込むことで、社会の変容、幕藩体制の動揺への理解が一段と深まることが期待される。

第二に、交通運輸史と商品の生産・流通・消費局面をあわせ描くことが必要ではないだろうか。現状では、交通運輸制度の重要語句を説明することに紙幅が割かれ、その実相を描く余裕がないように思われる。コラム的な枠であっても、一つの商品の生産から輸送・販売・消費の場面を一貫して描くことができれば、用語を暗記するだけにおちいりがちな交通制度史を超えて、物流、さらには社会の全体像を把握できるようになろう。

第三には、観光史の観点であろう。庶民の旅として寺社参詣、霊場巡りが挙げられているが、研究の進展をふまえ、現代の観光により近い、新たな記述を加えることが期待される。外国人観光客の増加という社会状況もあり学習者の関心をひく新たなテーマとなりうる。

最後にまったくの感想となるが、宮本論文のような「理屈」が、歴史教育にも求められているのではないか。紙幅の関係で、教科書は、理論をふまえつつも、「平易」に記述されている。しかしそのために理論が後景に退きすぎて、学習者がそれを発見しづらくなっているのではないか。理論がみえなくなれば、多くの学習者にとって日本史学習は、「用語暗記」になる。幕藩制的流通構造の議論、問屋・仲買の議論などの断片を教科書中に見つけるにつけ、この思いを強くした。

〈参考文献〉

川勝守生　二〇〇七年『近世日本における石灰の生産流通構造』（山川出版社）
斎藤善之　二〇一五年「流通構造の転換」（『岩波講座日本歴史14』岩波書店）
高垣亜矢　二〇一二年「近世西日本における皮革流通と皮商人――手代・手先の活動をめぐって」（『史学雑誌』一二一編一〇号）
高槻泰郎　二〇一八年『大坂堂島米市場――江戸幕府vs市場経済』（講談社現代新書）
中西聡　二〇〇二年「近世・近代の商人」（桜井英治・中西聡編『新体系日本史12　流通経済史』山川出版社）
原直史　一九九六年『日本近世の地域と流通』（山川出版社）
原直史　二〇一四年「全国市場の展開」（『岩波講座日本歴史12』岩波書店）
深井甚三　二〇一四年「水運と陸運」（『岩波講座日本歴史12』岩波書店）
本城正徳　二〇〇二年「近世の商品市場」桜井英治・中西聡編『新体系日本史12　流通経済史』山川出版社）
曲田浩和　一九九五年「近世都市と商品流通史研究――江戸を中心として」（『年報都市史研究』三号）
宮本又郎　二〇一七年「近世日本の市場と商業」（『岩波講座日本経済の歴史2』岩波書店）
山口徹　一九九一年『日本近世商業史の研究』（東京大学出版会）
山本英二　二〇〇四年「自然環境と産業――近世の温泉」（井上勲編『日本の時代史29　日本史の環境』吉川弘文館）
吉田伸之　二〇〇〇年『巨大城下町江戸の分節構造』（山川出版社）
吉田伸之　二〇一五年『都市――江戸に生きる』（岩波新書）

11

大名屋敷と江戸の都市社会――久留米藩を事例に

岩淵 令治

はじめに

近世の「平和」の到来のもと、日本列島では都市が飛躍的に発達した。その代表が城下町である。近世都市江戸は最大の城下町であったが、その空間の約七割は武家の居住する武家屋敷がある武家地で、町人の住む町人地、寺社やその関係者が居住する寺社地はそれぞれ一五％程度にすぎない。こうしたありようはおおよそ全国の城下町で共通していた。この城下町のありようを、中世段階で達成された社会の諸要素を権力的に統合したかたちととらえ、町人地・武家地・寺社地という身分別居住と、それらが連関して成り立つ分節的構造[吉田 一九九五]をとったことが明らかにされている。また、都市は、近世社会を構成する多様な人々や集団のありようを明らかにする身分的周縁論の格好の素材として検討が進められている。

一方、現行の小・中・高の学習指導要領において江戸時代の都市が明示されるのは、都市を中心に発達する町人文化の項目で、その前提として経済・流通の発達で都市が触れられるかたちとなっている。したがって、都市住民として焦点が当たるのは町人身分であり、とくに庶民文化の誕生が都市民を事例に語られるのである。都市における武士についての教科書記述は、兵農分離にともなう武家の

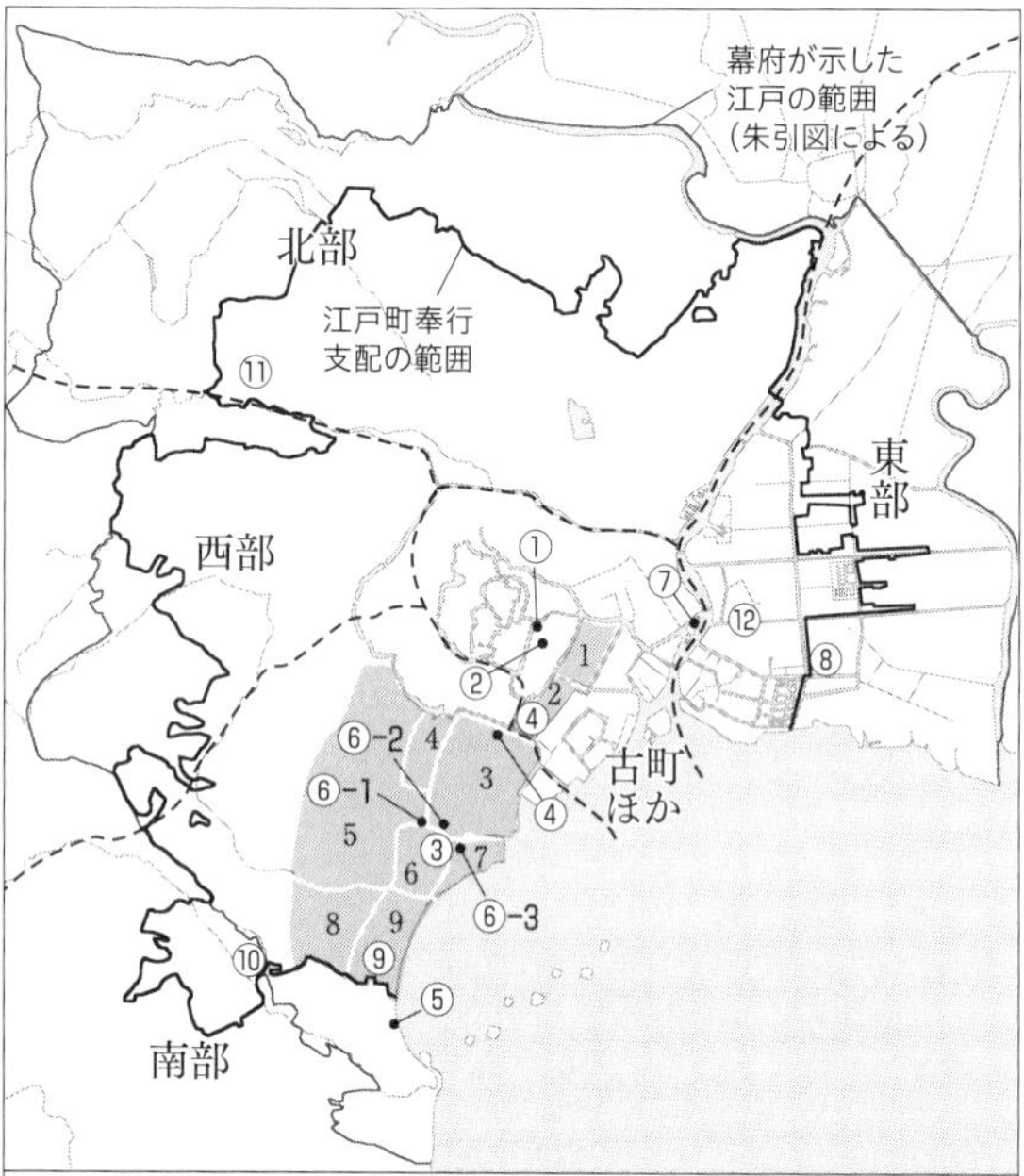

①上(呉服橋　1600年代～？年)、②上(大名小路　1643年以前～1661年)、③下→上(芝三田　1643年以前～1841年　計2万4925坪)、④町屋敷(兼房町ほか　？～1661年)、⑤下・抱(高輪1663年～1869年　計1万6461坪)、⑥火除地・預地、⑦中(元矢之倉大川端　1762～69年　1260坪)、⑧中(深川石島町　1762～94年　2246坪)、⑨中(二本榎　1793～1868年？　6352坪)、⑩抱(中目黒村・下目黒村　1845～？　6065坪)、⑪下(高田村四軒屋町　1784～1860年　2000坪)、⑫下(深川高橋際　1860～？年　141坪)　＊上＝上屋敷、中＝中屋敷、下＝下屋敷、抱＝抱屋敷。

図1　久留米藩の江戸屋敷の変遷(①～⑫)および、「家中之輩断之町人」の分布地域(1～9、表2参照)

集住と身分別居住、大名統制としての参勤交代制度における江戸出費となり、実際に城下町において武家がどのように存在していたのかについては触れられるところがない。庶民文化の「伝統」に結実する都市の叙述は、現代社会が抱える問題から逃避した幸せな江戸像という幻想への陥穽《かんせい》の側面をもつ〔岩淵二〇一八〕。

そこで本稿では、久留米藩（二一万石）を事例に、都市江戸における武家の様相を検討する。**図1**は久留米藩の江戸屋敷の変遷をまとめたものであるが、十七世紀半ば以降、③芝三田上屋敷と⑤高輪下屋敷を、さらに中屋敷は変遷をとげながら一七九三（寛政五）年に⑨二本榎で取得した。以下、本稿の典拠はとくに断らない限り、藩の記録「御勤向記録」「御内証記録」（久留米市立図書館蔵）、編纂史料「米府年表」（『久留米市誌　下編』一九三二）による。

1　藩政と江戸屋敷

江戸屋敷の機能と組織

久留米藩では、一六〇六（慶長十一）年より初代藩主有馬豊氏《とようじ》の弟豊長《とよなが》が江戸で証人となり、豊長と交代で嫡子忠郷（のちの二代藩主忠頼《ただより》）が出府した。その後、江戸時代を通じて、藩主家族の多くが江戸で生活をすることとなった。例えば八代藩主頼貴《よりたか》の実子である男女二五人のうち、二三人は江戸生まれであった。

藩政においては、江戸屋敷は、幕府や他藩に対する窓口として機能した。例えば、久留米藩の公用記録は、幕府関係の「御勤向記録」と藩の内政に関わる「御内証記録」に分かれ、それぞれが江戸と国元の双方で作成された。江戸分の「御勤向記録」の内容は、まさに江戸屋敷の政治的な機能を示すものである。そして在府中、多くの大名は、将軍への定期的な挨拶のほか、江戸で役をつとめた。久留米藩は、一六六八(寛文八)年より確認できるだけでも増上寺の火の番を計二七回つとめている。これは、おそらく芝三田上屋敷の拝領にともなうものであろう。

　こうした藩主家族の生活、幕府・他藩との政治的なやりとりや交際、そして藩主参勤時の役を遂行するため、江戸屋敷には多数の藩士が配置された。また、各藩の江戸詰には藩主の参勤時の供の一部など国元から期間を限って派遣される者のほか、江戸に常駐する藩士がいた。こうした江戸常駐の藩士を、久留米藩では「定居《じょうきょ》」もしくは「定詰《じょうづめ》」と呼んだ。一六六六(寛文六)年の分限帳(「米府紀事略」巻之三〈『久留米市史　第九巻』〉)では、「定居」の割合は不明だが、上級藩士である馬上の四三九騎のうち九%に当たる三八騎、それ以下の藩士一九五三人のうち四二%に当たる八一八人、女性一一〇人のうち六七%が江戸に居住している。江戸の藩士の知行高の合計が国元の約一二%であるように、上級藩士は限られるが、それ以下の藩士については国元よりやや少ない程度の人数が配置されていたことがうかがえる。配当米・扶持米は、江戸は国元とほぼ同量、配当銀は三倍で、人数や家格の差から考えて、江戸詰の手当が高かったことがわかる。また、女中と「定居」藩士の家族を含むと思われる女性の人数は、江戸が国元の約二倍であった。なお、一八四六(弘化三)年作成の「江戸定居藩士分限帳」(鶴久二郎『久留米藩御家中分限帳　下』一九七五)には、「定居」一八一人の名前が書き上げられている。

　江戸屋敷の組織は、基本的には国元を簡略化したものとなっている(一八四四〜四六〈弘化元〜三〉年

「御旧制調書」三〈『久留米市史　第八巻』〉)。地方支配に関わる郡方、年貢に関わる検見方・蔵方、町支配の町方、ほか船作事方、武具方、鉄砲方、船手方、寺社奉行など、領内統治のための役職は江戸では不要のため設置されていない。一方で、火消の近火番、着到奉行、江戸留守居、個々の藩主家族に属する役職、中屋敷・下屋敷の役職が独自に設けられている。また、御用部屋詰が国元の九〜一〇人に対して二〇人であるのは、江戸において幕府・他藩の使者への対応や大名家どうしの交際に関係して接客用務が多いためであろう。江戸屋敷の筆頭である家老一名は国元家老からの勤番で、勘定方などを管理する総奉行も国元から勤番となっているが、このほかの御用部屋や藩主家族に近侍する者たちの役職の筆頭は、ほとんどが定居であった。

江戸屋敷と藩財政

江戸での出費は各藩の財政を圧迫していた〔伊達 一九三五・一九三六〕。久留米藩の場合、一八一五(文化十二)年五月の見積(前出「御旧制調書」十二)では、米については一〇%、貨幣収入分については四二%が江戸での支出分であった。江戸出費の内訳は、参勤交代費、藩士・女中への給金・褒美金・一時給付の苦労銀・支給品など、藩主・藩主家族の個別の生活費や他藩に入った者への援助金、各役所の経費、そして一二%を占める進物費である。進物費は、幕府の儀礼や他藩との交際関係を示すものであり、他藩に入った藩主家族への援助金とともに江戸特有の出費として注目される。多額な江戸経費については、一般に奢侈《しゃし》的な側面を特定の藩主の個性で説明することも多いが、江戸屋敷の機能・性格から構造的に組み込まれていた出費を重視すべきであろう。

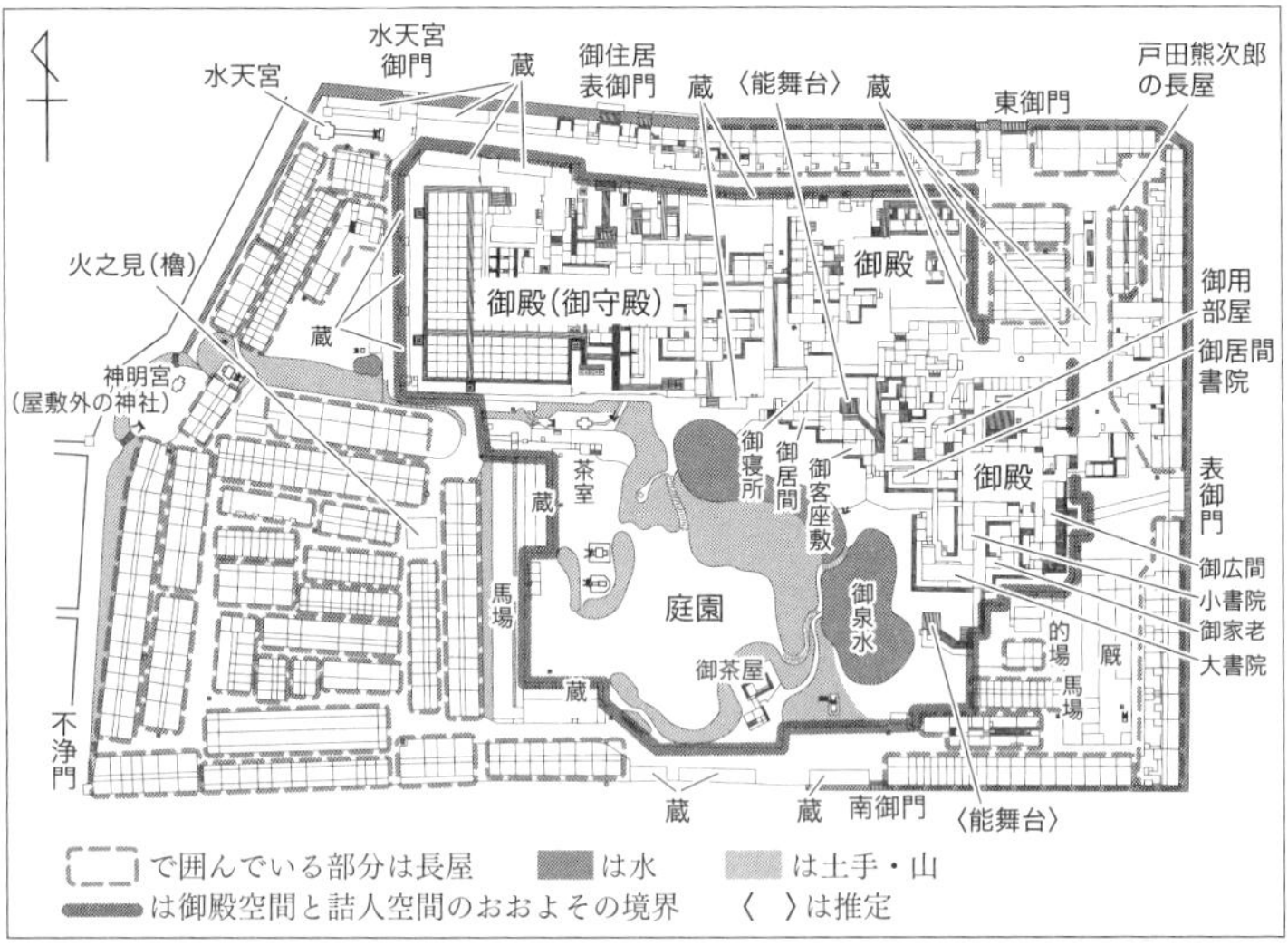

図2　久留米藩の芝三田上屋敷図

2　勤番武士の生活

上屋敷の空間構造

図2は幕末の芝三田上屋敷の図である(「久留米藩江戸上屋敷図」久留米市教育委員会蔵、一八四九〈嘉永二〉年作成と推測)。すでに吉田伸之氏が事例として検討した加賀藩本郷上屋敷[吉田　一九九五]と同様に、役所(御用部屋・御家老ほか)や接客(広間・客座敷・茶室・能舞台ほか)、藩主対面の場(書院)と藩主家族の生活の場(居間・寝所ほか)である御殿空間と、御殿空間と外部との境塀のあいだの、藩士が生活する場および蔵や馬場などがおかれた詰人空間からなっている。

御殿空間のうち、西側は一八四九(嘉永二)年に将軍家から精姫《あきひめ》を十一代藩主の正室に迎えるために建造された御守殿《ごしゅでん》である。詰人空間には四〇棟の藩士の長屋のほか、おそらく増上寺火の番役の遂行と関わって火の見櫓が設けられ、また西北角に公開目的で「水天宮」が一八一八(文政元)年九月に国元より分祀された。毎月五日の参詣客の賽銭や札の授与による初穂金は、「水天宮金」として江戸の藩主家族の経費の一部に当てられた[岩淵 二〇〇三]。ただし、水天宮の参詣客の出入りは「水天宮御門」に限られ、塀に囲われた水天宮の敷地以外には入れなかった。御殿空間の庭園もあくまで藩主家族と接客のためのものであった。

勤番武士の行動

詰人空間に居住した藩士たちの生活については、従来は屋敷外への外出、とくに遠方への行楽が注目されてきた。これに対して筆者は、勤務と外出制限によって一日外出可能な日が限定されるため、日常的な行動圏となる江戸屋敷の近辺二キロ圏内を分析することが都市江戸の社会構造の検討において重要であること、また彼らの生活については屋敷内での余暇の過ごし方も注視すべきであることを指摘してきた[岩淵 二〇二二ほか]。

では、目付戸田熊次郎が記した一八三八(天保九)年四月〜一八四〇(天保十一)年六月の江戸上屋敷滞在中の日記から、久留米藩の勤番武士の遠出の状況をみてみよう。戸田は、本来は一年勤務であったが、藩主が帰国年に火消役を命じられ、滞在が二年余りにおよんだ。この日記には空白期間が約二カ月もあり、閏月を含む七九八日間で行動の記述があるのは四四三日である。このうち、一日「外出」の記載は七七日で、記述のある月でみると月平均三・一日となる。一七二一(享保六)年の久留米藩の規定では、平組・中小姓・徒士・徒士並とも明六時より暮六時までの「外出一ヶ月二、三度」(「江戸御屋敷御門出入条目」久留米市立図書館蔵)であるが、日数を申請して承認を得られれば、制限日数以外に文

表1　戸田熊次郎の外出地域

地域	延べ日数（うち星巌訪問をともなうもの）
古町	32(23)
北部	20(5)
南部	17(1)
西部	6
東部	11(1)

１日で複数箇所を訪ねていることが多く、本表ではそれぞれの外出先の地域ごとに日数を数えた。

武の修行に関わって外出できた。実は戸田の外出地域のうち二三日は梁川星巌《やながわせいがん》宅（内神田お玉が池の玉池吟社《ぎょくちぎんしゃ》）で、漢詩文の指導を受けていた。したがって通常の外出日は、星巌宅への訪問日を除いた五四日で、一カ月で平均二・二日となる。ただし戸田の場合は、修行の前後でほかの場所を訪問しているため、修行も私的外出に含めて遠出をみていくこととする。

　未記載の八日を除く六九日の外出地域は**表1**のとおりで、日本橋・銀座・内神田といった中心部の江戸初期からの町（古町）が最多となっている。これは星巌宅への訪問二三日が外出日七七日の約三割を占めていたためである。なお、滞在中には湯島聖堂の釈尊の見学のほか、丹後田辺藩茅場町上屋敷に文章の四大家の一人とされた野田喜市（希一・笛裏）、津藩下谷上屋敷に儒学者斉藤得蔵（拙堂）を訪ね、新田明神の訪問では「新田神君之碑」（服部南郭の文、松下烏石の書）に強い関心を寄せている。久留米藩の藩校明善堂に出役し、著作も残した戸田の個性や志向がうかがわれる。

　ついで多いのが北部である。屋敷から離れた地域にもかかわらず日数が多いのは、星巌宅と兼ねた訪問五日の影響があると考えられる。もっとも訪問回数が多い場所は繁華街であった浅草（八回）で、ほかに花見の季節の飛鳥山（三回）・日暮里（三回）、谷中の天王寺（三回）・感応寺（二回）、雑司ヶ谷鬼子母神（二回）、湯島（二回）、根津（二回）、先述の湯島聖堂（二回）はいずれも名所である。一方、護国寺（三回）はほかの勤番武士の訪問場所として一般的ではなく、戸田の個性と思われるが理由は不明である。

また、江戸のつぎの宿場に当たる王子(二回)、板橋、千住を訪問しており、ほかの勤番武士よりも行動範囲が広い傾向がある。

北部につぐのが屋敷のあった南部で、南部の勤番武士が買物でよく利用する神明前(六回)、眺望で名高い愛宕山(二回)に出かけている。丸亀藩の虎ノ門上屋敷で毎月十日に公開していた金毘羅社にも二回詣で、うち一回は他所の金毘羅とあわせてめぐっている。高輪・品川(二回)のほか、南郊の中延や池上(三回)、羽田弁天(二回)、さらに一回ではあるが蒲田や大森まで足を伸ばせたのは、上屋敷の立地によるものであろう。

西部はもっとも少ないが、赤城明神(二回)のほか、遠方の堀之内妙法寺(現、東京都杉並区)を三回、北沢の淡島明神(現、東京都世田谷区)も一回訪れている。後者の外出では幕臣が内職で園芸品種をつくっていた大久保の「つつじ屋敷」も訪れており、園芸への嗜好がうかがわれる。

東部は上屋敷から遠いが、積極的に訪れている。両国(五回)、回向院(三回)は繁華な場として、また深川八幡(三回)、洲崎弁天(二回)、亀戸天満宮(二回)も名所として勤番武士の外出先になるが、戸田は木下川薬師まで二度も足を伸ばしている。汐留から船を仕立てて三囲稲荷(二回)・向島(二回)・丑の御前(二回)などへ見物に行くこともあった。また、勤番武士の訪問場所の定番ではあるが、鴻之台の古戦場や真間(現、千葉県市川市)も一日かけて訪れている。

このように、戸田は二年余りの滞在中、とくに修行を中心としつつ、広い範囲に積極的に外出した。しかし、それでも遠出は日数が限られ、短時間の近隣への外出を除き、余暇の多くは屋敷の長屋で過ごすこととなったのである。

図3　「江戸勤番之図」　画面左下には「御目付長屋」の記載がみえる。（大川市立清力美術館蔵）

図4　「江戸勤番之図」　画面右上は、屋敷外の増上寺と思われる。（大川市立清力美術館蔵）

屋敷内の生活の様相

一方、屋敷内の日常生活は、日記にはほとんど記述がないが、戸田が芝三田上屋敷内での勤番武士の生活を昔語りするため、近代初頭に江戸詰経験のある旧藩の抱絵師に制作させた「江戸勤番之図」（大川市立清力美術館所蔵）にその様子が描かれている。

舞台となった戸田の長屋は**図3**と**図4**より、**図2**に示した東北角の付近の長屋と考えられる。各図の詳細［小林 二〇〇八］は省略するが、部屋が国元と比べて狭く（「田舎間の六畳敷」）、さらに夏には夕涼み（**図3**）が必要という居住環境のもと、碁・将棋、点取俳諧、茶会、庭での園芸、拳遊び、弓遊び、そして酒宴をもよおし、日々を過ごしていたことがうかがえる。

3　出入町人

出入町人の二層

以上の藩主家族の生活や江戸屋敷の機能、並びに勤番武士の生活の維持に大きな役割を果たしたのが出入町人である。出入町人については、すでに吉田伸之氏が加賀藩を事例に、御殿空間の各部署と詰人空間に対応して出入町人が設定され、扶持や藩主への目見得などによる序列が存在したことを明らかにしている［吉田 一九九五］。久留米藩も同様の構造をとったと考えられる。久留米藩の場合、前者は「用聞諸町人」、後者は「家中之輩断之町人」とされ、ともに発給された木製の鑑札で屋敷を出入りした（前出「江戸御屋敷御門出入条目」）。

幕末の「用聞諸町人」は、扶持を得た者だけでも三四人（うち手代六人）におよび（「嘉永安政年間　江邸勝手方明細記」久留米市立図書館蔵）、享保期（一七一六〜三六年）に打ちこわしの対象となった高間伝兵衛、三谷三九郎・播磨屋〈中井〉新右衛門・堤弥三郎・小林勘平・石橋弥兵衛（勘定所御用達・町方御用達・米方御用達）、大泉屋勘兵衛（米穀問屋ほか）、坂倉屋次兵衛（札差）、海津伝兵衛（両替屋）、橋爪完平の一族、といった大名貸を行う米穀・金融関係の商人のほか、幸埼屋五郎右衛門(茶問屋)、若松屋金右衛門(人形師)、雇頭長右衛門(人宿)、中村屋源八(材木問屋)、「町畳師　伝右衛門」、「町瓦師清六」、家根屋三郎兵衛(屋根屋)、山田和泉掾(鋳物師)、乗物屋清右衛門(乗物屋)の名がみられる。このほか、この時点で扶持の対象者となっていない三井越後屋が一八〇九(文化六)年正月の挨拶に招かれていることから、藩の節倹政策にともなって扶持を停止されている商人がいたことが想定される。

勤番武士の生活を支えた出入町人

勤番武士の生活を支えた詰人空間への出入町人については、小松愛子氏が加賀藩の「商札持町人」について、会所奉行が鑑札を発行したことを明らかにし、藩士の頻繁な購入から近隣居住の可能性を指摘している[小松 二〇一九]。勤番武士自身も生活圏において買物や食事をしたが、屋敷に商品を売りにくる出入町人も重要であった。以下、久留米藩の「家中之輩断之町人」をみていこう。

一八四八(嘉永元)年五月には、精姫の御殿普請を表通りから見えないように板囲いをするとともに、北通の東門からの通行を禁じ、「触売商人」に南門と裏門(不浄門か)からの出入りを許可している(**図2**)。この屋敷内で「触売」=振売を行う商人は、藩から出入りの「木札」(鑑札)を与えられ、屋敷内で商いをしていた。木札は、「揚札」(没収)が発生した時点でつぎの者に与えられており、また希望者に対しては今後揚札が発生したらその代わりに与えるという判断が示されていることから、基本的には人数=木札の枚数が固定されていたと考えられる。ただし、職種によっては申請すると複数枚の所持を許された(前出「江戸御屋敷御門出入条目」)。

屋敷絵図の作成時期を含む一八四六〜五五(弘化三〜安政二)年の一〇年間について、「御内証記録」で居所が確認できた「家中之輩断之町人」は、再申請や獲得と揚札で重複する者を除くと一一一人であった(**表2**)。このうち五一人が上屋敷出入り、四人が中屋敷、四八人が下屋敷、残る八人が出入り屋敷不明である。各屋敷の出入町人の全貌は不明であるが、下屋敷についてはⓐ一八四八(嘉永元)年五月晦日に三八人、ⓑ一八四九(嘉永二)年二月一日に七人が、また中屋敷のうち二人はⓒ一八四九年九月十二日に木札を得ている。同日にまとまって木札が与えられているのは、精姫の上屋敷居住にともなう藩主家族や家臣の中屋敷・下屋敷への移動による新規の木札の発行と思われる。なお、出入りを願い出て揚札を待つように指示された者が五人確認でき、このうち一〇年間で出入りが実現したのは一人であった。出入りを希望しながら木札が与えられない者が多く存在したと思われる。

表2　「家中之輩断之町人」の分布

	地域	割合(%)	人数	上	中	下	不明
1	日本橋	1.8	2	2			
2	京橋	2.7	3	2		1	
3	愛宕下・芝口	4.5	5	3		1	1
4	飯倉・西久保	13.5	15	11		3	1
5	赤坂・麻布	9.0	10	8		1	1
6	上屋敷近接地	28.9	32	18		11	3
7	本芝	7.2	8	5		2	1
8	二本榎・白金	15.3	17	1	3	13	
9	高輪	17.1	19	1	1	16	1
	合計	100	111	51	4	48	8

ⓐのうち「下屋敷御家中へ諸商売せしめ度」として挙げられた一七人は、とくに藩士の私的需要を担う町人(「家中之輩断之町人」)であることが確実である。一方、ⓑの「高輪御館并御家中へ出入令商売度」七人とⓒの「御中屋敷御部屋向并御家中へ令出入度」二人は、「家中之輩断之町人」と、扶持や藩主への目見得には至らないものの役所の公的な需要に対する「用聞諸町人」

の両方を兼ねていた。

出入町人への木札の授与は、役所の「用聞諸町人」の場合は勘定奉行が申請者になっているが、「家中之輩断之町人」への交付は、中屋敷・下屋敷の場合は当該屋敷の責任者(「屋敷預」)、上屋敷の場合は藩士が「願元」となり、その願い出にもとづいて行われた。例えば、一八四七(弘化四)年七月、藩士藤田忠兵衛の願い出によって上屋敷門出入の木札一枚を与えられていた肴商売の伊勢屋与吉について、「藤田の下屋敷引越によって揚札となるが、長年屋敷内に出入りしており、出入りを止められると生活に困窮するので、私が引き受ける。改めて出入りを継続させてほしい」と藩士石野郡左衛門が願い出ている。出入りの申請は、特定の役職ではなく、藩士が個人として行うものだったことがうかがえる。申請者である藩士が引越しや死亡となると揚札となった。また代替わりの場合も申請が必要であった。

願元は、中屋敷・下屋敷の場合は「屋敷預」であるが、上屋敷について判明する願元は、集団による二件(御目付中、中奥勝手役中)を除く二二人で、役職や石高の共通性はなく、すべて定居であった。したがって、とくに上屋敷においては、出入町人は、定居の藩士との個人的な関係によって出入りを実現していたのである。さらに、前出の伊勢屋与吉の家主大坂屋九兵衛は、下屋敷の「御次向出入」で「女中扶持春米」を扱っていた。町人どうしの地縁や職縁のネットワークによる紹介も介在したと思われる。

出入り期間は、最短が二カ月半(油屋長兵衛が一八五一〈嘉永四〉年十二月九日に木札取得、一八五二〈嘉永五〉年二月二十六日揚札)で、揚札の理由は本人の病気であった。この油屋も含め、一〇年間で揚札となったのは一一一人中三二人で、このうち病気・病死が一一人、病死または住所不明で音信不通として八人、願元の死が五人、素行不良(「心得不宜」)一人、最近出入りしていないとして一人、理由不明六人であった。また、ほかの年では商売替えで揚札となった例がある。

このように、検討対象とした一〇年間については、約八割の者が出入の木札を保持し続けていた。また、願元の死による揚札のうち三人は再出願で出入りを認められている。藩から素行不良や音信不通などで強制的に揚札となる場合もあったが、基本的には本人もしくは願元の病気・死亡がない限り、出入りは継続できたことがうかがえる。

音信不通による揚札は、木札を与えた町人を藩が掌握できていないことも示している。一八〇九(文化六)年二月二十四日にも、八人が病死もしくは音信不通で揚札となり、三四人の「所替・改名」が確認されている。一七二一(享保六)年の「江戸御屋敷御門出入条目」(前出)では、毎年の札改めをやめたところ、紛失が発生したので、以後は毎年木札を提出させて改めることにしたとされているが、この十九世紀の段階では札改めが弛緩していたこと、また出入町人自体も家持一人・家主六人であるのに対して全体の約三分の一に当たる三六人が店借であるように、零細な者も少なくなかったことがうかがわれる。さらに、代替わりのかたちをとった再交付が、町人どうしで出入りの権利を売買した結果という可能性もあろう。

また、人物調査が不十分な場合もあった。一八〇九(文化六)年三月に木札を取得して顔見知りとなった福島屋久助は、翌月の出入り時間外の夜に無札で裏門を通過し、藩士の長屋に忍び込んで盗みを働いた。このことが発覚した久助は木札を没収のうえ、門前払いとなり、願元の藩士は差控、裏門を通した門番も注意を受けている。おそらく久助は当初から盗みを計画して木札を取得したのであろう。

分布

つぎに、出入町人の居所に注目したい(**表2・図1**)。地域別でみると、日本橋・京橋はそれぞれ三%以下で、九五%以上は江戸の南部に居住していた。とくに6上屋敷(③)の近接地である三田界隈が約三割、下屋敷(⑤)が所在した9高輪が一七%、両者に接し中屋敷(⑨)も所在した8二本榎が一五%を占めている。出入り先でみると、上屋敷の出入りは、6を中心としながら1・2も含めて7まで北側にやや広く展開し、下屋敷は6・8・9に集中する傾向がある。

このように、藩士を相手にした出入町人の多くは、屋敷の近接地の者であった。そして、中・下屋敷にも出入りした点で、6のうち上屋敷に近接する松本町(一四人)・三田一丁目(六人)の住民が注目される。例えば、一八〇六(文化三)年三月十五日の車町大火では、松本町の被災者たちを「表御門前町松本町表裏之者共」として、内々に銭四二貫五〇〇文、味噌三樽(一石一斗一升、一軒当たり三升九合六夕《しゃく》余ずつ)、米五〇俵(代金二二両)を施している。こうした屋敷門前の町「前町」との密接な関係については、他藩でも確認できる[岩淵 二〇〇四など]。前町の町人の出入りもこうした関係が展開したものといえよう。

職種

最後に、町人の職種をみておきたい。町人の全貌は不明であるが、ここでは、下屋敷で一八四八(嘉

表3 出入商人の職種（1848〈嘉永元〉年5月晦日に下屋敷出入りを認められた者）

区分	記載された職種（■は「虫損」）	人数
光熱	炭薪2、水油	3
調味料	砂糖類、味噌醬油	2
食品	魚・肴3、塩物2、八百屋、青物3、豆腐3、女中扶持舂米、米搗、菓子、酒、料理向仕出	17
文具・嗜好品等	紙類、本屋、琴師、小間物商売	4
上記の複合	味噌醬油酒炭類、炭紙塩味噌酒2	3
建具・ほか住関係の道具等	荒物、小道具、古道具、古道具弁紙屑、桐油	5
衛生	髪結	1
金融	質	1
糖（糠カ）	糖（糠カ）買2、糖（糠カ）	3
不明	■■商売2・■物	3
合計		42

永元)年五月晦日に一挙に木札を与えられた者を取り上げる。**表3**は、居所不明も含む四二人の職種を便宜的に分類したもので、食品・調味料関係や光熱関係が目立つ。個別の職種では、髪結・仕出料理・本屋(おそらく貸本屋)・小間物の出入りが藩士の嗜好に関わるという点で興味深い。質屋が出入りしている点も注目される。また、食品・酒、荒物屋や、使用品を販売するとともに回収する者(「古道具弁紙屑」)の出入りも重要であろう。なお前者の嗜好品関係については、上屋敷でみられる呉服商売や刻煙草商売も注目される。また、庶民の常食となっていた芋を扱う上屋敷出入町人(「芋商売」)二人の存在は、藩士の食生活を垣間みせてくれる[岩淵二〇〇八]。

また**表3**には、「味噌醬油酒炭類」「炭紙塩味噌酒」と複数の品目を扱っている者が存在する。魚・野菜・酒・調味料・豆腐など同じ商品を扱う者が複数人出入りしているが、上屋敷で六人確認される「万小商」「万商売」などと同様に、実際には申請した商売以外のものも注文によって取り扱っていたと考えられる。**表3**で「肴」として許可を得ている者の一人(高輪の駿河屋才助)や、一八五二(嘉永五)年六月に「灯油紙類荒物商売」として中屋敷の出入札を与えられた二本榎の車屋卯之吉が、幕末に所持していたのは炭薪仲買十四番組の株であった。一八四七(弘化四)年十一月に江戸屋敷内の藩士に出された触では、「屋敷内には大勢の商人が入ってきているが、申請時にはなかった商品や酒・煮肴などをもち込む者もおり、下級の藩士はこうした商品ばかり購入している。藩士の風紀にも関わるので、見つけしだい商人を取り押さえ、住所氏名を糺《ただ》して身柄を願元の者に引き渡し、出入りを差し止める」として、願元による出入町人の取締りを命じ、下級の藩士にも注意喚起している。この場合は、藩が奢侈的とみなした商品を禁ずることに主眼があったが、町人の扱う商品は必ずしも固定的ではなかったのである。揚札のあとにほかの町人が出入りとなった場合も、必ずしも同じ商売では代替されていない。出入り希望者の順番や、複数の同職種の者が同時に出入りしていたことも影響すると思われるが、さらに個々の町人が多様な商品を取り扱うことがあったからであろう。

おわりに

本稿では、近世都市において武家屋敷が外部社会と取り結ぶ諸関係について、久留米藩を事例に検討した。

前提として、江戸屋敷の組織や経費については幕府や他大名との政治的な交際という側面をみるべきことを確認した。そのうえで、勤番武士と出入町人に焦点を当て、検討を進めた。勤番武士については目付戸田熊次郎の日記の分析でも、遠出の回数は限られるため、従来の外出して余暇を楽しむという勤番武士像は問題があることが改めて確認できた。近隣の外出については記述がなく検討がおよばなかったが、遠出の回数の少なさは、戸田が注文主となった勤番長屋生活を描いた絵巻「江戸勤番之図」にみるように、屋敷内での娯楽に帰結していたのである。ただし、遠出の範囲はこれまで筆者が検討してきた勤番武士よりも広いこと、また梁川星巌宅での学習が目立つなど、行動に個性が認められた。とくに文武の修行にともなう外出は、秋田藩士貝塚清直の兵法修行［岩淵 二〇二二］など各藩でも例外として認められており、都市江戸がもっていた諸芸の交流の場としての側面を今後検討していく必要があろう。

また、江戸屋敷への出入町人、とくに「振売」を含む藩士を対象とした者たちについては史料的限界があり、検討がおよんでこなかった。久留米藩の場合は、江戸定詰藩士（定居）の申請によって出入の木札が与えられるため、定居との関係は深いものだったと推測される。また出入町人は、屋敷に隣接する「前町」をはじめとして、各屋敷の近隣の者が多く、その職種も多様だったこと、さらに申請した商売以外の取扱い商品も、おそらく藩士の要望に応じてもち込んでいたことが明らかとなった。「江戸ッ子」論に代表されるいわば町人の成長を称揚する史観のみでは、城下町の全貌を明らかにすることはできない。武家も含めた城下町社会を展望していく必要があろう。

〈参考文献〉

岩淵令治　二〇〇三年「武家屋敷の神仏公開と都市社会」（『国立歴史民俗博物館研究報告』一〇三集）

岩淵令治　二〇〇四年『江戸武家地の研究』(塙書房)
岩淵令治　二〇〇八年「江戸勤番武士が見た「江戸」」(『国立歴史民俗博物館研究報告』一四〇集)
岩淵令治　二〇一八年「遙かなる江戸の此方にあるもの――〝幸せな江戸像〟と文化ナショナリズムをめぐって」(『歴史学研究』九六六号)
岩淵令治　二〇二二年「「初登江都日記」と「国枝外右馬江戸詰中日記」――江戸勤番武士の日記を読む」(福田千鶴・藤實久美子編『近世日記の世界』ミネルヴァ書房)
小林法子　二〇〇八年「大川市立清力美術館の江戸勤番之図」(『福岡大学人文論叢』三九巻四号)
小松愛子　二〇一九年「加賀藩邸と周辺社会」(吉田伸之編『シリーズ三都　江戸巻』東京大学出版会)
伊達研次　一九三五・一九三六年「江戸に於ける諸侯の消費的生活について」(一)(二)(『歴史学研究』四巻四号・六巻五号)
吉田伸之　一九九五年「巨大城下町――江戸」(のち再録『巨大城下町江戸の分節構造』山川出版社、二〇〇〇年)

［付記］本稿の一部については、詳細なデータを岩淵令治「文献調査の成果」(『筑後久留米藩有馬家屋敷跡遺跡発掘調査報告書』三井不動産レジデンシャル、二〇二二年)に掲載している。なお、本稿はJSPS 22K00902の助成を受けた成果の一部である。

12　近世の大火・水害・地震

渡辺浩一

1　近世の災害を考えるために

問題意識

高校の日本史教科書『詳説日本史』(日探 山川出版社 二〇二三)では、末尾の「現代日本の課題の探究」において災害がテーマとして取り上げられている。二〇一一年東日本大震災以後、二〇一六年熊本地震、二〇一八年西日本豪雨、二〇一九年台風一九号、二〇二〇〜二三年の新型コロナウイルス感染症、さらに二〇二四年能登半島地震など、十九世紀半ば以来の大地動乱期を迎え、さらに地球温暖化の影響が目に見えて現れはじめた現在を考えると、日本史の授業においても教科書を補足して災害に言及する必要がある。このことは、第一に防災意識を高めることにつながる。さらにそれだけでなく、私たちの歴史の見方を豊富にすることにもつながる。地球環境危機が叫ばれる中、私たちは自然と人間の関係について再考をせまられている。大災害を引き起こす地震や台風は自然現象の中のイベント（事象）である。それらは自ら意志をもっているわけではなく、生物ですらないが、被害が甚大であった場合には人間の歴史に大きな影響を与える。歴史が人間だけでつくられてきたわけではないことを顕著に示す学習対象としても有効である。

災害を考える際に注意しなければならない点をあらかじめ述べておく。まず災害を引き起こす自然現象を人間に対するたんなる脅威としてのみみないという点である。この自然の脅威という見方は、人間が自然を克服してきたという歴史観の裏返しである。自然克服史観は地球環境悪化を引き起こしてきた人間活動を是認している。こうした私たちが無意識にいだいているパラダイムを考え直さなくてはならない。「復興」という言葉にも気をつけたい。これも自然克服パラダイムを無意識に前提としている場合が多い。このような問題に歴史を通じて取り組むことが、災害史の究極の課題である。

前提条件

災害を具体的に考える前におさえておきたい点が二つある。第一には日本列島の自然条件である。これは日本史をつらぬく条件ではあるが、日本列島は太平洋プレートとフィリピン海プレートが大陸プレートにもぐり込んでいく境界線上に位置する。そのため地震と噴火が多い。プレート型地震だけでなく活断層による直下型地震も多い。また、日本列島はアジアモンスーン帯の東端に位置するため、台風が多く、冬季には太平洋側は乾燥し、日本海側は大雪に見舞われる。このため風水害が多い。世界史的にみても自然災害の多い地域の一つである。以上の詳細については地学の教科書を参照されたい。

第二は、古代・中世とは異なる条件である。それは、近世社会が大規模な自然改造による人為的自然として成立したという点である。十七世紀は大開墾時代ともいわれ、人口も一・八倍に増加した時期である。これを自然災害の観点からみると、それまで耕地が存在せず人が住まなかった大河川下流域に被害の対象が広がったことを意味する。また、近世都市の叢生は、大規模な木造密集居住地区を列島上に多数発生させた。しかも、それは川沿いや河口付近に存在することが多い。これらは水害・火災・地震の被害が大きなものとなる前提条件である。近世社会は、現物の米年貢が大坂と江戸に集まり換金されることを経済循環の起点としたから、重くて大量の物資輸送を不可欠とした。その結節点の機能を近世都市は果たしていた。総じていえば、近世的な社会のあり方が、自然現象を災害にするようになったということができよう。

表1は、飢饉と感染症を除く、近世のおもな災害を種別ごとに年表にしてみたものである。大地震は一六〇〇年前後、一七〇〇年前後、十八世紀末、十九世紀半ばの四つの時期に頻度が高い。大水害は一地点では数十年に一度の頻度で起きている。大火は人為的な要素が強いため、社会的に不安定な時期――例えば飢饉期に起きている傾向もあるが、偶然に発生することもある。全体としてみると、つねに何らかの大災害が発生していることがわかる。

以下、近世の大火・水害・地震について、個別の災害を超えて、論点別に説明していく。個々の災害それぞれの全体像については『日本歴史災害事典』などを参照されたい［北原ほか 二〇一二など］。また、近世災害の時系列的な優れた概説としては、北原糸子氏や倉地克直氏の著書［北原 二〇一六、倉地 二〇一六］が、また地震タイプ別の概説としては加藤靖之氏らの著書［加藤ほか 二〇二一］がすでにある

表1　近世主要災害年表

地震・噴火	死者数	風水害	死者数	大火・戦災	死者数
1596　慶長伏見地震					
1605　慶長東海・南海地震					
1611　慶長会津地震				1615　大坂夏の陣	
1640　北海道駒ヶ岳噴火				1637　島原・天草一揆	
		1654　備前・備中大水害		1657　江戸明暦大火	37,000
1662　寛文近江・若狭地震	700〜900	1674　畿内大水害(淀川仁和寺切れ)			
		1680　江戸暴風雨・高潮	700		
1703　元禄地震	10,000	1699　元禄台風(東海・関東)		1707　熊本宝永4年大火	
1707　宝永地震	5,000				
1707　富士山噴火		1712　木津川大洪水			
		1714　正徳台風(中国〜南奥州)			
		1721　台風(中国・四国)			
		1728　江戸水害	8,000以上	1724　大坂妙知焼け	
1766　明和津軽地震		1742　寛保大水害(東日本)	数千	1772　江戸目黒行人坂大火	14,700
1771　宮古・八重山地震					
1783　天明浅間山噴火	1,624	1786　天明大水害	数千	1784・86　江戸大火	
				1788　京都天明大火	149〜1,647
1792　寛政雲仙岳噴火	15,000	1796　熊本辰年洪水	74	1791　大坂道頓堀火事	
		1802　摂河大水害(淀川点野切れ)		1806　江戸文化大火	1,200
1830　文政京都地震	280	1828　台風(東海・関東)			
		1828　シーボルト台風	20,000		
1847　善光寺地震	8,000〜12,000	1835　仙台洪水		1837　大塩の乱	270
		1850　高梁川水害			
1854　安政東海・南海地震	数千				
1855　安政江戸地震	10,000	1856　安政東日本台風	488以上	1858　江戸大火二度	
1856　三陸沖地震	410				
1858　飛越地震				1864　禁門の変	
		1870　高梁川水害		1868　戊辰戦争	

文末参考文献以外の根拠：村田路人「近世大坂災害年表」(『大阪の歴史』27、1989年)、水本邦彦「江戸時代の木津川水害」(『南山城地域学術調査報告書』京都府立大学、1990年)、「京都歴史災害年表」(『京都歴史災害研究』6、2013年)、高山慶子「江戸深川猟師町の形成と深川地域の開発」(『年報都市史研究』21、2014年)、木谷幹一「享和2年の淀川点野切れについて」(『京都歴史災害論集』16 1-9、2015年)、佐藤大介「中井家文書に見る仙台藩の災害」(『滋賀大学経済学部附属史料館研究紀要』50、2017年)、畑知良「真備地域における江戸時代〜明治初年の水害治水史」(『倉敷の歴史』30、2020年)、倉地克直「明治二年東高梁川水害と地域社会」(同前)「嘉永3年東高梁川洪水と岡山藩領児島郡村々」(同前31、2021年)、矢田俊文編『歴史学による近世・近代台風・暴風雨史料集』『歴史学による近世・近代災害史料集』(新潟大学人文社会科学系、2023・24年)、熊本大学永青文庫研究センター編『細川家文書　災害史料編』(吉川弘文館、2023年)

ので、これらもあわせて参照していただきたい。

2 被害の様相

大火

前述の気象条件と社会的条件により、近世都市は頻繁に火災に見舞われた。大規模木造密集空間の最大の例である江戸では、類焼面積五〇〇坪以上の火災は四五七件が確認され、とくに多い時期が天明期(一七八一～八九年)と安政期(一八五四～六〇年)であることが明らかにされている［西田 二〇〇六］。その中の最大の大火は一六五七(明暦三)年正月の大火である。大火直前の一二日間は一日を除いては晴であり乾燥していたことが推測され、当日はこの季節特有の北西の強風が吹いていた。江戸城の北から西にかけての三カ所から出火し、北西風にあおられて燃え広がった。類焼範囲は当時の江戸の大半におよび、焼け残ったのは江戸城西の丸から北東方向の一角にすぎない。死者数は三万七〇〇〇人とする記録があり不自然な数字ではないとされる。地震を含めても近世最大規模の災害である。この火災は江戸が巨大都市に発展していく起点として従来位置づけられていたが、江戸の都市改造はそれ以前から始まっていたことが近年明確となっている［岩本 二〇一二］。

水害

前述のように十七世紀を通じて耕地が拡大していった結果、肥料としての草が大量に必要となり、耕地周囲の丘陵地や山地が採草地として利用されたため、樹林が減少し洪水が頻発するようになる［水本二〇〇三］。また、都市の大火のたびに大量の木材が必要となり森林が伐採されていく。それも洪水の原因の一つと考えられる。その中で、最大級の水害がいわゆる「戌《いぬ》の満水」である。一七四二（寛保二）年八月に大きな台風が、現在の静岡県東部に上陸し新潟県中央部に抜けて北上していった。秩父山地・奥多摩山地に豪雨があったため、そこを水源とする千曲川・利根川・荒川・多摩川などが同時に氾濫し、広域的な被害をもたらした。死者は全体で数千人規模と推定している。利根川中流域の二カ所の堤防が決壊して埼玉県東南部が広い範囲で浸水し、その洪水流は江戸に到達した。利根川はもともと現在の東京湾に注いでいたが、十六世紀半ばから一〇〇年かけていくつかの工事の積み重ねの結果として、水流の半分は銚子に至る現在の利根川の流路に流れていくようになっていた。人為的に水の流れを変えたために、そのポイントとなる堤防が決壊すると、旧流路に沿って洪水流が農地をおおうことになるのである。江戸では、十七世紀後半に埋立ないし干拓によって開発された本所・深川地域が浸水したほか、小石川などの谷地形部分でも広く浸水があった。前者の浸水域は物流拠点でもあり、水害リスクを前提として開発された土地である。後者は、神田川を開削したために隅田川増水時にバックウォーター現象が起きるようになり、かつ神田上水からの流入も増大するために起きる浸水である。都市の利便性を高めるために人間が行った自然改造が災害をもたらした典型的な例であろう。この被害パターンは江戸時代を通じて繰り返されていた［渡辺浩 二〇二二］。

地震

地震の例として、一七〇七(宝永四)年の宝永地震と一八五四(安政元)年の安政東海・南海地震(十一月四、五日に連続発生)による大坂の被害について述べる。この二つの地震はいずれもプレート型巨大地震であり、前者は四九日後に富士山噴火を引き起こした。後者は現在非常に警戒されている南海トラフのいわゆる「半割れ」現象である。西日本太平洋岸から東海地方にかけての広範囲で津波被害が著しく、近世最大級の被害といえるだろう。死者は前者が五〇〇〇人、後者が数千人といわれている。大坂では、地震の振動による建物被害を避けるために多くの人が船上に避難し、そこに津波がきて船を遡上させ、多数架かっていた橋に衝突することによる死者も多かった[内閣府中央防災会議 二〇〇五b・二〇一四]。大坂は日本最大の物流拠点であり、都市全体に水路がめぐり、船も多かったことが災いしたといえるだろう。

一八四七(弘化四)年の善光寺地震と一八五八(安政五)年の飛越地震は、地震による堰止湖の形成とその決壊による水害という点で類似の災害である。この二つの地震は活断層の活動による直下型地震という共通性ももつ。善光寺地震では、二地点で堰止湖が決壊した。一九日後と四カ月後のことであった。千曲川流域で大洪水となり、長野県北部の幕府領は五万八三六二石のうち四万一二八六石、つまり耕地の八割に被害があった[内閣府中央防災会議 二〇〇七]。飛越地震では、立山カルデラで大崩壊が起き、土石流が発生して常願寺川は上流部で堰き止められたかたちになった。二週間後に地震が再び起きて土石流が下流部に到達した。さらに二カ月後に雪どけ水により水位が上昇した堰止湖が決壊して常願寺川沿いが大洪水となった。人的な被害はこの洪水がもっとも大きかった。耕地の被害は最初の地震からも含めて加賀藩領だけで損毛高二万五六一石であった[内閣府中央防災会議 二〇〇九]。雪どけ水による水害は日本海側の気候的特徴によるものである。

沖縄における最大の災害は一七七一(乾隆三十六・明和八)年の宮古・八重山地震である。津波などによる死者は全体で一万人以上であり、とくに八重山では人口の三分の一弱が失われたという。死亡率だけからみるならば日本列島全体を含めても近世最大の災害である。復旧の過程では「寄百姓」といってほかの村や島からの住民移動が政策として行われた。さらに、同年秋の台風、翌一七七二(安永元)年の流行病、一七七三(安永二)年の数度の台風と災害が続き、深刻な飢饉となった。そのため八重山の人口が一〇〇年間は激減、以後幕末まで慢性的低落傾向にあったという[沖縄県文化振興会 二〇〇五]。本稿4節で言及する連続複合災害といってよい。台風は沖縄を通過したあと大陸に向かうものもあり、地震の震源は台湾東岸沖から続く琉球海溝である。このように沖縄の自然災害は台湾や中国大陸沿岸部と被害を共有するはずであるが、被害の全体像がよくわからない。

3 災害対応

災害直後の対応

近世における災害直後の政策的対応としては、施行《せぎょう》(炊出し)・御救小屋(一時避難所)・御救米(窮民救済)の三点セットがよくいわれる。この三つは寛永飢饉(一六四一〜四三年)の時からみられるが、実施の仕方には時代の変化が表れる。例えば明暦大火(一六五七年)後の粥施行は、最初は四人の大名が幕府に命じられて行い、あとから町奉行が「乞食非人」に対して粥を施行した(『柳営日次記《りゅうえいひなみき》』)。のちの時代には町奉行のみが行うことを最初は大名が行っている。大名は自己完結的な軍団でもあり、それが炊出しを行っているのだから、幕府や藩が行政組織的になっていく前の過渡期の救済のあり方であろう。

炊出しは不特定多数の被災者に対して行われたのに対し、御救米は災害を原因とした生活困窮者に対してのみ、炊出し終了後に行われた。御救米のあり方にも時期的変化がある。おおむね十七世紀の江戸においては、個別町の間口に応じて配分され、被災者への直接の配分は町役人にゆだねられた(『東京市史稿』救済篇一・産業篇三)。この段階では町共同体がまだ相互扶助機能を強く保持していたためにこのような方法が適切であったのだろう。しかし、町共同体が相対的に機能低下していくとこの方法は採用できなくなっていく。また中心部の富裕な町と場末の町とでは不平等が生じる。このため、遅くとも享保期(一七一六〜三六年)までには生活困窮者を特定して支給するように変化する(『江戸町触集成』)。これは都市行政の整備が前提となるから、住民基本台帳の機能をもつことになる人別帳そのものが完全には整備されていなかった明暦大火の段階では行政技術的にも採用できなかった方法である。なお、江戸においてこの三点セットがあらゆる種類の災害で完全に実施されるようになるのは寛政の改革における町会所設置以後のこととなる[渡辺浩 二〇二二]。

また、大災害後の治安対策にも変化がみられる。明暦大火の段階では六年前に慶安事件(由井正雪の乱)が起きているように牢人による反乱事件の可能性があったため、大火を受けて出された多くの町触の中には治安対策・牢人対策が含まれている。一一五年後の目黒行人坂大火後の町触には牢人や武家奉公人に関する町触は皆無である(『江戸町触集成』)。当然とはいえ、大災害後の治安状況は大きく異なっていたようだ。

江戸では炊出しも御救米も無償提供である。これに対して農村では食料の貸与を基本とした。寛保大水害では江戸では炊出しと御救米が行われたが、村々に対しては夫食貸《ぶじきかし》であった。もっとも夫食貸という救済はあくまで年貢を徴収できるようにするためであった〔渡辺浩 二〇二四〕。江戸水害において炊出しを行う理由は竈《かまど》が浸水して煮炊きができないからというものであったから〔渡辺浩 二〇二二〕、深刻な状況であれば農村部でも食事や食料の無償支給が行われることになる。例えば、一七〇七(宝永四)年の宝永地震の時、土佐藩は津波被災者に三〇から四〇日分の御救米を支給した〔内閣府中央防災会議 二〇一四〕。一七〇七年宝永富士山噴火後の小田原藩では一万俵を村々に配分、一七六六(明和三)年明和津軽地震では、弘前藩・黒石藩が米金を村々に与えている〔北原ほか編 二〇一二〕。

村々に賦課されている年貢は、災害後は当然減免される。死者が出るほどの深刻な災害でなくても、自然条件の変化によって収穫のなかった田畑の年貢は平常時にも免除されていたから、大災害後に年貢の減免が行われることは一般的であった。さらに深刻な場合には、一七〇三(元禄十六)年元禄地震の時の小田原藩のように、村からおさめることが可能な年貢量を自己申告させて徴収した例もある〔内閣府中央防災会議 二〇一三〕。

以上は幕府や藩による災害対応である。都市における民間の対応は享保飢饉から顕著にみられるが、ここでは飢饉以外の例を挙げておく。一七四二(寛保二)年の大水害後には江戸の町奉行所は、町人たちからの八九件の寄付を受けつけた。その半数は握飯などの主食であり、前述の町奉行所による施行を補完した〔渡辺浩 二〇二二〕。

寛保大水害時の農村の例としては、武蔵国入間郡久下戸《くげと》村の名主奥貫友山《おくぬきゆうざん》の事例が有名である。奥貫は村内の被災者に対して復旧工事に従事する対価として食料を支給し、労働不可能な者に対しては無償で支給した。そればかりでなく、村の周辺地域や遠方から逃れてきた人々に対しても救済を行った。これも被災者の経済力に応じて給付と貸与の二通りで食料を渡した[渡辺尚 二〇一二]。救済対象が自分の村の範囲にとどまるか、より広く救済するかの違いは様々であるが、地域の有力者が大災害後に被災者を救済することは都市・農村を問わず全国各地で行われたことである。彼らにはそのような役割が社会的に求められていたのである。

復旧

災害から少し時間がたつと幕府や藩は復旧事業を開始する。その際に、幕府の国家的性格があらわになったのが一七〇七年宝永富士山噴火後の「諸国国役金」の賦課である。これは幕府領のみならず大名領も含めて高一〇〇石につき金二両を徴収するものであった。もっともこのような全国一律の租税徴収のようなものが実現したのは異例である。これにより約四九万両を集めることができたが、復旧資金に当てられたのは一六万両にとどまり、二四万両は江戸城北の丸の御殿造営に使われたという[松尾 二〇〇三]。

また、大災害後の復旧事業が領主の支配領域を越えて大規模に行われる場合には、幕府は大名御手伝普請というかたちで復旧事業を行った。その内容は、近世初期には城郭や城下町建設であったが、しだいに江戸城や日光東照宮の火災からの復旧という幕府自身の目的で使われるようになり、そのほかには宝永地震後の東海道の整備、宝永噴火後の酒匂川《さかわ》の川浚《かわざら》え普請や、寛保大水害・天明大水害後の利根川堤防の復旧工事など、公共的な性格の強い災害復旧も行われた。これらの中には、「御救普請」といって女・子どもも土運び人足として動員し賃金を支払うという方法をとるものもあり、救済の性格も色濃くおびていた。また、成人男性を雇用する場合にも、大災害による生業中断の中、雇用機会を提供するという効果もあった。もっとも、大名御手伝普請といっても、大名自身が直接工事を行うのは十八世紀半ばまでであって、例えば一七八六(天明六)年の天明大水害後の八家の大名による利根川の治水工事は、工事そのものは請負商人が行って、藩の役人は完成を見届けるというかたちであった。十九世紀に入ると、藩は幕府にただ出金するだけになる[北原 二〇一六]。

一七四二年の寛保大水害後は、利根川・荒川水系の堤防復旧は大名御手伝普請で行われたが、多摩川水系は幕府自身が行った。利根川・荒川も含めた全体方針として、新規の普請は行わず既存堤防の修復にとどめるというものであり、その基礎には平常水位から堤防上端までの七、八割の増水に堤防がたえられればよいという認識があった[渡辺浩 二〇二四]。こうした認識は洪水を受け入れる発想であり、近世を通じて存在する。

地震や水害では、当然農村部の灌漑施設も被害を受ける。一八五八(安政五)年の飛越地震後では、常願寺川左岸の用水が泥で埋まったため、その地域の村々の負担で工事が行われた。取水口は修復不可能な状態であったので新たな導水路を設けた。これに続けて川除《かわよけ》普請が行われた。常願寺川本流の堤防は五カ所で決壊しており、加賀藩の費用で復旧工事が行われた。しかし、支流は村々の負担で行われたため、御普請願が提出されたほか、人足賃の補助も願い出されている[内閣府中央防災会議 二〇〇九]。

人為的自然の改造と動態

一六六二（寛文二）年の近江・若狭地震後の福井県三方五湖周辺では、隆起して干上がった場所で新田開発が行われた。水没した地域は排水路の開削によって復旧し、さらに耕地を拡大した。自然災害による自然地形の変化を契機に、人間による自然改造が行われた例である。大災害後に自然改造が行われる例は多い［内閣府中央防災会議 二〇〇五ａ］。

一七四二（寛保二）年の寛保大水害で松代城下町は千曲川に近いところは城の御殿も含めて浸水し、山側は土石流被害を受けた。千曲川は松代城の外堀でもあったが、城の浸水を防ぐため、水害後、川を城下町から北へ二キロほど遠ざける流路変更を行った。新河道は耕地をつぶして開削されたばかりか、いくつかの村は新河道により村域が分断される結果となった。これは明らかに農村部より城下町を優先する災害対策である。しかし、洪水のたびに川が旧河道に流れ込むことを繰り返したほか、新河道が耕地を浸食した。自然への人間による恣意的な介入が新たな自然現象（人間にとっての問題）を引き起こすという動態である。

自然を改造するのは幕府や藩だけではない。天竜川下流域は河川勾配が急なことから洪水土砂量が多い。そのためこの地域の人々は、村々が連合して輪中を形成するとともに、村内ではわずかな高低差を利用して輪中堤防との位置関係を考慮しつつ宅地・本田・本畑を水害にあいにくい場所に配置し、被害を最小限におさえるような土地利用がなされていたという。さらに水害にあいにくい耕地には集約性の高い綿が生産されるようになり、地域社会が持続できたという。ここでは自然環境への対応という繰り返しの中から生まれる動態をみることができる［山下 二〇一五］。

大火への対策

大火への対策としては、消防体制の整備と都市空間の防火対策がある。消防体制の整備は享保の改革における江戸町火消の整備が著名であるが、近年の研究では幕府の火消、大名火消、町火消の三者が組み合わさって消防が機能していたことが明らかにされている［岩淵 二〇〇五］。江戸の町火消類似の組織は近世後期になると日本各地の都市で確認される。都市空間の方では防火帯（「火除地」）の設置と防火建築（瓦葺・土蔵造）の奨励がある。なお、火除地は仮設店舗で埋めつくされていることが多く、仮設といっても実態は恒久化していたため［渡辺浩 二〇一七］、本来の機能は減少していたとみてよい。瓦葺奨励は江戸では享保の改革で行われ、以後ゆっくりと普及するが、それは中心部の表通りの家屋に限定され、裏長屋や場末は板葺であったという［千葉 二〇〇一］。もっとも、板葺の家屋をそのまま瓦葺に変更すると屋根が重くなって地震の被害を大きくするという指摘もなされている［吉越ほか編 二〇一二］。

4　連続複合災害と政治

連続複合災害とは

歴史学として災害を分析する場合、たんに個々の災害の被害と復旧過程を明らかにするだけでなく、社会への影響がどの程度であったかにも関心をもつべきであろう。これは冒頭で述べたように私たちが連続複合災害の時代を生きていることからも了解されるだろう。この観点をもつと、個々の災害を別々に分析しているだけではものたりない。そこで、筆者は「連続複合災害」という視点を提唱している。同種や異種の災害が短期間(五〜一〇年程度)に続けて起きるのが「連続」、災害の原因となる自然現象が相互に無関係であっても、一つの自然現象がつぎの自然現象により引き起こされる被害を増大させる場合を「複合」と規定する。従来の地震・噴火研究においてしばしばその後の水害が「二次災害」とされる。これも「連続複合災害」に含まれる。一例として、一八三三(天保四)年の庄内のそれを挙げておこう。六月の最上川洪水により田畑が冠水し山崩れもあり、幕府に届け出た被害は損毛高約八万五〇〇〇石であった。その後、冷気となって田畑が実らず、稲の刈り取り前に初雪がふるという天候不順であった。さらに、十月の地震と津波により多数の町家・民家が倒壊または流失した。本稿で事例としているような大災害でなくても連続・複合すればその地域には大きな影響を与える[菊池 二〇二三]。日本各地でこのようなことは頻発していたはずである。以下、江戸の一例を政治との関係も視野に入れながら叙述する。

天明期江戸の連続複合災害

天明期江戸の連続複合災害とは、一七八三(天明三)年の浅間山噴火、翌八四(天明四)年の狭義の天明飢饉および江戸での疫病流行、八四年十二月および八六(天明六)年一月の江戸大火、八六年の関東水害、同年秋から翌年にかけての麦不作を指す(以下、この項目は[渡辺浩 二〇二二]を参照)。浅間山噴火は規模の大きな噴火ではなく気候への影響はあまりなかったといわれているので、噴火と天候不順は自然現象としては別である。しかし、噴火による火山灰の降下は関東河川の河床上昇をもたらしたため、一七八六年七月の雨台風もしくは梅雨末期の集中豪雨は大洪水となった。これにより米価が騰貴し人々の生活が困難になったため、幕府は何度か小規模な食料の貸与や給付を行った。

しかし一七八七(天明七)年六月に打ちこわしが発生し、従来型の救済では不十分であることが明白となった。そのため、松平定信による寛政の改革の中では災害対策が大きく進展する。

①七分積金の開始と町会所の設置　これは教科書にも記載されていることである。幕府からの一万両および町入用節約分の七割を徴収して基金をつくり、それを運用する新組織として町会所を設けた。町会所は勘定所と町奉行所からの役人が出向するという行政組織横断的性格をもち、それに町役人や豪商が加わるという身分横断的性格ももった。基金で備蓄米を購入して翌々年に売却することを繰り返すほか、低利融資も行って基金を維持した。そして災害時には被災者に御救米を与えた。その規模は数十万人を対象としたから、それまでの救済規模と比較すると異次元という表現がふさわしい。

②災害対応策決定過程の合理化　それまでは幕府の浅草御蔵から江戸の町人に御救米を支給するには、老中の認可を得たうえで老中から担当の勘定奉行に指示が出されなければならなかった。しかし、町会所は、独自の備蓄米をもっていたことに加えて、町会所役人が町奉行と勘定奉行から回覧形式で承認を得ることで迅速に御救米を支給することができるようになった。町会所は幕末まで機能し、小規模な火災に対しても御救米を支給することができた。とくに天保飢饉時(一八三三～三六年)には町会所が三〇～四〇万人規模の臨時救済を五回繰り返すことができ、安政期にも地震とコレラの際(一八五五～五八年)に大規模救済を行い、一八六八(明治元)年にも四八万人を救済した。このように、設置後約七〇年間幕末まで機能し続けたという意味で、天明期連続複合災害は救済の仕組みや行政組織な

どを変化させた。つまり自然災害が人間の歴史を変化させた例として位置づけられるだろう。江戸では安政期も連続複合災害の時期である[渡辺浩 二〇二三]。

以上のように、自然災害は政治の対応を引き出すため、人間の歴史に大きな影響を与える。その人間の行動がつぎの自然災害の原因となる場合もある。大災害のあとに人々は、政治はどのような選択をするのか、これは私たちが現在直面している課題でもある。

〈参考文献〉

岩本馨 二〇二一年『明暦の大火――「都市改造」という神話』(吉川弘文館)
岩淵令治 二〇〇五年「江戸消防体制の構造」(『関東近世史研究』五八号)
沖縄県文化振興会 二〇〇五年『沖縄県史各論編第四巻 近世』(沖縄県教育委員会)
加藤靖之・杉森玲子・榎原雅治・佐竹健治 二〇二一年『歴史のなかの地震・噴火――過去がしめす未来』(東京大学出版会)
菊池勇夫 二〇二三年『江戸時代の災害・飢饉・疫病――列島社会と地域社会のなかで』(吉川弘文館)
北原糸子・松浦律子・木村玲欧編 二〇一二年『日本歴史災害事典』(吉川弘文館)
北原糸子 二〇一六年『日本震災史――復旧から復興への歩み』(ちくま新書)
倉地克直 二〇一六年『江戸の災害史――徳川日本の経験に学ぶ』(中公新書)
千葉正樹 二〇〇一年『江戸名所図会の世界――近世巨大都市の自画像』(吉川弘文館)
内閣府中央防災会議 二〇〇五年a『一六六二 寛文近江・若狭地震報告書』
内閣府中央防災会議 二〇〇五年b『一八五四 安政東海地震・安政南海地震報告書』

内閣府中央防災会議　二〇〇七年『一八四七　善光寺地震報告書』
内閣府中央防災会議　二〇〇九年『一八五八　飛越地震報告書』
内閣府中央防災会議　二〇一三年『一七〇三　元禄地震報告書』
内閣府中央防災会議　二〇一四年『一七〇七　宝永地震報告書』
西田幸夫　二〇〇六年『考証江戸の火災は被害が少なかったのか？——歴史と工学からわかる都市の安全』（住宅新報社）
松尾美恵子　二〇〇三年「富士山噴火と浅間山噴火」（大石学編『日本の時代史16　享保改革と社会変容』吉川弘文館）
水本邦彦　二〇〇三年『日本史リブレット52　草山の語る近世』（山川出版社）
山下琢巳　二〇一五年『水害常襲地域の近世～近代——天竜川下流域の地域構造』（古今書院）
吉越昭久・片平博文編　二〇一二年『京都の歴史災害』（思文閣出版）
渡辺浩一　二〇一七年「文書実践を支える社会関係——江戸橋広小路の床持仲間」（『国文学研究資料館紀要〈アーカイブズ研究篇〉』一三号）
渡辺浩一　二〇二二年『近世都市〈江戸〉の水害——災害史から環境史へ』（吉川弘文館）
渡辺浩一　二〇二三年「災害と都市社会」（岩淵令治・志村洋編『日本近世史を見通す４』吉川弘文館）
渡辺浩一　二〇二四年度刊行予定「台風・上水・鮎の〈連関〉の環境史——寛保大水害後の奥多摩渓谷と江戸」（『国立歴史民俗博物館研究報告』二四九集）
渡辺尚志　二〇二二年『川と海からみた近世——時代の転換期をとらえる』（塙書房）

13

知と書物の広がり――商業出版の成立は近世社会をどう変えたか

引野 亨輔

1 商業出版の成立をめぐる日本史教科書の叙述

商業出版がもたらした読書人口の拡大

先学の指摘するところによれば、『源氏物語』や『徒然草』といった日本の古典作品は、江戸時代に入って、読みやすい解説書やダイジェスト版がつぎつぎと出版されたことにより、飛躍的にその読者を増やしたとされる[野口 一九八五、横田 二〇一八]。つまり、高校の日本史教科書で、古代宮廷文学の代表と紹介される『源氏物語』も、中世隠者文学の象徴と紹介される『徒然草』も、江戸時代になってはじめて貴賤老若の別なく読まれはじめたわけである。右のような知識世界の激変は、江戸時代初めに成立した商業出版が原動力となって推し進められていったものだが、それでは日本史教科書(旧教育課程日本史B)の歴史叙述の中で、この商業出版の成立ということは、いかなる位置を占めてきたのだろうか。

商業出版の成立に関する叙述がもっとも詳細なのは、東京書籍の『新選日本史B』(日B 二〇一二)である。ここでは、「江戸の出版業」というコラムが設けられ、以下のような解説が加えられている(一五三頁)。

江戸時代初めには、キリシタンと朝鮮から別々にもたらされた活字印刷が行われていたが、大量出版が要求された寛永ごろから、ふたたび以前の版木に裏文字を彫る整版印刷がさかんになった。この整版印刷は、元禄までは京・大坂が中心であったが、天明・寛政ごろから江戸でもさかんに用いられ、出版される書物の数が増大した。(中略)大衆向けの出版はその後もますますさかんになり、十返舎一九の滑稽本や曲亭馬琴の読本のあたり作などは出版部数一万部をこえるにいたっている。またこのころ、町の貸本屋も増え、読者の裾野は大きく広がった。

寛永頃、すなわち十七世紀前半には商業出版が成立していた事実に触れ、その後も貸本屋の活躍などによって読書人口の拡大がみられたことを指摘するこのコラムは、高校生に日本の出版文化史をそつなく概観させる優れた歴史叙述だといえよう。

教科書叙述の三つの特徴

しかし、すべての日本史教科書で、ここまで丁寧な解説がなされているわけではない。そこで、以下では、江戸時代の出版文化に関する教科書叙述の特徴を三点ほど指摘しておきたい。

一つ目の特徴は、江戸時代初めの活字印刷に関するものである。すなわち、ヨーロッパ由来の技術によったキリシタン版や、朝鮮由来の技術によった慶長勅版が、こうした活字印刷の具体例として、比較的多くの教科書で取り上げられる。ただし、その取り上げ方はひかえめなものであり、欄外の注を用いてやや断片的に解説を加えるケースも目立つ。

二つ目の特徴は、一つ目の特徴と密接に関わるものである。すなわち、江戸時代初めに流行した活字印刷は、その直後に誕生した商業出版を支える技術とはなりえず、以前から使われていた木版整版印刷が大量生産を担う技術として復権を果たした。しかし、キリシタン版や慶長勅版に対して簡略な解説しか加えない多くの教科書では、右のような印刷技術の変容は取り上げられず、商業出版の成立時期についても明示されることはない。もちろん、浮世草子が庶民向けの文芸作品として人気を博したことや、黄表紙が出版統制の対象になったことなど、商業出版の隆盛をうかがわせる教科書叙述は随所に存在する。しかし、グーテンベルクの活版印刷術実用化に対する世界史教科書の取り上げ方に比べれば、商業出版の成立に対する日本史教科書の注目度合いは低いといわざるをえない。

三つ目の特徴は、貸本屋に関するものである。江戸時代の貸本屋がどのような存在であったかはのちほど詳述するつもりだが、とにかくこの貸本屋に関する叙述が、各教科書で非常に充実している。例えば、実教出版の『日本史B　新訂版』(日B　二〇二一)では、「江戸中・後期の文化」の中で、以下のような貸本屋への言及がみられる(二〇四頁)。

江戸中・後期には、旺盛な出版活動に加えて貸本屋の活動もさかんとなり、下層の民衆も文化を享受できるようになった。また、江戸を中心とする三都の文化が地方に伝えられるとともに、各地にすぐれた文化がうまれた。

ここでは、通常の出版活動に加えて貸本屋の活動が大きく取り上げられ、その社会的影響をふまえるかたちで、下層民衆の文化享受や都市文化の地方への伝播といった歴史の大きな流れが解説されている。民衆文化の充実と貸本屋の活動を結びつける傾向は、ほかの多くの教科書にも共通するものである。江戸時代初めの商業出版成立についてほとんど触れることのない教科書が、江戸時代後半の商業出版隆盛について、貸本屋と結びつけながら詳述しているのは、なかなか興味深い事実である。

もちろん、教科書には個々の事象に対して割ける紙幅に制限があるわけだから、そうした事情から、用語解説が断片的になったり、因果関係の説明に不自然さが生じたりすることは、起こりうる事態である。他方で、研究状況の進展や研究方法の変化が、研究者の分析視座に変化をもたらし、着実に教科書叙述を書きかえてきたのも、動かしがたい事実である〔成田 二〇一二〕。そこで本稿では、商業出版をめぐる教科書叙述が、右のような三つの特徴を有するに至った偶然と必然について、丹念な読み解きにつとめたい。そして、それをふまえて、出版文化史研究が、今まで教科書に与えてきた影響の具体相や、今後の教科書叙述を変化させるかもしれない可能性について、検討を試みる予定である。

2　古活字版が日本社会に与えた影響

文化史と政治史・経済史の分断的叙述

まずは慶長勅版の話から始めてみよう。既述のとおり、高校の日本史教科書では、慶長勅版という歴史用語自体は、高い頻度で紹介されてきた。ただし、江戸時代初めの活字印刷流行がのちの社会におよぼした影響や、活字印刷の使用が商業出版の成立と同時に廃れていった理由については詳述されず、どうしても断片的な解説という印象が強くなる。

ちなみに、右のような傾向は、文化史をめぐる教科書叙述の全般的な特徴ともいえる。思想・文学・芸術など文化史で取り扱われる諸事象は、多くの場合、政治的・経済的な諸動向とも密接な関わりを有している。しかし、限られた紙幅の中で文化と政治・経済の複雑な関係性にいちいち言及するわけにはいかないため、オーソドックスな教科書叙述では、まず政治史的な流れを概観したうえで、同時期の経済発展にも触れ、最後に文化的な諸事象を列記することになる。社会的影響についてあまり論じるところのない慶長勅版の取り上げ方も、おそらく右のような教科書叙述の特徴から生じた問題といってよいだろう。

古活字版の画期性

もっとも、先行研究で明らかにされているように、慶長勅版に代表される古活字版の平均的な印刷部数は多くても一〇〇部程度であり［廣庭・長友 一九九八］、商業出版成立後の木版整版印刷とは、情報発信力に大きな差があった。そうであれば、慶長勅版の社会的影響をあまり大きなものととらえず、知識の独占を誇示しようとした後陽成天皇の文化事業として紹介することには、それなりの妥当性も認められよう。

しかし、江戸時代初めに流行し、まもなく木版整版印刷に取って代わられた古活字版を、一過性の流行とのみ理解してよいのだろうか。以下では、慶長勅版のみならず、その存在を強く意識して出版された徳川家康の伏見版や、本阿弥光悦が角倉素庵《すみのくらそあん》の支援を受けて出版した嵯峨本にも着目しつつ、古活字版が江戸時代の出版文化に与えた影響を再考してみる。

議論の大前提として確認しておきたいのは、古活字版登場以前の木版整版印刷、例えば五山版の作り手たちの中で、漢籍(中国人によって漢文で書かれた書物)こそ印刷するにふさわしいものという社会通念が強固に存在したことである。それゆえ、漢籍以外の書物、なかんずく平仮名交じり文を印刷する試みは、ほとんど行われてこなかった。しかし、活字印刷という新技術を採用した慶長勅版で、日本の歴史書である『日本書紀神代巻』の出版が試みられると、伏見版でも、武家政権初の歴史記録である『吾妻鏡』の出版が行われる。そして、嵯峨本になると、『伊勢物語』や『徒然草』など和文体の文芸作品まで、つぎつぎと出版されていくのである。

木版整版印刷ではほとんど試みられることのなかった平仮名交じり文の出版が、活字印刷の流行と呼応するように始まるのは、注目すべき事実である。この動向に対して、日本近世文学の研究者である入口敦志氏は、新しいメディアの登場が新しい内容の盛り込みを可能にしたのではないかと指摘している[入口 二〇一五]。つまり、当時の人々は、漢籍こそ版木を彫って印刷すべき書物だという社会通念に縛られていたものの、活字を組み合わせて印刷する新技術が登場したことにより、その呪縛から解放されたというわけである。

古活字版から商業出版へ

なるほど、現代人もブログやＳＮＳといった新しいメディアの登場によって、それ以前とはまったく異なる種類の情報発信を行うようになっており、入口氏の指摘は非常に説得力のあるものである。そして、このような考えにもとづけば、江戸時代初めの活字印刷が、実は商業出版の成立と密接に関わっていたと解釈することも可能になる。

というのも、活字印刷の登場によって、平仮名交じり文の出版がひとたび解禁されると、江戸時代初めに創業した出版業者たちは、仮名草子や浮世草子といった和文体の文芸作品を、木版整版印刷を用いてさかんに出版していくからである。古活字版が切り開いた平仮名交じり文の印刷は、その後の商業出版に遺産として受け継がれたといえる。今後このような古活字版に対する評価が一般化するならば、日本史教科書の慶長勅版に関する解説も、商業出版との連続面に焦点を当てるものへと徐々に変わっていくかもしれない。

3　日本史における商業出版の成立とその複雑性

世界史規模でみた商業出版の成立

つぎに取り上げたいのは、日本史教科書において、商業出版の成立というできごとへの注目そのものが希薄な点である。なお、既述のとおり教科書には紙幅に制限があるわけだから、特定の歴史用語や歴史叙述が不在であることをいちいち問題視するのは、必ずしも生産的な作業ではない。そこで、本稿では、画期的なできごとであるはずの商業出版成立がなぜ教科書で詳述されないのかという着眼点ではなく、このできごとを叙述することがなぜ難しいのかという着眼点から、以下の考察を進めていきたい。

さて、ここで重要と思われるのは、視野を世界史規模に広げ、商業出版の成立について考察してみることである。ヨーロッパの場合、グーテンベルクが十五世紀半ばに活版印刷術を用いて聖書を出版したのは、それを販売するためであった。ちなみに、グーテンベルク以前のヨーロッパ社会でも、写字生《じせい》を雇用する書籍商が個別注文に対応するかたちで写本を売買していたのだが、活版印刷術が実用化されると、大量の商品を印刷したあとに、それらを市場へ流通させるまったく新しい書籍売買のかたちが確立された［ペティグリー 二〇一五］。

中国の場合、木版整版印刷の誕生は古代にまでさかのぼるため、その時期をピンポイントで特定することは難しい。ただし、まだまだ写本も幅をきかせていた唐の時代(六一八〜九〇七年)に、首都長安において、木版本を商品として取り扱う書肆《しょし》が、早くも活動を始めていたのは確かである。というのも、科挙によって官僚を登用する隋・唐以降の中国では、科挙の受験参考書需要が商業出版の成立をあと押ししたからである［井上 二〇〇二］。

日本における印刷技術の発達と商業出版の不在

以上のように、時期や技術に違いはあるものの、ヨーロッパでも中国でも、印刷術の実用化は順調に商業出版の成立へとつながっており、その社会的影響を見すえた歴史叙述が展開しやすい。ところが、日本の場合、もう少し事情が複雑である。

日本では、奈良時代の百万塔陀羅尼に始まり、中世にも五山版など多くの印刷物がつくり出された。

しかし、それらは販売を目的としたものではなかった。印刷技術が早くから伝播しつつ、長きにわたって商業出版が成立しなかった要因の一つは、日本において科挙が導入されなかったことであろう。大量の科挙受験者が書物を購入した中国と比べると、日本の読書人口は社会上層に限定されており、営利目的で書物を出版する土壌はなかなか整わなかった。印刷術の伝播は奈良時代にまでさかのぼりうるものの、それから八〇〇年以上も商業出版が姿を現さない。このような日本における出版文化史の複雑さが、すっきりとした教科書叙述を困難にしているのは確かであろう。

商業出版の成立と民衆的読者

それでは、長らく印刷本が商品としての扱いを受けてこなかった日本社会において、江戸時代初めにようやく商業出版が成立するのはなぜだろうか。古活字版においてはじめて平仮名交じり文の印刷が行われた事実を念頭におくならば、漢籍以外の書物が流通することで、書物購読層が拡大し、商業出版の成立につながったという説明は、ひとまず納得できるものといえる。ちなみに、日本近世史の研究者である青木美智男氏によれば、江戸時代とは村の自治能力に依存して年貢の徴収が行われる村請制の時代であり、だからこそ村政の担い手になろうとする村落民衆のあいだで識字率は着実に向上していったとされる[青木 二〇〇九]。こうした理解を前提にすると、民衆的読者を新たな書物購読層と見込み、通俗書を主力商品とする商業出版が、江戸時代初めに成立するという図式は、ますます魅力的なものにみえてくる。

黎明期の出版業者と仏教書需要

もっとも、細かな史実に目を向けると、右のような商業出版成立の説明には、少なからぬ矛盾も存在する。例えば、黎明期の出版業者は、当時文化の中心地であった京都で集中的に創業するが、寛永年間（一六二四～四四年）に早くもその数は七〇軒ほどになり［鈴木 一九八〇］、取り扱う書物も訓点や振り仮名を入れて読みやすくした商業主義的なものへと変化していく［橋口 二〇一一］。村請制導入にともなう村落民衆の識字率向上は、もちろん中世段階からある程度準備されていたものだろうが、民衆的読者を新たな書物購読層と見込んで商業出版が成立したと考えるには、黎明期の出版業者の動向は迅速にすぎるのである。

そこで指摘しておきたいのは、江戸時代前期にもっとも多く出版され、黎明期の出版業者を下支えしたのが仏教書だという事実である。しかも、右のような仏教書需要の高まりには、明確な時代背景が存在した。慶長・元和年間（一五九六～一六二四年）に、徳川幕府が仏教諸宗の本山に対して、自宗の教えに精通した僧侶の育成を強く要請すると、それに応えるべく、僧侶の学問所である檀林《だんりん》の整備が宗派ごとに推し進められていった。江戸時代の檀林は、中世的な口伝・秘伝を廃し、文献主義的な学びを提唱したから、ここに科挙の受験参考書需要にも似た仏教書の需要が生じることとなった［引野 二〇一五］。

文化的権威と結託する出版業者たち

例えば、自らも日蓮宗の信者であった京都の出版業者・村上勘兵衛は、一六六九（寛文九）年の一年間だけで一〇〇点以上という大量の日蓮宗・天台宗関連書物を出版している。仏教学の研究者である冠賢一氏によれば、これは日蓮宗教団から許諾を得て行った檀林教材の出版だった可能性が高い［冠 一九八三］。つまり、村上勘兵衛は、特定の仏教教団と結託することで、確実に売り上げが見込まれる仏教書を大量出版し、経営の安定化を成し遂げたのである。黎明期の出版業者の中で、同様の商業戦略を採用した事例はかなり多い。例えば、前川茂右衛門は、真言宗の修学に必要な仏教書を独占的に大量出版している。また、儒学書を主力商品とした武村市兵衛が、とりわけ山崎闇斎の著作にこだわったのも、特定の学派と結託することで安定的な売り上げが保証されたためであろう。

こうしてみると、科挙の受験参考書需要と類似点を有する江戸時代初めの仏教書需要は、その一方で大きな相違点も有していることに気づかされる。中国の場合、歴代王朝の皇帝は、儒学的教養の最上位に君臨し、単一の価値にもとづいて科挙を行った。日本の場合、徳川幕府は、武威を国家正当化の根拠としたため、自ら文化的な価値を独占することはなく、仏教諸宗の本山や、茶道や華道の家元など、多様な文化的権威を容認した［渡辺 一九九七］。結果として、日本では科挙の受験参考書ほど大規模な書物需要は生じなかったが、多様な文化的権威と出版業者が個別に結託することで、商業出版の成立に必要な書物の売り上げが確保されていった。もちろん、元禄年間（一六八八〜一七〇四年）になると、井原西鶴の浮世草子のように、そのヒットいかんが出版業者の命運を左右する大量生産型の商品も登場する［中嶋 一九九四］。しかし、黎明期にしぼっていえば、あらかじめ掌握しておいた購読層に、確実に売れる部数だけ商品を売りさばくのが、出版業者の一般的な戦略であった。

さて、ここまで日本における商業出版成立の特徴をたどってみたことで、それが有する叙述の難しさも明らかになってきた。すなわち、印刷技術の伝播から商業出版の成立までに大きな時間差がある日本の出版文化史は、画期をどこにおくかという点で叙述に困難がともなう。また、成立当初の商業出版は、不特定多数の読者に広く情報を発信するという現代的な性格に乏しかったため、それを高校生にわかりやすく解説するのも至難の業である。近年の出版文化史研究において、商業出版の成立は江戸時代とそれ以前とを区分する重要な画期とみなされつつある［藤實 二〇〇六］。しかし、右のような事情を考慮するならば、最新の研究成果が教科書叙述に反映されるまでには、まだまだ時間がかかりそうである。

4　貸本屋と出版文化の浸透

貸本屋の存在意義

最後に、高校の日本史教科書が、高い頻度で貸本屋を取り上げる点に注目してみよう。江戸時代の貸本屋については、日本近世文学の研究者である長友千代治氏が詳述しているので、以下ではその成果によりつつ検討を加えていきたい［長友 一九八二］。

そもそも、江戸時代の出版業者は、書物の編集・刊行とともに、店頭での販売も行う負担の大きな職種であり、三都(京都・大坂・江戸)以外の場所にはわずかしか存在しなかった。しかも、文化的な諸権威と結託することも多かった彼らの商品は、高級品としての性格を強く有していた。他方、着実な識字率の向上がみられた江戸時代において、書物を欲する人々は、地方都市や村落にまで広がりつつあった。そこで、都市と村落を往来する行商人が、顧客の要望に応えて書物を貸し出すようになり、やがてそれが専業化したと考えられる。つまり、限られた書物流通量と拡大する読書人口とのギャップを埋めるべく誕生したのが、常設店舗をもたず、巡回型の営業を行う江戸時代の貸本屋だというわけである。

右のような研究成果をふまえると、下層民衆の文化享受や都市文化の地方への伝播を、貸本屋の活躍と結びつけて論じる教科書の叙述自体は、きわめて適切なものといえる。ただし、三都の出版業者が書物の知を独占し続けたことや、その一方で庶民層の識字率が江戸時代を通じて向上し続けたことなど、貸本屋活躍の前提条件について、現行の教科書は、あまり言及していない。そこで、江戸時代後半になって言及される貸本屋の活躍に、読み手はやや唐突な印象をいだいてしまうわけである。

国家権力と文字知をめぐる歴史観

なお、江戸時代初めの商業出版成立にあまり注目しない日本史教科書が、江戸時代後半における文化享受層の拡大を力説するのには、国家権力と文字知をめぐる歴史学研究の潮流が大きく関わっているのではないかと、筆者は考えている。

これまでの日本近世史研究では、徳川幕府の厳格な身分制支配がゆるむことで、民衆の識字率が向上していくと理解されることが多かった。しかし、実証研究の進展にともない、国家権力が民衆の文字知への接近を抑圧してきたとする従来型の理解は、大きく変容した。近年では、村の自治能力に依存して年貢徴収を行う近世社会の仕組みそのものが、民衆の識字率を絶え間なく向上させていたのだと評価する研究者も増えている［横田二〇一八］。

こうした研究潮流をふまえるならば、江戸時代前半の読書人口をいまだ限定的なものととらえる従来型の歴史観が、商業出版の成立期にあまり注目しない歴史叙述へとつながっているのではないだろうか。だからこそ、幕府支配が動揺を迎えた江戸時代後半になると、俄然下層民衆の文字知への接近が強調されていくわけである。

宝暦・天明期の文化への注目

もっとも、どれも同じように江戸時代後半の文化状況を論じているようにみえる日本史教科書の中でも、微妙な差異は存在する。例えば、実教出版の『日本史B　新訂版』（日B二〇一二）など多くの教科書では、化政文化と関わらせて、貸本屋の活躍や寺子屋の増加が紹介されてきた。他方、山川出版社の『詳説日本史　改訂版』（日B二〇一二）では、同様の事柄は、宝暦・天明期の特徴として把握される。

右のような叙述の違いは、かなり重要なものではないだろうか。化政文化が花開いた文化・文政年間（一八〇四～三〇年）といえば、徳川幕府が内憂外患を抱え、本格的な動揺を迎えた時期である。そこで、この時期に合わせて文化享受層の拡大を論じる実教出版『日本史B　新訂版』は、民衆の識字率向上を、身分制支配のゆるみを契機とするなし崩し的なものととらえる歴史叙述へ帰結する。他方、山川出版社『詳説日本史　改訂版』の場合、江戸時代前半から識字率を向上させてきた民間社会との連続性の中で、宝暦・天明年間（一七五一～八九年）における文化享受層の拡大をとらえていくことになる。

ちなみに、山川出版社『詳説日本史』が「宝暦・天明期の文化」という項目を設け、文化享受層の拡大をより早い段階に位置づけたのは、二〇一三年度からである。近世社会の仕組みそのものが民衆の識字率を向上させていくといった新しい歴史観も、丹念に検討してみると、教科書の歴史叙述に着々と組み込まれつつあるのかもしれない。

さて、ここまで江戸時代の出版文化に関する日本史教科書の三つの特徴に着目しつつ、考察を進めてきた。それによって、固定的にみえる文化史叙述の背後に、様々な研究状況の変化が存在することを浮き彫りにできたかと思う。もちろん、研究状況の変化は、比較的速やかに教科書の歴史叙述に反映されることもあれば、なかなか教科書叙述の書きかえをもたらさないこともある。地域寺院の蔵書を分析することで出版文化史研究の一端を担ってきた筆者としては、出版文化をめぐる新しい歴史叙述がより大きな信憑性を獲得し、また旧来の歴史叙述が徐々に刷新されるよう、今後も地域史料の掘り起こしを進めていきたいと考えている。

〈**参考文献**〉

青木美智男　二〇〇九年『全集日本の歴史別巻　日本文化の原型』(小学館)
井上進　二〇〇二年『中国出版文化史――書物世界と知の風景』(名古屋大学出版会)
入口敦志　二〇一五年「古活字版の黎明――相反する二つの面」(大高洋司・陳捷編『日韓の書誌学と古典籍』勉誠出版)
冠賢一　一九八三年『近世日蓮宗出版史研究』(平楽寺書店)

鈴木敏夫　一九八〇年『江戸の本屋(上)』(中公新書)
中嶋隆　一九九四年『西鶴と元禄メディア――その戦略と展開』(日本放送出版協会)
長友千代治　一九八二年『近世貸本屋の研究』(東京堂出版)
成田龍一　二〇一二年『近現代日本史と歴史学――書き替えられてきた過去』(中公新書)
野口武彦　一九八五年『『源氏物語』を江戸から読む』(講談社)
橋口侯之介　二〇一一年『和本への招待――日本人と書物の歴史』(角川選書)
引野亨輔　二〇一五年「仏書と僧侶・信徒」(横田冬彦編『読書と読者』平凡社)
廣庭基介・長友千代治　一九九八年『日本書誌学を学ぶ人のために』(世界思想社)
藤實久美子　二〇〇六年『近世書籍文化論――史料論的アプローチ』(吉川弘文館)
ペティグリー(アンドルー・ペティグリー)、桑木野幸司訳　二〇一五年『印刷という革命――ルネサンスの本と日常生活』(白水社)
横田冬彦　二〇一八年『日本近世書物文化史の研究』(岩波書店)
渡辺浩　一九九七年『東アジアの王権と思想』(東京大学出版会)

14

土豪・豪農と地域社会

福澤　徹三

はじめに――土豪・豪農という視点

江戸時代の、人口のうち一番多くの割合を占めていたのは百姓で約八割である。土豪・豪農ともに身分的には百姓であり、本書「4　身分社会の見方」ですでに村や百姓については取り上げられているにもかかわらず、村落史や地域社会史では歴史的に重要な役割を果たした存在として扱われるのはなぜだろうか。

高校日本史教科書では、土豪は兵農分離の際に村にとどまった有力な旧侍(地侍)層(戦国時代に年貢などをおさめながら守護などと主従関係を結んで侍身分を獲得した者たち)、豪農は名主・庄屋などの村役人で質地地主であり、商品貨幣経済の進展にともなって商品作物生産や流通・金融の中心となり、地域社会を運営する担い手となった者、と定義されており、現在の研究者の一般的理解とも通底している。土豪・豪農の地域における政治的役割・経済的力量はこれまでも追究されてきたが、一歩進んで土豪から豪農への転生(成長)の過程が重要な論点となりつつある。時系列では、侍層(中世末期)—土豪(近世前期)—豪農(近世中・後期)—地方名望家(近代)となる。

土豪・豪農は、地域社会を統合・編成する存在/地域社会のリーダー的存在という両側面や異なる評価があり、彼らを軸に地域社会をみていく方法・研究が重要である。また、土豪・豪農の立場からみただけでは、地域社会全体を視野におさめることは不可能であって、深部の動きに「眼をこらした」研究成果についても考えてみたい。

1　土豪と地域社会

経営環境——譜代との関係と開発

江戸時代の初期、土豪にはさっそく大きな転機が訪れる。太閤検地では、土地の耕作者が検地帳登録者とされたが(名請)、土豪のもとで隷属的な生活をしていた譜代(下人、名子とも)も多くいた。なお譜代の経営状況は、請作(独立して家屋をもち耕作する)していたとの議論もある[吉田 二〇〇〇]。譜代には婚姻や子どもを跡継ぎにするといった自由がなく、代々家を継いでいくことも許されなかったが、十七世紀を通じてしだいに家の自立を果たしていった。太閤検地の「効果」が表れるには、三世代ほどの時間がかかったのである(小農自立)[渡辺 二〇二〇]。

平和のもとで大開発の時代が訪れ、十七世紀を通じて、人口は約一・八倍、耕地面積も約一・六倍になったと推計されている［高島 二〇一七］。土豪は積極的に新田開発に乗り出した。土豪の手元には多くの資金があったが［牧原 二〇〇四］、それが毎年の年貢をおさめた残りを蓄積していったものか、領主支配を地域で代行する中での得分によるものかは、明らかではない。そして新田に開発者の名前がつくような大規模なものでなくても、居住地や既耕地のすぐそばを切り開く「持ち添え」により、コツコツと耕地を増やしていった。開発地の耕作には、譜代が当たることも多く、やがて家を構えて自立を成し遂げた（小百姓）。経済的力を蓄えた小百姓は村でも政治的力を発揮しはじめ、土豪の言いなりにはならなくなっていく。

分地制限令は百姓の所持地が小さくなることへの制限であるが、名主・庄屋をつとめる土豪クラスは二〇石までは分地を認められていた。土豪は十七世紀には分家相続をすることも多く、村が比較的フラットになる要因にもなった［小酒井 二〇一八］。

小百姓と村からの規定性

経済的自立を遂げていった小百姓たちの土豪に対する要求には、除地《よけち》や諸役免除などの特権の廃止や年貢算用の公開といった点があり、訴訟になった場合、領主は小百姓の側を支持することも多く、村の確立をあと押しした［鈴木 二〇一九］。土豪が村に包摂される過程は、領主から設定された庄屋としての土豪が、戦国期以来の年寄集団にとらえ直されるという議論が畿内の事例から提起されていたが［水本 一九八七］、近年、関東では庄屋がそもそも惣百姓（村の本百姓集団）に入っていない点が特質であるという問題も提唱されている［渡辺 二〇〇七］。中世以来の宮座の伝統があり、生産力が中世に大きく向上し加地子得分が侍層の権益となった畿内と、そうでない地域という地域差なのか否か、広範な事例発掘が待たれる研究領域である。村と家に依拠しつつも、小百姓に幸福追求の可能性が芽生えた点で、十七世紀は歴史上の画期と評価できよう。

広域支配の終焉

村から「侍」はいなくなったが、村々は年貢を毎年おさめ、逆に領主は年貢を取り立てなければならない。寛永の飢饉(一六四一~四三年)までは幕府は大名に命じて大規模な城の普請などを軍役として絶え間なく行い(際限なき軍役)、領主もそれに応える必要があった。政治的・経済的力をもっていた土豪は領主の支配を補完する役割を命じられ、土豪も拒みはしなかった。戦国時代以来の「主従関係」や親族・血縁関係が背景にあったことが想像される。

役割として期待されたのは、旧侍層を農村で受け入れることや、年貢の立替え、換金機能である[牧原 二〇〇四]。譜代や小百姓が年貢をおさめられない場合は、その村の土豪(名主・庄屋)が立て替えるのが原則だが、経済力が十分でない場合は、近隣の土豪の経済力があてにされた。藩では大庄屋や割《わり》元《もと》といった名称で、一〇カ村以上からなる広域の支配を土豪に任せた。十七世紀の前半は、彼らの力なしでは地域支配は成り立たなかったが、藩政機構が整備され、各村に年貢を立て替える経済力が備わってくると土豪の広域支配機能は歴史的使命を終えていく。その画期は、一七一三(正徳三)年のいわゆる大庄屋廃止令とする説が有力であったが、信濃国をみる限りでは支配綱紀粛正の一条文にすぎないとの議論も提起されている[山崎圭 二〇〇五]。

土豪と豪農の違い

土豪は地主として家族や年季奉公人、譜代を直接指揮して耕作に当たらせるが(村方地主)、譜代が小百姓として自立し独立した家をかまえるようになると、年貢を支払ってさらに地主に小作料を払う「余力」をもつようになり、土豪は質地地主として土地を集積することが可能な経済的段階となる(質地地主への転生［吉田 二〇一五］)。一方、侍であった時期の武士との交際をなお保ち、「武士」としての自意識を備えていることも多い［福澤 二〇二〇］。社会経済的には質地地主段階への移行、政治的には武士的意識・社会関係の払拭を、土豪と豪農の分岐点としておこう。

2　豪農と地域社会

十八世紀の経営の展開

冒頭の豪農の定義は、佐々木潤之介氏による十九世紀に関してのもので、十八世紀段階では流通や金融の中心という点は除かれている［佐々木 一九七九］が、その段階でも金融や商業機能を果たしていることはむしろふつうであるから、十八世紀段階にも佐々木氏の豪農定義を用いて議論することは可能である。土豪研究の進展により土豪—豪農の二段階で考える議論が登場してきたのである［渡辺 二〇二〇］。

豪農が経済的に成長するには、農業社会における主たる生産手段である土地に対する法制度の安定が欠かせないが、幕府は一七二二(享保七)年の質流地禁止令を、同年の越後頸城《くびき》、翌年の羽前長瀞《ながとろ》での質地騒動後、まもなく撤廃し、質入から最大二〇年で土地の所持権が移動することを認めた。

十八世紀の列島は、人口の増加が停滞気味であったことが知られている。これは、西日本を中心とする享保の飢饉(一七三二年)、東北地方で凄惨な状況であった天明の飢饉(一七八二〜八七年)の影響が大きい。北関東では耕作者不足から村が荒廃する問題も発生した[高島 二〇一七]。この時期には、戦国期以来の土豪が経営に行き詰まり小百姓に没落する事例や、地域社会の手を借りて分散(一部借金免除による経営建て直し措置)によって再生をはかる事例も多く見出される。[大塚 一九九六]。

同時期の畿内では、奉公人として雇用されながらも十分豊かな生活を送ることができる、資本家—労働者関係的なブルジョア的経営(富農)が成立していたとの研究も有力で、労働力の確保が最大の課題であった。ごく最近でも和泉国での余剰労働力の枯渇が地域社会の最大の問題点であったとの研究が発表されており[萬代 二〇一九]、地主として成長する経営環境は整っていなかった。名主・庄屋として年貢の立替え義務がある豪農の経営は、村の経済的安定があってのことで、十八世紀の豪農は経営を成長させる法的条件は整っていたが、経済的条件に恵まれていなかった。十八世紀の豪農研究、地域社会研究は、手厚いとは言いがたく、研究の進展が待たれている。

十九世紀の経営の展開と特徴・限界

十一代将軍徳川家斉の大御所政治(一七九三〜一八四一年)の後半になると幕府財政の赤字を貨幣改鋳益で埋め合わせ、財政支出が増大し、経済成長がうながされたとの説が経済史では有力である。北信濃の森村の豪農は日記に、文政期(一八一八〜三〇年)以降、家の普請が増え、百姓が借金をいとわなくなり、違う世の中になったようだと書いている［柄木田 二〇一一］。松代藩は困窮した村に対して、村全体の借金額を把握させ、返済計画を立てさせていたが、制御がきかなくなった［福澤・渡辺編 二〇一四］。地域社会に金融資産が蓄積され、豪農の経営もそれを前提に発展していった。

豪農の地域社会での経済的関係は、土地の所持範囲は居村とその周辺だったが、金融の範囲は大きく拡がった。一口に豪農といっても、村外まで含めれば所持高四〇〇石規模の者から［山本 二〇一〇］、山村(山里)や海村では一〇石程度の者まで、経営規模は大小様々だった。江戸時代の村の平均的大きさは村高四〇〇石ほどだから、一村丸ごとの規模で土地をもっている者もいたことになる。播磨国の大きな豪農は、一般の百姓と異なる婚姻のスタイルをとっていた。一般の百姓は、徒歩日帰り圏内で婚姻を重ねていたが、規模の大きな豪農は、金融や商業上の信用確保を意図して郡をまたぐ広域で婚姻を結んでいる［東野 二〇一五］。大きな豪農を巨大豪農や大規模豪農と定義し、金融や商業上の取引を基準に、他村の中小豪農との地域社会での機能の違いを重視する研究もあるが［岩田 二〇〇二〜〇三］、所持高が大きくてもそのような機能を果たさない豪農もおり［萬代 二〇一九］、今後の課題である。

豪農が他村の土地を所持して経営を拡大したくても、小作人を出さないという村ぐるみでの抵抗を受けることもあり、そうなると豪農は年貢すら支払えず土地の所持権を放棄することになった［福澤 二〇一二］。領主にとっても、年貢を立て替えられる経営的余力をもった適当な豪農が各村に必要で、村による土地保全は揺らぎはあったが幕末まで変わらなかった［渡辺 一九九八］。相模国の二宮尊徳が、報徳仕法(村の建て直し政策)を行うきっかけは、居村と周辺村での本家再興に向けた取り組みを、小田原藩主が見出したものであった。尊徳の本家は所持高二〇〜二五石程度で中規模の百姓であったが、仕法は困窮した村々の豪農たちが抱えた問題の解決策として広がっていく［早田 二〇一四］。

十八世紀から十九世紀にかけてのおよそ一七〇年間、豪農経営の成長に対して、十八世紀は二度の飢饉が負の圧力をかけ、十九世紀は貨幣改鋳が正の効果をもたらした、ということができるだろう。

政治的安定を求めて

経済発展の果実は確実に豪農の手元に蓄積される一方、村の中で貧富の差が拡大していく。小林一茶も豪農の立派な屋敷を揶揄する「白壁のそしられつゝもかすみけり」といった俳諧をよんでいる［青木 二〇一三］。とくに天保期以降は百姓一揆で豪農も打ちこわしの対象とされ、家経営のためにも政治的安定が求められた。

大きな藩だけではなく中小の藩でも、大庄屋や割元など様々な名称からなる役職に豪農を任命し、領主が交替した場合も、こうした支配機構は存置された。このような機構は、百姓の声を領主に届ける機能があるとともに、領主の支配の道具となる両面性をつねにもっている。信濃国松本藩（六万石）の大庄屋は、武士から身分的権威を与えられ、藩からの命令を村々に下達する役割が濃厚で、赤蓑騒動では多くの大庄屋が打ちこわされている［志村 一九九六、青木 二〇一三］。一方、熊本藩（五四万余石）や小倉藩（一五万石）では、藩から任命された惣庄屋は居村から離れた地域の村々を支配し、転勤もあり、人格的関係が稀薄な近代行政組織のような支配機構であった。支配地域の大規模な普請を実施するための多額の入用を集めて管理した。著名な肥後国の通潤橋《つうじゅんきょう》も、惣庄屋が設計し普請まで成し遂げたものである［今村 二〇二〇］。ただし、転勤はしても家経営は藩領内で行っているので、領主の身分制支配のもとにあった。

また、信濃国松代藩(一〇万石)は、大庄屋制はとらずに、郡奉行下の代官が各村を直接支配していた。戦国時代に越後上杉氏、甲斐武田氏とたびたび支配者が代わり、上田から真田氏が入封したため侍層が淘汰され、有力な土豪がいなかったからであろうか。山中《さんちゅう》に対して里《さと》と呼ばれる田がちの村々は自生的に用水組合をつくり、道橋奉行と連携して問題の解決に当たった[金澤 二〇二〇]。このように藩の支配機構は実に様々で、藩政機構―中間支配機構―個別村々で権限の分掌と機能の実現が、どのような分担と連携によって果たされていたのか、未解明な部分が多く残されている。

藩財政の窮乏が深まると、献金によって身分的上昇を認めることが、多くの藩で行われた。岸和田藩では、大庄屋は江戸時代初期から家々の格が固まっていて、集団としての秩序が維持されていたが、横並び以上の献金で自家の家格上昇を果たす動向が明らかにされている[萬代 二〇一九]。北河内では幕領の庄屋が、藩領の庄屋よりも格式が劣っているので百姓に対して権威が保てないとの理由で、格式の付与を求めている[常松 二〇一四]。

畿内や江戸周辺は、幕領・旗本領など支配が錯綜する地域で強固な領主権力がないことから、個別領主では解決できない政治問題に豪農が協力して取り組まざるをえない社会条件下にあった。畿内では、綿作に必要な肥料値下げや価格維持のため一〇〇〇余の村々による訴願(国訴という)が行われた[藪田 二〇一六]。同じ支配の特徴をもつ播磨国では、領主から任命された巨大豪農の「取締役」は武士身分に編入され、支配権力を分任されたとの議論もなされている[山﨑善 二〇〇七]。関東では、文政の改革で改革組合村の結成が幕府から命じられ、数カ村で小組合、いくつかの小組合が集まって大組合がつくられ、寄合に各村名主が集い問題の解決をはかった。切実なのは治安問題だった。個別領主が警察権や裁判権をもっていて、犯罪者が他領主の村に逃れると、捕縛が難しかったからである［児玉 二〇二一］。なお幕末には組合村で繭価格の維持に取り組むなど、一部経済的問題も対象とした［坂本 二〇〇四］。

地域社会に眼をこらす

とくに天保期（一八三〇〜四四年）以降の脱農層（土地をもたず日々の稼ぎで生計を立てる者たち）は飢饉や物価上昇時にもっとも行動が先鋭化し、地主小作関係や村の政治的役割で制御するのが困難な存在であった。彼らの性格や動向を組み込んだ地域社会研究が重要であり、取り組まれ続けている。和泉の一村落に密着して、その村落秩序を構造的に把握し、村役人制度や村運営のような政治的社会レベルと、座や村内小集落のような地域社会レベルとを統一的に把握しようとした成果や［町田 二〇〇四］、脱農層の実態について、単年度では農業に携わらずとも、数年に一度は関わりをもっているので農業から遊離した存在ではなかったことを明らかにした成果がある［小松 二〇〇八］。幕府領の村民家計調査資料から、土地の所持高によって作成される階層構成表が、とくに下層民の実態とは異なっている点を指摘しつつ、村の最貧困層には実は「冷たい」のが近世村落の姿であると結論づけた研究も重要である［木下 二〇一七］。

北関東の農村荒廃現象は、小百姓の主体的生業選択、すなわち労働市場選好の結果であったとする主張や［平野 二〇〇四］、幕府法で最大二〇年を経過すれば移動する土地所持権が、五〇年やときには一〇〇年後でも請け戻せる慣行(無年季的質地請け戻し慣行)を分析する中で、小百姓の質地市場と豪農のそれとの重なりとズレを解明してみせた成果をみると[神谷 二〇〇〇]、村の下層民へのアプローチと市場分析は親和性が高い。市場がおおむね村全体を対象にしていることとあわせ、このような方法も今後広く取り組まれよう。

また、裁判の場でも容易に領主の説得や教諭に自説をまげず、主張をつらぬく「強情者」と呼ばれた者たちがいた。強情者は孤立した存在ではなく、家族と下層民ネットワークによる強固な支えがあり、領主側は、納得させる論理の構築に苦慮した[志村 二〇〇三]。幕藩体制を深部から壊していく要因を掘り起こした白眉である。

おわりに

土豪は豪農へと生まれ変わる過程で、経済的にはおもに農業面における労働力調達を譜代から小作へ転換し、政治的には戦国時代に身に染みついた武士的側面を払拭したのち、百姓として改めて格式の付与を求めるなどして小百姓との違いをきわ立たせていった。経済・政治面での転換点は、地域差はあるにせよ多くは十七世紀半ばから十八世紀初頭にかけて現出した。土豪・豪農を軸にすえて地域社会との関係を論じる方法には、長い江戸時代を段階的に検討するうえで多くの利点があるものの、同時代を生きた土豪・豪農自身も知覚すらできなかった地域社会の微細な動きを取りこぼしてしまうおそれがある。そこに眼をこらすような分析が、これまで以上に重要になってこよう。

〈**参考文献**〉

青木美智男　二〇一三年『小林一茶――時代を詠んだ俳諧師』(岩波新書)
今村直樹　二〇二〇年『近世の地域行財政と明治維新』(吉川弘文館)
岩田浩太郎　二〇〇二～〇三年「豪農経営と地域編成(一～四)――全国市場との関係をふまえて」(『山形大学紀要(社会科学)』三二巻二号、三三巻一・二号、三四巻一号)
大塚英二　一九九六年『日本近世農村金融史の研究――村融通制の分析』(校倉書房)
金澤真嗣　二〇二〇年「松代藩道橋方の水論処理と村社会」(鈴木直樹・渡辺尚志編『藩地域の環境と藩政』岩田書院)
神谷智　二〇〇〇年『近世における百姓の土地所有――中世から近代への展開』(校倉書房)
柄木田文明　二〇一一年「近世後期在村知識人の思想と行動――信州埴科郡中条唯七郎の場合」(若尾政希・菊池勇夫編『〈江戸〉の人と身分5　覚醒する地域意識』吉川弘文館)
木下光生　二〇一七年『貧困と自己責任の近世日本史』(人文書院)
小酒井大悟　二〇一八年『近世前期の土豪と地域社会』(清文堂出版)
児玉憲治　二〇二一年「関東の組合村と地域秩序――近世後期の「地域的公共圏」?」(『歴史学研究』一〇〇七号)
小松賢司　二〇〇八年「幕末期岡田家の地主小作関係と村落」(渡辺尚志編『畿内の豪農経営と地域社会』)
坂本達彦　二〇〇四年「幕末期における関東取締出役・惣代層の動向――地域社会の変容と中間層」(『日本歴史』六七五号)
佐々木潤之介　一九七九年『世直し』(岩波新書)

志村洋　一九九六年「幕末期松本藩組会所と大庄屋・「惣代庄屋」」(久留島浩・吉田伸之編『近世の社会的権力――権威とヘゲモニー』)
志村洋　二〇〇三年「地域社会の変容――幕末の「強情者」と寺領社会」(藤田覚編『日本の時代史17　近代の胎動』吉川弘文館)
鈴木直樹　二〇一九年『近世関東の土豪と地域社会』(吉川弘文館)
高島正憲　二〇一七年『経済成長の日本史――古代から近世の超長期GDP推計　七三〇―一八七四』(名古屋大学出版会)
常松隆嗣　二〇一四年『近世の豪農と地域社会』(和泉書院)
早田旅人　二〇一四年『報徳仕法と近世社会』(東京堂出版)
東野将伸　二〇一五年「豪農経営と親族ネットワーク――備中国後月郡簗瀬村本山成家を題材に」(『ヒストリア』二四九号)
平野哲也　二〇〇四年『江戸時代村社会の存立構造』(御茶の水書房)
福澤徹三　二〇一二年『一九世紀の豪農・名望家と地域社会』思文閣出版)
福澤徹三　二〇二〇年「近世前期における土豪金融の特徴」(中村只吾・渡辺尚志編『生きるための地域史――東海地域の動態から』勉誠出版)
福澤徹三・渡辺尚志編　二〇一四年『藩地域の農政と学問・金融』(岩田書院)
牧原成征　二〇〇四年『近世の土地制度と在地社会』(東京大学出版会)
町田哲　二〇〇四年『近世和泉の地域社会構造』(山川出版社)
萬代悠　二〇一九年『近世畿内の豪農経営と藩政』(塙書房)

水本邦彦　一九八七年『近世の村社会と国家』（東京大学出版会）
藪田貫　二〇一六年『国訴と百姓一揆の研究　新版』（清文堂出版）
山崎圭　二〇〇五年『近世幕領地域社会の研究』（校倉書房）
山﨑善弘　二〇〇七年『近世後期の領主支配と地域社会――「百姓成立」と中間層』（清文堂出版）
山本太郎　二〇一〇年『近世幕府領支配と地域社会構造――備中国倉敷代官役所管下幕府領の研究』（清文堂出版）
吉田伸之　二〇一五年『地域史の方法と実践』（校倉書房）
吉田ゆり子　二〇〇〇年『兵農分離と地域社会』（校倉書房）
渡辺尚志　一九九八年『近世村落の特質と展開』（校倉書房）
渡辺尚志　二〇〇七年『惣百姓と近世村落――房総地域史研究』（岩田書院）
渡辺尚志　二〇二〇年『日本近世村落論』（岩波書店）

15 歌舞伎・浄瑠璃にみる民衆文化

神田 由築

はじめに――人形浄瑠璃に注目して

ここでは民衆文化――とりわけ芸能文化について論じる。文化史といえば、教科書でたいてい各章の末尾に配置される、いわば政治や経済・社会の〝おまけ〟のようなイメージがあるのではないだろうか。しかも難しい用語も多く、歴史の流れを理解しにくい。この馴染みの薄い分野をどうとらえたらよいのか。その課題と可能性を考えるために、まず具体例として「人形浄瑠璃」に注目してみたい。

『詳説日本史』(日探 山川出版社 二〇二三)では「人形浄瑠璃」および「浄瑠璃」「人形芝居」は四カ所に登場する(以下、同書を教科書の例として用いる)。

①桃山文化　十七世紀初めに阿国歌舞伎を模倣した女歌舞伎や、高三《たかさぶ》隆達《りゅうたつ》がうたいはじめた隆達節が流行したとの記述に続いて、「中世以来の語り物である浄瑠璃に琉球から伝来した三味線を組み合

わせた人形浄瑠璃も生まれた」とある（一四八頁）。これが「人形浄瑠璃」の初出で、太字表記になっている。

②元禄文化　「近松は、現実の社会や歴史に題材を求め、義理と人情の板挟みに悩む人々の姿を、人形浄瑠璃や歌舞伎の脚本に描いた。近松の作品は人形遣い辰松八郎兵衛らが演じ、竹本義太夫らによって語られて民衆の共感を呼んだ。その語りは、義太夫節という独立した音曲に成長していった」とあり（一八八頁）、義太夫節が人形浄瑠璃に新境地を開いたことが詳しくまとめられている。

③宝暦・天明期の文化　近世中期の文学が広く民衆に受け入れられたという記述に続いて、「浄瑠璃では、十八世紀前半に竹田出雲（二世）が、また天明期（一七八一～八九年）の頃に近松半二が出て、すぐれた作品を残した。歌舞伎は、十八世紀後半から江戸を中心に隆盛を誇り、寛政期（一七八九～一八〇一年）には中村・市村・森田（守田）の江戸三座が栄えた。浄瑠璃は徐々に歌舞伎に圧倒され、人形操りから離れて、座敷での唄浄瑠璃（座敷浄瑠璃）へと移り、一中《いっちゅう》節・常磐津《ときわづ》節・清元《きよもと》節などが生み出された」とある（二〇二頁）。浄瑠璃と歌舞伎が民衆文化を代表する芸能であることと、浄瑠璃から歌舞伎に人気が移行したことが示唆されている。

④化政文化　「人形浄瑠璃」「浄瑠璃」の記述はなく、「歌舞伎をまねた村芝居（地芝居）や人形芝居が各地で取り組まれ」（二一八頁）と、地方での「人形芝居」のみ言及されている。

　こうして並べてみると、教科書における「人形浄瑠璃」のハイライトは元禄期（一六八八～一七〇四年）であることがよくわかる。だが、人形浄瑠璃の〝黄金時代〟はむしろ近松以後の延享・寛延期（一七四四～五一年）に訪れた、というのが研究上の定説である［鳥越ほか編　一九九八］。この頃、人形浄瑠璃の本拠地である大坂道頓堀では竹本座と豊竹座が競い合い、いわゆる三大名作(『菅原伝授手習鑑』『義経千本桜』『仮名手本忠臣蔵』)をはじめ数々の人気作品が生み出された。十八世紀前半の竹田出雲(二世)こそがその立役者の一人なのだが、教科書の記述ではとうてい伝わらない。そのうえ、十九世紀にはあたかも浄瑠璃(義太夫節)は衰退し、これと切り離された人形芝居が地方でもよおされたような印象すら受けるが、それは事実とは異なる。

このように、教科書記述と研究上の理解とのあいだにはギャップがある。しかし一方で、ここ数十年の研究蓄積が教科書記述を変えてきたのも確かである。そこで、近年の研究成果がどのように教科書記述に反映されたのかを確認しながら、今後の文化史研究および教科書記述の課題とは何かについて、これから論じたい。

1　都市史研究と芸能史研究の成果から

三都と地方の文化

第一の研究成果は、都市史研究である。一九八〇年代頃から本格化した都市史研究において、文化の問題は都市社会の構造と関連づけてとらえ直された。とりわけ吉田伸之氏の研究が二つの点から注目される[吉田 二〇〇三]。一つ目は、江戸の狂言座(中村・市村・森田座の三座)を発信源とする歌舞伎芝居が、「文化ヘゲモニー」として寺社境内や広場・広小路における芝居にまで〝普及〟する過程を描き出し、都市の重層的な社会構造と芸能文化の階層性とをリンクさせた点である。二つ目は、狂言座の芝居とは異なる、都市下層――これ自体も二重構造になっている――を中核とする独自の民衆文化の拠点として寄席をとらえ直し、「民衆的文化へゲモニー」の多元性を説いた点である。

教科書第一〇章四節「化政文化」の「民衆文化の成熟」の項の冒頭に、「三都をはじめ、多くの都市で常設の芝居小屋がにぎわい、また盛場では見世物・曲芸・講談などの小屋、さらに町人地でも多数の寄席が開かれるなど、都市の民衆を基盤とする芸能が盛んになった」とあるのは、こうした都市の民衆文化の研究成果をふんだんに取り入れたものであろう。さらに続けて「歌舞伎では、七代目市川団十郎(中略)らの人気役者とともに、鶴屋南北らすぐれた狂言作者が出て人気を得た。これらは、錦絵や出版物、また三都の役者による地方興行などによって、全国に伝えられ(後略)」と、全国レベルでの歌舞伎文化の〝普及〟の様相が描かれ、民衆文化の解像度は確実に上がったといえる。

だが、この教科書記述は、詳細にみれば問題もある。「これら」とは文脈からみて、おもに三都の人気役者による歌舞伎、または鶴屋南北らによる歌舞伎を指しているとみられる。たしかに、三都の役者による地方興行が、全国規模での歌舞伎の普及に大きく貢献したのは間違いない。しかしそれは、例えば江戸で初演された鶴屋南北の芝居が、そのまま地方に伝えられたことを意味しない。なぜなら、十九世紀に「全国に伝えられ」「村芝居」でも取り組まれた歌舞伎は、多少の地域差はあるものの、南北作品のような純歌舞伎(歌舞伎のために書き下ろされたもの)ではなく、圧倒的に義太夫狂言(人形浄瑠璃を歌舞伎に移入したもの)だったからである[神田 二〇一五]。

これは一見、些細なことに思えるかもしれない。義太夫狂言だろうと純歌舞伎だろうと、大した違いはないのではないかと。しかし、この小さな亀裂は、より大きな課題へとつながっている。第一に芸能史研究と歴史学研究がうまく接続していないこと、第二にそのいずれの研究においても地方芝居の実像の解明が十分でないこと、第三に、そのため芸能文化の総体的なイメージをいまだ教科書で正確に提示できていないこと、である。

地方芝居の実像

芸能史研究では、義太夫狂言が歌舞伎の主要演目を占めていることは周知の事実である。そのうえで、歌舞伎(義太夫狂言)と人形浄瑠璃の関係をどうとらえたらよいのかということが、それぞれの演劇としての構造や、相互の演技・演出の影響関係の点から議論されてきた[「歌舞伎学会編 一九九八」]。しかし、地方芝居の実態は、そうした演劇としての〝本質論〟とは異なる次元にある。興行主が歌舞伎と人形浄瑠璃のどちらを選択するかは、その地域の観客の嗜好や金銭的な事情(歌舞伎芝居の方が費用がかかる)、あるいは具体的な一座との日程調整、といった実務的なところで決定された。村芝居の場合は、土地の慣例として歌舞伎芝居をやるか人形芝居をやるかが決まっていたが、どちらにしても演目は共通している。地方の人々は義太夫狂言と人形浄瑠璃を、まったく〝現実的な〟次元で、同じ「浄瑠璃」(義太夫節)から生まれた〝兄弟〟のような感覚でとらえていたとみられる。豊前国北原村や豊後国馬場尾村など専業の芸能者が集住する地域の中には、同じ村内に歌舞伎と人形浄瑠璃の座が存在するところもあった。

歴史学研究が明らかにしてきたのは、こうした地方興行や村芝居の実像である。教科書にも「村芝居(地芝居)や人形芝居が各地で取り組まれ」と記述され、研究成果が反映されているようにみえるが、後述するように「浄瑠璃」の歴史的意義を過小評価し、人々の人気が浄瑠璃から歌舞伎に移行したととらえているようでは、まだ十分とはいえない。地方の人々にとっては、〝義太夫狂言と純歌舞伎のあいだ〟よりも〝義太夫狂言と人形浄瑠璃のあいだ〟の方が、よほど距離感が近かっただろう。地方芝居の実像により近づこうとするなら、義太夫狂言と純歌舞伎を同じ「歌舞伎」という言葉でくくることなく、それぞれの歴史的意義の相違にまで目配りしなければならない。だが、その動きはまだ鈍く、三都をはじめとする都市文化に比べて地方文化の印象が薄いことは否めない。これは教科書記述だけでなく、研究の現場においてもいえることである。地方文化の享受者の視線が不足している点では、芸能史研究も歴史学研究も同じである。

歴史用語としての「浄瑠璃」

教科書では「浄瑠璃」という用語についても若干の混乱がみられる。「浄瑠璃」は特定の芸能ジャンルを表す言葉ではなく、広く「語り物」を意味する総称である。十五世紀から十六世紀後半にかけて牛若丸(若き日の源義経)と浄瑠璃姫の恋物語が人気を博したことから、このような物語を語る芸能のことを「浄瑠璃」と呼ぶようになり、やがて浄瑠璃は三味線や人形芝居と結びつく(前述した①の段階)。その一つとして竹本義太夫による義太夫節が登場すると大人気となり(②の段階)、その後の人形浄瑠璃は義太夫節を用いたものが主流となる。十八世紀になると浄瑠璃はますます多様な分化を遂げ(③の段階)、上方や西日本では義太夫節の人気が高まる一方で、江戸では京都の都太夫一中から伝わった一中節、一中の門人の宮古路豊後掾の曲節(豊後節)から派生した常磐津節、富本《とみもと》節、清元節、新内《しんない》節と、江戸根生いの河東節《かとう》と荻江節《おぎえ》など、多様な浄瑠璃が流行した。江戸の浄瑠璃は上方にも伝わり、逆に義太夫節が江戸でも流行するなど、地域間交流も行われた。③の前半の「浄瑠璃」は大坂に拠点をおく義太夫節のことを、後半の「座敷浄瑠璃」は江戸を中心とする豊後節系統の浄瑠璃のことを指している。

たしかに十八世紀後半には人形浄瑠璃の本拠地であった竹本・豊竹座は退転するが、そのことと豊後節系統の浄瑠璃の流行は、直接的には関係がない。まして義太夫節の人気そのものが衰えたわけではない。むしろ逆にその頃から、芸能を生業としない「素人」が遊芸として義太夫節に親しむ「素人浄瑠璃」が盛んになりはじめ、義太夫節人気は北は松前から南は鹿児島まで全国規模でますます高まっていった[神田 二〇一五]。その点で③の記述は誤解を招く可能性がある。十九世紀には人々の関心が義太夫節から「座敷での唄浄瑠璃(座敷浄瑠璃)へと移」ったわけではなく、複数の浄瑠璃が並立し、人々の多様化する関心に応えていったのである。さらに前述したように、浄瑠璃(義太夫節)は歌舞伎に圧倒されて衰退したどころか、「義太夫狂言」という歌舞伎に姿を変え、または人形浄瑠璃としても、全国各地の芝居小屋や村芝居、祭礼などで上演され続けた。そこで上演された作品の多くは、いわゆる黄金時代前後に生まれた浄瑠璃である。〝黄金時代〟たるゆえんは、こうした後代にわたる影響力にも存在するといってよいだろう。

このように、とくに一般的に馴染みが薄い芸能用語については、どのような社会において、どのような役割を果たしてきたのかを、歴史用語として位置づけ直す必要がある。

2　身分研究の成果から

文化の「担い手」

第二の成果は身分研究である。教科書第九章二節「幕藩社会の構造」の「身分と社会」の項には「近世の村や都市社会の周縁部分には、(中略)宗教者、(中略)知識人、(中略)芸能者、(中略)肉体労働者など、小さな身分集団が無数に存在した」とあり、また第一〇章四節「化政文化」の末尾には「町や村々を訪れる猿廻しや万歳《まんざい》、盲人の瞽女《ごぜ》・座頭などによる芸能が、人々を楽しませた」とある。このように多様な存在が盛り込まれるようになったのには、「身分的周縁」論の影響があろう[塚田ほか編 一九九四、久留島ほか編 二〇〇〇、後藤ほか編 二〇〇六〜〇八]。

「身分的周縁」論とは、いわゆる「士農工商」という固定的な身分制の枠組みではとらえきれない周縁的な人々の営みを描き出すとともに、諸集団／諸存在をめぐる関係性や〝場〟(物理的な空間の場合も、概念的な領域の場合もある)の構造を分析するために提起された方法論である。もちろん身分に関する記述が充実してきたのは、「身分的周縁」論のみの成果とはいえないが、それが喚起した研究上の議論も含めて、周縁的な人々への関心の高まりが反映された結果といえる。

身分研究の進展は、たんに周縁的な存在にスポットを当てただけでなく、教科書の叙述スタイルに対して「文化の担い手とは誰か」という問いを投げかけた。その意味は非常に大きい。文化史の叙述では、作品やジャンルの制作に直接携わった人物が取り上げられるのが通例である。それは紙幅の制限などやむをえない事情によるものかもしれないが、だがそうした叙述スタイルがいつのまにか、文化の「担い手」とはこういうものである、という固定観念をつくってきた可能性がある。

それに対して、いまや研究の世界では文化の「担い手」を多角的な視点からとらえるようになっている。あらゆるモノやコトの「商品化」が進んだ近世においては、文化的な営みも一大産業となり、それに関わる存在や事象の関係性は時間がたつにつれて複雑化していった。「身分的周縁」論によって、こうした多様な存在どうしの関係性や〝場〟の構造が分析された結果、様々な局面で文化的事象に携わる「担い手」の存在が明らかになってきたのである。例えば歌舞伎芝居であれば、役者や座元はもちろん、芝居小屋で働く人々(表方・裏方)、番付などを出版する版元、芝居茶屋など、膨大な人々の生業がそこに関わる。浮世絵や書物の出版においても同様である。

さらに村芝居や素人浄瑠璃などの存在を考えると、もはや「担い手」が特定の身分や職分でとらえられないことは明らかである。それどころか武家や公家など支配階層までもが、こうした民衆文化に親しんだ。芸能を専業とする諸身分が賤視されることが多かった一方で、少なくとも文化の享受という局面では身分横断的な動きがみられたことは、近世社会の特質を考えるうえで非常に注目される。吉田氏が「民衆的文化へゲモニー」と呼んだのは、このように文化へゲモニーが「卑賤」に握られていることに由来する。

では、日本と異なるかたちで支配階層が〝文〟や〝知〟を握っていた東アジアの他地域ではどうだったのか――一般民衆が芸能者に扮することがあったのかどうか、誰がどのように芸能に携わっていたのか――などまで考えを進めていくと、多様な「担い手」が織りなす事象が、ときに国際関係におよぶ政治性をおび、ときに経済活動そのものであることがわかってくるだろう。文化史は決して〝おまけ〟

でもなければ、孤立的な分野でもない。

作品世界を読み解く

ところで、いわゆる黄金時代前後の浄瑠璃(以下、義太夫節を指す)がなぜ爆発的な人気を得たのか、その秘密を解く一つの鍵も「身分的周縁」にある。というのも、人気作品の主要人物にはほかならぬ「身分的周縁」が多く含まれるからである。当時の時代物浄瑠璃は、武士や公家の世界といった「時代」の骨格に、百姓や町人の生活世界を描く「世話」場を組み込む構造をもっていた。そこに、現実世界でも武家・公家社会と百姓・町人社会とをつないでいた「身分的周縁」の登場人物たちが描き込まれ、芝居と現実の回路となって人々に新たな作品世界を開いたのである。例えば『菅原伝授手習鑑』の松王丸(百姓出身の舎人)、『仮名手本忠臣蔵』のお軽・平右衛門(百姓出身の腰元・足軽)、『双蝶蝶曲輪日記《ふたつちょうちょうくるわにっき》』の南方十次兵衛(郷代官)など、人々は彼らがまさにその周縁性ゆえに葛藤する姿に魅了されたた[神田 二〇一〇・二〇一五]。

ほかにも近世の社会状況を題材に取り入れた歌舞伎・浄瑠璃作品は少なくない。池内敏氏や杉本史子氏は十八世紀後半以降の作品から、同時期の対外意識や重層的な「世界」認識を探り出した[池内 一九九九、杉本 二〇二二]。また内山美樹子氏は、正徳の治や寛政の改革、大名家の御家騒動などの政治動向に重ねて作品の内容を読み解いている[内山 一九八九]。芸能作品はフィクションだが、近世の人々の観念や意識にせまるのには格好の素材でもある。そして、おおよそ享保期(一七一六～三六年)以降に鋭い社会性を備えた作品が増え、それを人々が求めたことこそが、この時期が近世社会の一つの転換期だったことを物語る。社会の転換期と浄瑠璃の黄金時代が同時期なのは偶然ではない。

3　文化史の可能性

芸能文化と〝書物知〟

本稿では芸能文化を中心に述べてきたが、そのほかの文化事象——例えば書物文化などとどのように関わるのかについて補足したい。

人形浄瑠璃は、人形芝居と浄瑠璃が合体して成立した芸能である。人形芝居は身体の芸能という点で歌舞伎役者の芸に通じるものがある。天保の改革時に大坂で人形遣いに歌舞伎役者と同様の居住地制限が加えられたのは、彼らが芸態ばかりでなく身分的・社会的にも役者に近い存在とみなされていたことを表している。一方、言葉と音曲の芸能である浄瑠璃は、身体芸の要素を有しながらも、太夫が「床本」の詞章を語るスタイルが象徴するように、神道講釈や軍書講談などが体現する〝書物知〟にも連なるものであった。実際に、浄瑠璃正本や稽古本はそのまま出版物としても流通している。

こうした浄瑠璃が紡ぎ出す道徳観や歴史観などが、歌舞伎が強烈にアピールした衣裳や髪型などの風俗的な要素とはまた異なる位相で、民衆の生き方そのものに影響をおよぼしたことは想像にかたくない。横田冬彦氏は、元禄・享保期に確立した出版文化が、〈日本という国家〉についての知識や観念、あるいは〈日本人〉という意識を、書物という媒体を通して人々の共通認識＝〈常識〉として広くかつ均質に普及させ、その常識＝思考の枠組みのもとで人々は読者となり聴衆・観客となった、と説いている[横田 二〇一八]。近松門左衛門の浄瑠璃などは、その一角をなしていたとみなしてよいだろう。

しかし、これまで述べてきたように、近松以後に浄瑠璃は新たな時代を迎える。その後、全国を席捲した浄瑠璃の人気を考えると、それは一面では旧来の〝書物知〟をかたどっているかのようにみえて、他面では、ちょうど同時期に顕著に表れはじめた身分意識や社会構造の変容に直面した民衆が、より感覚的に選び取った自己表現の「物語」だったのではないかと思われる。杉本氏は初代並木五瓶の言葉を引いて、歌舞伎作者が儒学などの体系化された知識への対抗意識をいだいていたことを指摘しているが[杉本 二〇二二]、歌舞伎であれ浄瑠璃であれ、作者たちは〝書物知〟を意識しつつも、それを相対化したところに自らの存立基盤を求めるようになったということではないだろうか。

そうなると気になるのが近代への道程である。山室信一氏は西欧的モデルである国民国家形成が非西欧的社会である日本で達成されるにあたって大衆演芸(歌舞伎・落語・講談など)がユニークな機能を果たしたことを[山室 一九八五]、佐々木隆爾氏は民衆に広く愛された「語り芸」が近世から近代に至る民衆文化の基層を形成したことを指摘する[佐々木 一九九六]。大衆演芸ないし「語り芸」には多様なジャンルの芸能が含まれるが、それらが浸透する基盤を形成したという点において、十八世紀後半頃から全国津々浦々に広まった浄瑠璃(義太夫節)が果たした役割には、絶大なものがあったと考えられる。一方で、軍談や琵琶、浪花節などは、明治二十年代後半から戦争談などを通して国家による国民教化の一つの手段として利用されるようになることも指摘されており[安田 二〇〇八]、近代化と芸能の関係の解明には、なお議論が必要であろう。また、これらの芸能が醸成した民衆の観念や意識が、いわゆる通俗道徳や民衆儒学とどのように関係し、どのように近代につながっていくのか。それはまだこれからの研究課題である。

「伝統」とは何か

最後に、文化史の教育について私見を述べたい。歌舞伎や浄瑠璃など「伝統芸能」にどのような歴史的評価を与えるのかは、文部科学省の学習指導要領によって「伝統や文化に関する教育」が重視されるようになった現場では、かなり慎重を要する課題ではないかと思われる。たしかに文化には継続的な側面がある(それはそれで「〇〇文化」という便宜的な区分との整合性が難しい面もあるが、そのことはここでは問わない)。だが、「継続」性をそのまま「伝統」性とみなすことは、とても安易で危うい行為である。

本来の「伝統」性とは、ある作品／ジャンルが誕生した瞬間から現代まで、様々に姿かたちを変化させてきた、その具体的な歴史的段階の中にこそ求められるものである。単純に「現代まで存続してきた」ことのみで評価するのではなく、つねに社会との緊張関係を抱えながら、そのときどきを懸命に生きた人々の思想や情感を鋭敏に映し出してきた内実と向き合うことが、文化史の醍醐味でもあり使命でもあるのではないだろうか。

〈**参考文献**〉

池内敏　一九九九年『「唐人殺し」の世界――近世民衆の朝鮮認識』(臨川書店)
内山美樹子　一九八九年『浄瑠璃史の十八世紀』(勉誠社)

歌舞伎学会編　一九九八年『歌舞伎の歴史――新しい視点と展望』（雄山閣出版）
神田由築　二〇一〇年「近世の身分感覚と芸能作品――『双蝶蝶曲輪日記』にみる」（『お茶の水史学』五三号）
神田由築　二〇一五年「芸能と文化」（『岩波講座日本歴史13』岩波書店）
久留島浩・高埜利彦・塚田孝・横田冬彦・吉田伸之編　二〇〇〇年『近世の身分的周縁』全六巻（吉川弘文館）
後藤雅知・斎藤善之・高埜利彦・塚田孝・原直史・森下徹・横田冬彦・吉田伸之編　二〇〇六〜〇八年『身分的周縁と近世社会』全九巻（吉川弘文館）
佐々木隆爾　一九九六年「近代日本史像の再検討――「平民主義」史観を手がかりに」（『歴史科学』一四五号）
杉本史子　二〇二二年『絵図の史学――「国土」・海洋認識と近世社会』（名古屋大学出版会）
塚田孝・吉田伸之・脇田修編　一九九四年『身分的周縁』（部落問題研究所）
鳥越文蔵・内山美樹子・渡辺保編　一九九八年『岩波講座歌舞伎・文楽9　黄金時代の浄瑠璃とその後』（岩波書店）
安田宗生　二〇〇八年『国家と大衆芸能――軍事講談師美當一調の軌跡』（三弥井書店）
山室信一　一九八五年『近代日本の知と政治――井上毅から大衆演芸まで』（木鐸社）
横田冬彦　二〇一八年『日本近世書物文化史の研究』（岩波書店）
吉田伸之　二〇〇三年『身分的周縁と社会＝文化構造』（部落問題研究所）

16
列島北方の社会と交流——アイヌ史の観点から

谷本　晃久

はじめに

近年の教科書を見渡すと、日本列島の南北に位置する琉球・沖縄の社会とアイヌ社会の歴史を特立させて説明するパートの組み込まれることが少なくないことに気づく。このうちアイヌ社会に関していえば、「先住民族史」としての説明が、近現代史の叙述と呼応するかたちでなされる例が散見される。

その背景には、二〇〇七年九月に国連総会で「先住民族の権利に関する国際連合宣言」が採択され（日本政府も賛成）、翌二〇〇八年六月に衆参両院で「アイヌ民族を先住民族とすることを求める決議」が可決されたことがある。決議を受けた内閣官房長官談話が出されたことにより、政府としてアイヌ民族を日本列島北部周辺の先住民族とすることを前提とした行政を実施することが明示され、その後、二〇一九年五月施行の「アイヌ施策推進法」において、アイヌ民族がわが国の「先住民族」として位置づけられたからである。同法第五条には「国及び地方公共団体は、教育活動、広報活動その他の活動を通じて、アイヌに関し、国民の理解を深めるよう努めなければならない」と定められているが、これは学校教育において重要な意味をもつ。

二〇一七年から二〇一八年にかけて行われた学習指導要領の改訂などでは、前述の法的・政策的経緯を反映し、小学校社会(第6学年)・中学校社会(歴史的分野)・高等学校歴史総合・同日本史探究において、アイヌの歴史や文化について触れるべきことが明示された。また、学習指導要領などに明記のない教科でも、例えば中学校社会(公民的分野)において、人権教育の観点から、アイヌ民族への差別の撤廃や先住民族の権利について触れられることも少なくない状況となっている。つまり、学校教育を通じた先住民族アイヌの歴史・文化・人権などについての理解の促進が、おおやけに求められているわけである。

本稿では、こうした社会的潮流を受け、通史としてのアイヌ史の「近世」に関する見通しを述べてみたい。それは取りも直さず、近世日本列島北方域を囲繞《いにょう》する南の日本、西北の中国清朝、北東のロシアとの交流の中で成熟した伝統的個性の姿を、歴史的にとらえることに通ずると考えるものである。

1　近世の列島北方域

近世の日本列島北方地域の社会と交流を考える際にふまえておくべきは、その範囲と歴史的個性の姿についてであろう。まず、その地域的範囲について、**図1**によりながら俯瞰してみたい。

十九世紀前半における日本列島に暮らした人々を、その母語により区分すると、大きく分けて三つの言語話者からなっていることに気づく。Aアイヌ語、B日本語、並びに小笠原諸島の欧米系住民の話したC英語がそれである。このうち、B日本語は、大きく二つの方言からなっている。B－1本州・四国・九州を中心とした本土方言(和語)、B－2奄美・沖縄・先島を中心とした琉球方言(琉球語)がそれである。言語は文化を規定する。B－1日本語本土方言の話者は和風の文化を醸成させ、日本国を形成した。B－2日本語琉球方言の話者は琉球・沖縄文化を醸成させ、琉球国を形成した。では、アイヌ語の話者はどうか。

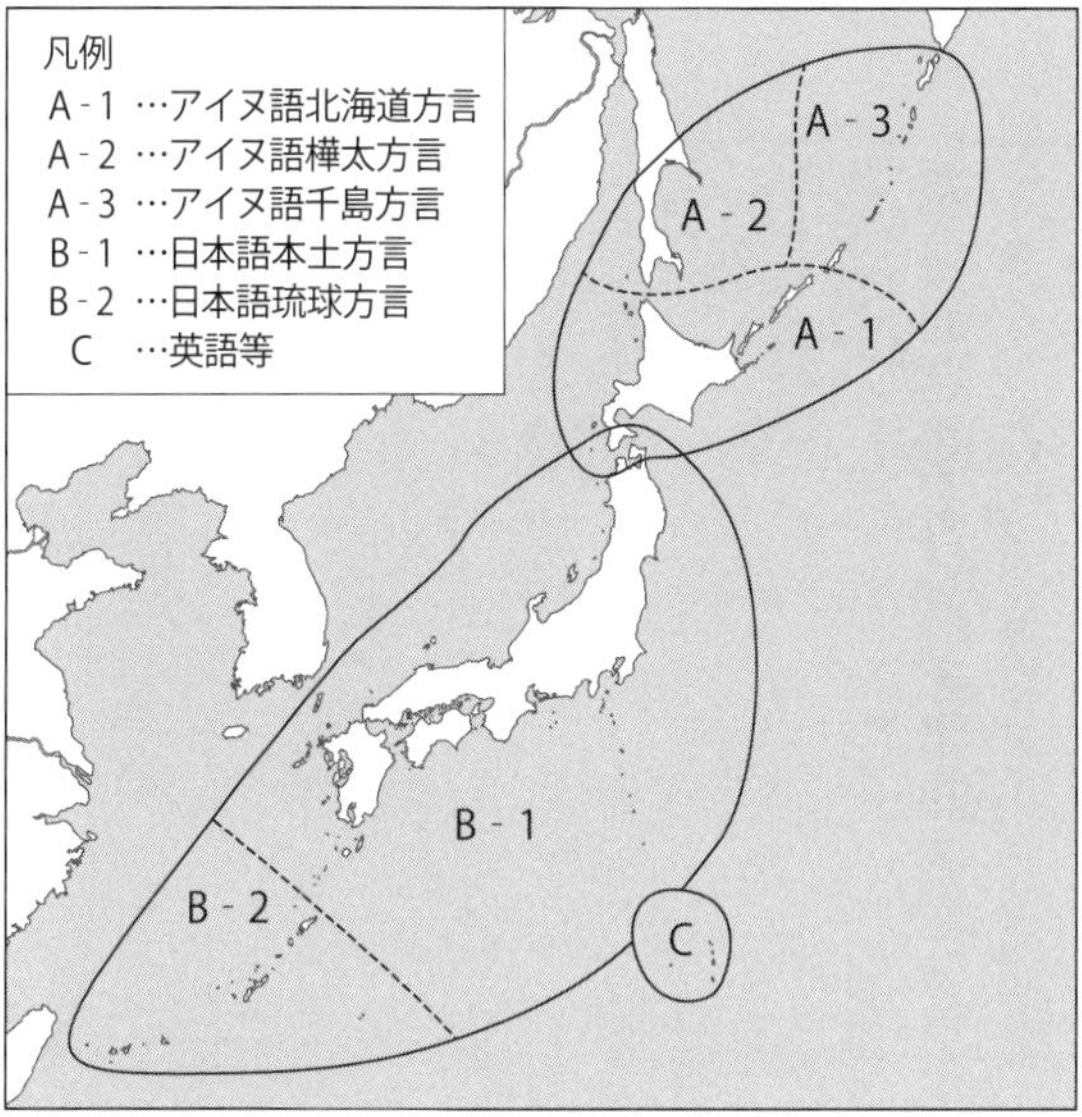

図1　19世紀前半における日本列島の言語・文化集団(概念図、[谷本 2004]より作成)

近代の言語学の叙述によると、Aアイヌ語は、三つの大きな方言からなっている。A－1北海道・南千島の北海道方言、A－2サハリン(樺太)南部の樺太方言、A－3千島列島北部・中部の千島方言がそれである[服部編 一九六四]。近代の民族誌では、このそれぞれの話者集団を、北海道アイヌ・樺太アイヌ・千島アイヌと叙述するのが一般的である［佐々木 二〇〇一など］。

考古学の藤本強氏は、日本列島の基層文化を北の文化、中の文化、南の文化に三分するモデルを提示したが［藤本 二〇〇九］、このうち中の文化は和風文化に、南の文化は琉球・沖縄文化にそれぞれ収斂していく個性を指している。一方、北の文化はアイヌ文化に収斂していく個性を指している。ここで留意すべきは、日本語の話者集団が大きく二分されるのと同レベルで、アイヌ語の話者集団の三つの個性をとらえるべき、ということである。

これに加え、十八世紀のある時期までは、本州北端の津軽・夏泊・下北の三半島北縁に、いわゆる本州アイヌの姿が確認され、弘前・盛岡両藩により百姓とは区分された支配がなされている［浪川 一九九二ほか］。近世の列島北方域は、こうした文化伝統のうえに、いわゆる「近世化」が果たされる舞台としてとらえるべきだろう。

2　列島北方域の文化的個性と交流

ここで留意すべきは、A－1北海道アイヌの暮らしの範囲の中に幕藩制国家の一翼をなす松前藩領国（松前地＝和人地）があり、またA－2樺太アイヌの中に清朝から官職を得た家（氏族）が確認され、またA－3千島アイヌが十八世紀以降、ロシアにヤサーク（毛皮税）を貢納しキリスト教（正教）を受容した点である。つまり、近世の列島北方域を囲繞する南の日本、北西の清朝、北東のロシアとの交流の中で、この地域のメイン・プレイヤーたるアイヌ社会の三つの個性がきわ立ち成熟した、ということで

図2　近世北海道アイヌの文化(平沢屛山「アイヌ熊送の図」部分、紙本着色、幕末、函館市中央図書館所蔵)

ある。以下、近世に描かれた図を用いながら、やや具体的に確認してみよう。

図2は、幕末に描かれた箱館の絵師平沢屛山の手になる蝦夷地の祭礼図である。男女の髪形に注目すると、豊かな髭を蓄えて描かれる男性は月《さか》代《やき》を剃らず髷《まげ》も結っていない。男性に酒をつぐさまが描かれる女性は短髪で、結髪をなしていない。これらはA-1北海道アイヌのそれであり、B-1和風のそれとは異なっている。着衣に注目すると、アットゥシと呼ばれる自製の靭皮衣《じんぴい》や和製の木綿衣にアイヌ文様を刺繍した装束がある一方で、和製の陣羽織をまとった男性の姿も確認できる。ただし、その着こなしは、和風ならざるものであ

図3　近世樺太アイヌの文化（平手秀勝「文化五年辰七月下旬　蝦夷唐太北征従軍記」1808年、紙本着色ヵ、北海道郷土資料頒布会影印本、1934年紙焼写真版より）

る。図には和製品として、漆器や刀剣が描かれており、また注がれる酒も日本からの交易品ととらえてよいだろう。ただしここでも、例えば図に描かれる、漆を施した天目台に漆椀を重ねて酒を満たし、それを手にした男性がアイヌ自製のイクパスイ（捧酒箸）を用いてクマの霊に捧げる儀礼は、近世に成熟し現在にもその要素が継受される北海道アイヌの文化伝統を示しているのであって、移入和製品を独自のコードやモードにより主体的に用いている様子を看取すべきであろう。和製品交易の前提には、後述する場所請負制度のもとでの雇用の進展とともに、交易品生産にかかる熟達した漁業や狩猟の技術や工芸品制作の技法があり、これも現在に伝統として継受されている要素である。すなわち近世における北海道アイヌの文化伝統は、南に接する日本の文物を取り入れながら、高度に展開したものとみることができる。

図3は、十九世紀初頭に描かれた図で、サハリンに駐屯した会津藩士平手秀勝による記録の挿図である。樺太アイヌの長がクシュンコタンの会津藩陣屋におもむいている図であるが、二人の長の装束を

よくみると、裾に青海波、全体に竜の意匠が施されているようにみえる。これはいわゆる竜紋衣であり、蝦夷錦とも称される清朝の官服である。周知のように清朝は、収貢頒賞の制度により、官職に応じた官服を授けたが、アムールランドやサハリンの諸民族も例外ではなかった。平手はこの場面につき「夷人も着類等美を尽し、実に異なるかな、紅白黒を細きてつほう袖に真田の帯前にしめ、其形体に在て異風りんりんたる事、雪や花かと怪しまる」と記したうえで記述を進めて、こうした「異風」の長たちへ将軍の「武威」を示すことを、「豊臣家朝鮮征伐」の際に加藤清正が「明使」に示した「軍威」になぞらえる。清朝の権威を装束を通して可視的に示す樺太アイヌの長の姿が、平手の認識では明朝の使節に重ねられているわけで、こうした点からも、北西の中国清朝との交流を前提に個性化した樺太アイヌの文化伝統をうかがうことができるだろう。

図4　近世千島アイヌの文化
(「クリル人図」ゲオルギ、J・G『ロシア帝国全民族誌』サンクトペテルブルク、1774年版、北海道大学附属図書館所蔵本)

図4は、一七七四(安永三)年にロシアのサンクトペテルブルクで出版された『ロシア帝国全民族誌』と題された書籍に載せられている図である。書名を直訳すると「ロシア帝国内に居住せるすべての民族についての記述」となり、この図の像主がロシア帝国の臣民を構成する民族の一つであることが示されている。この書の所載図には、それぞれ三カ国語からなるキャプションが付されているが、この図には上から露文・独文・仏文でそれぞれ「クリル人」と記す。改めて図をみると、弓矢を携えた

男性が、アイヌ文様のようにみえる装束を身に着けている様子が見て取れる。クリルとはクリル諸島、すなわち千島列島を示すから、この図はA－3千島アイヌを示すとみてよい。十九世紀初頭に北千島から南千島のヱトロフ(択捉)島に来航した千島アイヌ(クリル人)を尋問した日本側の記録をみると、十字架や聖母子像をモチーフとしたイコンを所持し、イワンやマリアなどといったクリスチャンネームを名乗っていたことが知られ、箱館奉行所ではこれを「此方の夷人」とは区別し「ヲロシヤ属島ラショア島」の「蝦夷人」とみなし、「異国境」の外なるロシアの民として認識している様子がうかがえる(『休明光記』)。実際、一八〇三(享和三)年以降、ヱトロフ島以東からの千島アイヌの蝦夷地来航は禁じられ、千島アイヌの近世的諸要素はロシアとの関係を軸に、より個性化していくことになる。

以上、三葉の図に即しながら、近世日本列島北部に展開したアイヌ文化の三つの個性について、素描をしてきた。繰り返すが、この地域のいわゆる「近世化」の姿は、南の幕藩制国家日本、北西の中国清朝、北東のロマノフ朝ロシア帝国と切り結ぶかたちで個性化し成熟していたことが明らかであろう。そしてこれらの個性は近代に継受されていくわけだが、一八六九(明治二)年の北海道設置、一八七五(明治八)年の樺太・千島交換条約を契機として、大きな変容を余儀なくされていくことになる。

なお前述のとおり、近世には本州東北地方北端に、アイヌ民族の暮らしのあったことが確認できる。いずれも津軽海峡・陸奥湾に面する、弘前藩領の津軽・夏泊両半島北縁、並びに盛岡藩領の下北半島北縁が、その生活域であり、「狄《えぞ》」などとして「百姓」と区分した支配がなされた。ただし、両藩ともに十八世紀のうちにそうした民族別支配をあいついで停止したため、その民族的個性を史料のうえからうかがうことは、はなはだ困難である。これもまた、「列島北方の社会と交流」を示す一側面であると考えられよう。

3 支配の構造

それでは、近世の日本列島北方域は、これを囲繞する三つの国家からどのような政治・経済的な編成を受けていたのだろうか。これもごく駆け足に確認してみたい。

日本（幕藩制国家）との関係

南の日本については、教科書の叙述にあるように、近世には幕藩制国家を構成する松前藩、あるいは十八世紀末以降の幕領期には遠国奉行により、「蝦夷地」支配がなされたことが確認できる。松前藩は、藩主松前氏（近世初頭に蠣崎氏を改姓）が中世以来の旧族大名として位置づけられるが、室町時代には津軽安東（安藤）氏（近世には秋田氏と称す）の被官であり、豊臣秀吉の時代に独立大名として朱印状を受けたという経緯があるから、豊臣大名とみなすこともできる。それでも秀吉朱印状で認められた領主権は、港湾検断権を軸としたもので、松前氏の達成した当知行権とみることが妥当であり、徳川家康もこれを黒印状で整理追認した。

徳川家康の黒印状で認められた領主権は、松前に日本商船とアイヌ船を迎え、当地の静謐を担保することを条件に、両者の取引を独占的に検断するものであり、これを研究史のうえでは「城下交易」と呼んでいる。アイヌ口承文芸では松前へおもむいての対和人交易をウイマム(uymam)というが、アイヌ文化史の児島恭子氏はこれを城下交易期の姿がモチーフとされた「初期ウイマム」であるとする見解を示している［児島 二〇〇八］。

その後、十七世紀を通じて、松前藩は交易の現場を松前から蝦夷地へ移す動きをみせるようになる。蝦夷地での交易ポイントは「商場《あきないば》」と呼ばれ、おおむね地域の大河の河口など船路に便利な場所であり、アイヌ語地名に散見される「トマリ」(和語の「泊」からの借用語とみなされる)という語との関連が想起できる。その「商場」へ松前から和製品を積載した船を派遣し、蝦夷地の産物と交易する権利は領主権とみなされ、藩主直轄もしくは藩主から藩士への知行の単位とされた(商場知行制度)。これにより、日本市場への出入荷権は藩主もしくは知行主が独占するところとなり、蝦夷地のアイヌにとっては、いわば押し売り・押し買いが強いられる結果をまねくこととなった。**図2**でみたように、近世の北海道アイヌの文化は和製品の移入があることを前提に成り立っていたからである。

よってアイヌ社会に反発が内在化し、一六六九(寛文九)年には不満を代理し反松前の軍勢を比較的大規模に動員することに成功したシャクシャインの挙兵による軍事紛争が生じ、渡島半島太平洋岸北部のクンヌイで松前藩勢と交戦するに至ったが、結果的にシャクシャイン側の敗北となった(シャクシャインの戦い)。その戦後処理の過程で、商場知行制にともなう商場交易が一般化し、アイヌ民族の松前訪問は継目御礼《つぎめおんれい》などなかば服属儀礼化し(後期ウイマム)、アイヌ民族の「商場緊縛」などと評される状況が一般化することとなった［高倉 一九四二、榎森 二〇〇七など］。

その後、藩主や商場知行主は、経済的困窮の状況を受け、十八世紀半ばには商場への交易船派遣の権利を、巨額の運上金(実際には借金の清算)と引きかえに、商人(借金の金主)へ請け負わせる方式が一般化していく。これを、場所請負制度という。場所請負制度は、商場知行制のもとで生じた方式で、当初は場所請負商人が商場交易に参入したかたちをとっていたが、巨額な運上金を回収しさらに収益をはかるべく、しだいに商場に集うアイヌ集団の生活域を面(「場所」)としてとらえ、従来の交易に加えその範囲に漁場を設け、大網を導入した漁業経営などを企てていくようになる。これを場所経営と称するが、経済史の中西聡氏は、商場交易段階の場所請負制度を「前期場所請負制度」、場所経営段階の場所請負制度を「後期場所請負制度」と区別して整理している[中西 一九九八]。

場所経営の浸透の中で生じた紛議として知られるのが、一七八九(寛政元)年のクナシリ・メナシの戦いである。松前勢とアイヌ勢の最後の武力紛争となったこの戦いは、商場交易に実績を欠く商人による新規請負にともなう漁業経営の性急な導入を要因として惹起した紛争であったと評価されるのが一般的である[菊池 二〇一〇、川上 二〇一一など]。この戦いを、現地の有力アイヌ首長の協力を取りつけつつ松前藩単独で鎮圧したことにより、以後、場所経営が全蝦夷地に一般化していくことになる。ただし、その戦後処理の過程で、幕府は紛争地の東方にロシアが進出していたことを懸念し、松前藩に「蝦夷地改正」と称する文書を提出させ、蝦夷地の先に「異国境」のあることを前提とした支配・防備体制の構築を約束させた。ここでいう「異国境」とは、ヱトロフ島・ウルップ島間の海峡と、サハリン島南部と観念されている。この時点では蝦夷地支配は松前藩に委任されていたが、その後、ラクスマン来航など直接的なロシア進出を受け、段階的に蝦夷地の上知が進められ、一八〇七(文化四)年には松前藩を転封させて松前・蝦夷地一円を幕府直轄とした。

その間も、一時、東蝦夷地で場所請負制が停止された時期はあったものの、場所経営は継続し、一八二二(文政五)年には松前・蝦夷地一円が松前氏に還付となった。松前藩では転封を奇貨とし、松前帰封後も藩士への商場知行は復さず、藩士への知行はすべて蔵米知行制(俸禄制度)に改めた。一方で、場所請負制は継続(東蝦夷地では再開)し、藩が入札で請負商人を選定する方式に改めることとなった。一般的にイメージされる、前貸精算制のもとで負債が恒常化し、雇用労働者として場所請負商人へ隷属していくようなアイヌ社会の困難は、こうした構造の中で深められていったものとみるべきだろう。ただし一方で、大網ではとれない俵物や昆布といった水産物、毛皮・鷲鷹などの狩猟物、また工芸品などの生産・出荷については相対《あいたい》での交易が継続し、これらの生産を支えるアイヌによる熟達した技能は近現代に継受されていくことになる。幕末にはペリーの来航にともなう開国・開港の中で、箱館が開港場とされ、また日魯通交条約(日露和親条約)により国際法上の国境が蝦夷地に定められたため、渡島半島西南部の松前藩領を除き箱館・蝦夷地は再び幕領となり維新におよんだが、場所請負制度のもとでの場所経営は継続した。

ロシア(ロマノフ朝)との関係

つぎに、北東のロシアとの関係について確認してみる。クナシリ・メナシの戦いの際に幕府の懸念したロシアの千島列島(クリル諸島)進出は、豊富な海獣資源、とりわけラッコ皮を求めるかたちで十八世紀を通じて行われ、エトロフ島の東に隣接するウルップ島がその根拠地として機能するに至っている[森永 二〇〇八など]。

一七七八～七九(安永七～八)年に蝦夷島(蝦夷ヶ島)東端部へ渡来したアンチーピンやシャバーリンら

ロシア使節の指揮系統は、女帝エカチェリーナ二世―元老院総裁ヴャゼムスキー公爵―イルクーツク県知事―カムチャツカ総司令官―オホーツク司令官―探検隊長(使節)という構図であった[佐々木監修二〇二二]。その際のロシア側の記録や、その後エトロフ島掛としてその行政に従事した近藤重蔵の記録などによると、クナシリ・メナシ地方のアイヌ首長の中には日露双方と交易関係を構築した者が存在しており、シャバーリンらを応接した松前藩もそれをふまえた双方の中継交易を容許する姿勢をみせたが、それは前述した幕府との「異国境」の共有や、幕府による千島アイヌの来航禁止により、閉ざされる結果となった[谷本二〇二〇]。その後、十九世紀に入るとロシアにより露米会社が設立され、一八二八(文政十一)年にはウルップ島にその支店である千島交易所が設けられ、以後経営が継続していくことになる。このように、十八世紀以降のウルップ島以東の千島列島には、ロシアの支配が貫徹しており、その中に近世千島アイヌの暮らしがあったことになる。

中国(清朝)との関係

目をサハリン方面に転じてみよう。北海道大学附属図書館には「樺太ナヨロ惣乙名文書(ヤエンコロアイヌ文書)」という一連の文書群が所蔵されており、国の重要文化財に指定されている。この文書群は、サハリン中西部ナヨロのアイヌ首長(ヤエンコロアイヌ)の家系に伝存した文書で、漢文(中国語)・満文(満洲語)・和文(日本語)の三言語で記述された公文書からなっている点で、近世のイエ文書としては特徴的な構成をなしていることで知られる。つまり、日本列島最北に位置するサハリン島の近世史を考えるうえで重要な、日本(幕府)・清朝(漢文・満文)の双方と交流をもっていたことが、文書群の構成からうかがうことができるのである。東洋史の松浦茂氏や文化人類学の佐々木史郎氏の研究によると、樺太アイヌを含めたアムールランド一帯の先住諸民族は十八世紀には「辺民」と位置づけられ、北京皇帝─吉林将軍─三姓副都統─デレン満洲仮府という支配系統で編成されていた[松浦 二〇〇六、佐々木 二〇〇五など]。こうした編成の中で、清朝が樺太アイヌから毛皮の貢納を受け、ハラ・イ・ダ(「長夷」)やカーシンタ(「次夷」)といった官職を与えるかたちで、収貢頒賞がなされていたことは前出のとおりである。

つまり、蝦夷島の北に位置する十八世紀のサハリン中部には、こうした清朝の辺民編成がおよんでいたことになる。先にみた**図3**は、右のような支配の姿を背景に読み解くとわかりやすい。こうした秩序は、しかし、日本との関係に応じて終焉する。十九世紀初頭に全蝦夷地が幕領となりサハリンを「北蝦夷地」とみなした際、デレンや三姓との交易(山丹交易)における樺太アイヌの抱える負債が問題となり、一八一二(文化九)年に山丹交易仕法替が実行され、この中継交易から樺太アイヌを原則排除し、アムール川下流域に暮らしたウリチ民族(山丹人)をサハリン西南端のシラヌシに迎え、幕府が直接管理をなす仕組みが構築されたのである(『北夷談』)。樺太アイヌに負債が生じたのは、松前側からの蝦夷錦要求に応えるため、頒賞でまかなえない分を山丹人から調達することが恒常化したためで、サハリンにおける狩猟圧による毛皮資源の枯渇ともあいまってのことであった。幕府(松前藩復領期は松前藩)はこの交易を維持するため、北蝦夷地のみならず東西蝦夷地や松前地、さらには本州北陸地方からも交易物資(テン皮やカワウソ皮)を調達するルートを整えた[長澤 二〇一一]。

なお、こうして入手される蝦夷錦は、前述のとおり清朝から授けられる官職に応じた官服であった。

近世日本は清朝と冊封(朝貢)関係をもたなかったことから、この山丹交易は唯一の官服入手ルートである。よって蝦夷錦は近世日本社会で珍重され、例えば京都祇園祭の山鉾を装飾するタペストリーとしてしつらえられる例が知られる。列島北方の交流が、生産や消費・文化の面で、本州以南にも影響をおよぼした一例であろう。一方、こうした中継交易からいわば排除されるかたちとなった樺太アイヌはこれ以降、基本的に後期場所請負制度のもとでその暮らしを展開し、樺太・千島交換条約へ至ることになる。

おわりに

以上、やや駆け足となったが、列島北方の社会と交流につき、おもにアイヌ史の視座から展望を試みてきた。もちろん蝦夷島のうち松前地には松前・箱館・江差の三湊が存在し、近世的な和人の暮らしが営まれ、さらには十九世紀以降、日本海岸の西蝦夷地南部には事実上の和人集落が成立・成熟するなど、蝦夷地にあって和人の姿のあることを前提とした在地社会が構築される地域もみられた。そこでは、アイヌの信仰と和人の信仰がいわば習合することもあり、また、和人の習俗にも本州以南の感覚からは「異風」とみなされ記録される独自性が示されることもあった〔谷本 二〇一五〕。一方で北海道アイヌの文化が、和製品のあることを前提に成熟した姿をみせたことについては、先に触れたとおりである。

こうした列島北方のいわば文化複合的な独自性は、キリスト教を受容した千島アイヌや、辺民編成を受容した樺太アイヌにも、それぞれの地域的個性に応じて確認できる。ともすれば和風の成熟をもって日本列島における近世社会の個性をみがちであるが、列島北方の暮らしに目を向けてみるならば、そこでこそ成熟した社会の姿が確認できるわけであり、それも近世日本列島社会に展開した多様な個性の一端を示している。わが国がアイヌ民族を「日本列島北部周辺、とりわけ北海道の先住民族」(アイヌ施策推進法第一条)として公的に位置づけた今、私たちの社会に共有され振り返っておくべき視点であると考える。

〈参考文献〉

榎森進編　二〇〇三・〇四年『アイヌの歴史と文化Ⅰ・Ⅱ』(創童舎)
榎森進　二〇〇七年『アイヌ民族の歴史』(草風館)
川上淳　二〇一一年『近世後期の奥蝦夷地史と日露関係』(北海道出版企画センター)
菊池勇夫　二〇一〇年『十八世紀末のアイヌ蜂起――クナシリ・メナシの戦い』(サッポロ堂書店)
児島恭子　二〇〇八年「アイヌ口承文芸からみる交易」(のち再録、本田優子編『伝承から探るアイヌの歴史』札幌大学附属総合研究所、二〇一〇年)
佐々木史郎　二〇〇五年「山丹交易と蝦夷地・日本海域」(長谷川成一・千田嘉博編『日本海域歴史大系第四巻』清文堂出版)
佐々木利和　二〇〇一年『アイヌ文化誌ノート』(吉川弘文館)
佐々木利和監修、谷本晃久、鈴木建治、ワシーリー・シェプキン編　二〇二二年『ロシア人による十八世紀後半クリル航海記録――一七七八・一七七九のクリル人ならびにエゾジのダイクワンとの接触』(北海道大学アイヌ・先住民研究センター)
高倉新一郎　一九四二年『アイヌ政策史』(日本評論社)
谷本晃久　二〇〇四年「アイヌ史の可能性」(小谷凱宣編『海外のアイヌ文化財――現状と歴史』南山大学人類学研究所)
谷本晃久　二〇一五年「蝦夷地・北海道に暮らした人びとの信仰と宗教」(島薗進・高埜利彦・林淳・若尾政希編『シリーズ日本人と宗教 近世から近代へ6　他者と境界』(春秋社)
谷本晃久　二〇二〇年『近世蝦夷地在地社会の研究』(山川出版社)
長澤政之　二〇一一年「藤野家文書『覚』にみる軽物の流通に関する一考察」(『北方島文化研究』九号)
中西聡　一九九八年『近世・近代日本の市場構造――「松前鯡」肥料取引の研究』(東京大学出版会)
浪川健治　一九九二年『近世日本と北方社会』(三省堂)
服部四郎編　一九六四年『アイヌ語方言辞典』(岩波書店)
藤田覚　二〇〇五年『近世後期政治史と対外関係』(東京大学出版会)
藤本強　二〇〇九年『市民の考古学7　日本列島の三つの文化――北の文化・中の文化・南の文化』(同成社)
松浦茂　二〇〇六年『清朝のアムール政策と少数民族』(京都大学学術出版会)
森永貴子　二〇〇八年『ロシアの拡大と毛皮交易――十六～十九世紀シベリア・北太平洋の商人世界』(彩流社)
横山伊徳　二〇一三年『日本近世の歴史5　開国前夜の世界』(吉川弘文館)

17 医療をめぐる社会と文化

海原　亮

はじめに

病気やケガは、人間の生活史と切り離せないできごとであり、それを治す存在＝医者は、古代からずっと活動していた。ただし、わが国の歴史上、職業としての医者が増えたのは近世、十七世紀に入った頃からである。戦国時代が終わり、兵農分離の制で武士とそれ以外の身分がはっきり分けられると、失業した金創医《きんそうい》(＝戦闘による負傷を治療する外科医)の一部が、生活の糧を得るため平民となって、開業医に転じた。全国各地で医者の活躍がみられるようになる要因の一つは、社会構造それ自体の変化にあったといえる。

医者の数が増加すると、より多くの人々に医療を提供することができる。経済・物流の発展にともなって、都市社会を中心として医学書や市販の売薬が普及した。当初、医薬の恩恵を十分に享受したのは、支配層である武士や、有力町人・商人など経済力を有する一部の人々に限られたけれども、近世社会は「病気やケガをしたら、医師にみてもらう」——現代では当たり前の、そんな考え方が浸透しはじめた時代だった。

1 近世の医者と医学

専門分化した近世の医学

現行の高校教科書で、近世の医療に関して語られていることは、ごくわずかである。『詳説日本史』（日探 山川出版社 二〇二三）は、第九章二節「幕藩社会の構造」の「身分と社会」に関する項の中で、村や都市社会の周縁部分に存在する「儒者・医者などの知識人」を取り上げる。

近世社会における「医者」の定義は難しい。現代と違って、公的な免許制度は存在しない。公儀＝幕府・藩は、基本的に医者が行う医療の内容には関知しないのである。享保期（一七一六〜三六年）だけは、例外的に、漢訳洋書の輸入緩和や小石川養生所の設置、採薬調査・薬園整備・朝鮮人参の国産化計画など、医薬系の施策がつぎつぎと実現した［大石 二〇一二］。しかし、これは八代将軍徳川吉宗の個人的な関心によるもので、恒常的な制度とはいえない。

近世の医界で主流の中国医学を理解するには、儒学の素養が不可欠である。医の根本を四書五経に求め、陰陽五行説を重視する。現実的な生活手段として医を職業とした儒者もみられた。当時の医者は、僧侶と同じく官名（法印・法眼・法橋）を名乗って、剃髪《ていはつ》する者が多い。これは近世以前の社会で、医薬に限らない専門の学識を主体的に掌握した層が、主として僧侶だったことに関係する。

当時の医療従事者は、公儀=幕府や藩に仕え、俸禄・扶持を給される士分・扶持人と、都市や町・村で営業する民間の医者が、身分上はっきり区別されていた。公儀に雇われた医者の基本的な役とは、領主とその家族、武士たちを診療し、それと同時に領域内の医療環境を整備することにあった。

近世の早い段階で、医の職分は個別の専科に分かれた。大半の者は本道=内科を専門ととなえたが、外科・眼科・小児科・口科・鍼医などの活躍も史料上、確かめることができる。前述の金創科や、産科・助産術は触穢の観念に深く関わるものである。

在地社会における医療の限界

近世の医療は、幕府(全国)レベルではなく、地域のまとまりを単位として実現した。人々の生命・生産の維持は、町・村などの単位、共同体の果たすべき機能とみなされた。共同体は、その本質的な役割の一つとして、医療の問題に関与した[渡辺 一九九七]。一部の村では個別に医師を雇い、人々の診療機会を確保した。村役人自らが医の知識・技術を学び、無償あるいは安価で医療行為を行う例もみられた[青木 二〇一二]。

在地社会では、活動する医者の数も限られる。そのため、遍歴する売薬商人や宗教者がその役割を補完した。彼らの施す行為は、病難除けの祈禱や神送りの儀礼といった信仰の要素が大きく、人々の意識面と深く結びついた[塚本 一九九一]。

近世において天然痘と並び何度も流行をみせた麻疹《はしか》に関しては、症状を軽くするまじないや、食養生などの情報を記した「麻疹絵」「麻疹養生書」と呼ばれる摺物《すりもの》（印刷物）が庶民向けに普及した（**図１**）［鈴木 二〇一二］。規模の大きな疫病流行に直面すると、信仰・宗教的な要素への依存度が高まったのである［宮田 一九九三］。

ただし、近世も後半頃になると、人々のあいだでも科学的な判断をしうる素地が生まれた。例えば、『佐渡国略記』によると、一七九七（寛政九）年に佐渡で疫病が流行した際、人々はそれをもはや疫神・悪鬼の所為だとは考えずに、井戸水の汚染と関連づけて解釈したという［田中 二〇〇三］。佐渡という土地の、文化的先進性を念頭におく必要はあるが、合理的な解釈が一般にも広まっていた事実は、きわめて興味深い。

図１　「麻疹禁忌」　神農の掛け軸に祈る図。左上には鍾馗（麻疹除けの神）の絵も描かれる。（東京都立中央図書館蔵）

商品化する都市の医療

一方、都市社会では医者による診療を受ける機会はより多かった。十九世紀前半に刊行された『江戸今世医家人名録』は、二〇〇〇名以上の医者を掲載している。実際には、もっとたくさんの医者が活躍したはずである。当時の医者は、医学書を下敷きに、患者の症状を診断のうえ、処方する薬の売価を収入源とした。

日本國中妙薬競

図2　1841(天保12)年の摺物「日本国中妙薬競」(東京都立中央図書館蔵)

この時期、出版流通が発展を遂げると、専門書に限らず、一般向けの医学読み物も刊行された。人々は書物を通じて養生に対する意識を高め、病気・怪我への対処方法や薬草の知識を身につけることができた。

市販の売薬が広範に流通したのも、近世社会の達成といえる。当時、売薬は専門の商店だけでなく、書肆《しょし》や宿屋・香具屋・菓子屋などでも取り扱われていた。著名な売薬の中には、寺社の霊験に依拠したものが目立つ。それは、売薬の価値が人々の信仰や世界観と深く結びつくからである。その種の情報は、販売の促進を目的とする摺物、当時の宣伝チラシによって広まった(**図2**)。

また、患者は複数の医者から診察を受け、医者を選択する様相もふつうにみられた。より有効な治療法を求めて、患者自ら「出療治」(他所へ行って治療を受けること)を実践する者もおり、湯治の流行などもその一環といえる。

医者の就学と医療倫理

近世の医者は、専門的な知識・技術をどのように修得したのか。医者の家は世襲される場合も多いが、それは営業上の権利がからむからである。ただし、後継する者の技量が家の永続と繁栄につながるため、有能な養子をあえてとる選択もなされた。

医を志す者はまず手習い・漢学など基礎教養を学び、優秀者が選抜され、近隣の町・村で医学の初歩を習う。師匠の同意を得てさらに専門の学塾で鍛錬する。三都や長崎をはじめ医学の先進地への遊学もさかんに行われた。修業者がもち帰る最新の学問は、地域の文化レベルを向上させ、若手医師たちの就学意欲も高めた［竹下 二〇〇四］。

医学塾へ入門する際は、起請文など一筆をとり、師弟で取り決めた掟の遵守を誓う。これは役者や絵師・歌人・茶人など、当時の芸道の世界と共通した作法といえる。一般に、師弟のあいだで取りかわされる知識・技術は秘伝とされるが、それは医学塾の経営を確保する目的も含まれる。医学塾の規則では、仁の精神を守ることや、生業に取り組む姿勢の糾正が徹底された。医学塾は、学問の獲得にとどまらず、医療倫理を身につける場でもあった。

全国諸藩で教育機関の設立があいついだのは十九世紀以降だが、地域によって設立時期の差は大きい。医学教育についていえば、もっとも早い事例は熊本藩が一七五六(宝暦六)年に開設した、医学寮再春館である。これは藩主の文教政策に則ったもので、「医の道は岐黄《きこう》(中国古代の医聖、岐伯と黄帝)を祖述し、仁術に本(基)づく」と始まる教育の指針「壁書」三カ条は有名である。

ただし、藩校の教育は、輪講と会読(医学書の講読)が中心であって、臨床教育はもっぱら私塾で担われた。医学の専門教育に介入しようと試みた藩は数多いが、史料を精査すると、設立当初に掲げられた理念はあまり長続きしたとはいえない。公的な医学教育機関が真の意味で機能するのは、一八七四(明治七)年の「医制」成立以降のことである。

2　外国の学問を取り入れる

山脇東洋の解剖実験

十八世紀以降、幕藩体制の動揺という現実を直視し、既存の学問に対する批判的検討が進んだ。とくに実学が発展したことは、どの高校教科書も取り上げている。

医学の分野では、元・明時代の医学を重んじる斯界の流れに対し、臨床を重視しつつ、漢時代に成立した古典に立ちかえろうとする動きが登場した(古医方)[向 二〇二三]。山脇東洋がわが国ではじめて人体解剖を実施したのも、これと関係する。

山脇は、かねて中国医学で語られる内科の理論に疑問をいだいていた。ある時、師匠の勧めでカワウソを解剖すると、ますます五臓六腑の学説を信じられなくなった。そこで、自らの手で人体の内部を観察してみようと考え、京都町奉行所に解剖の必要性を主張して、実現にこぎつけたのである。医学発展のためとはいえ、当時は穢れ・不浄の観念が支配的であり、人の体を切り開くことへの忌避意識は、大変強かった。

一七五四(宝暦四)年、京都の西刑場で行われた解剖実験の記録は、一七五九(宝暦九)年に『蔵志』として刊行された。同書は、図をわずか四葉しかおさめていないが、従来の説にとらわれず、観察に依拠した独自の知見が取り入れられ、学界に大きな衝撃を与えた。

山脇以降、上方(京・大坂)を中心に、医師の主導する解剖実験が広く行われ、その成果をまとめた図版もつくられた。近世の解剖図は、中国医学の信憑性を問いただす意味合いもあり、内臓の様子がとりわけ細かく記されている。また、実際に切り開かれていく死体を写実的に描いたものが目立つ。

『解体新書』と翻訳の医学

一七七一(明和八)年、江戸小塚原(現、東京都荒川区)の刑場で、豊前国中津藩医の前野良沢、若狭国小浜藩医の杉田玄白はじめ、西洋の医学に関心をもつ有志が刑死体の解剖に立ち会った(『蘭学事始』)。近世の人体解剖は、ふだん死体管理の役を担う「えた」身分の者(被差別民)が執刀し、医者はその様子をかたわらで眺めることがほとんどだった。

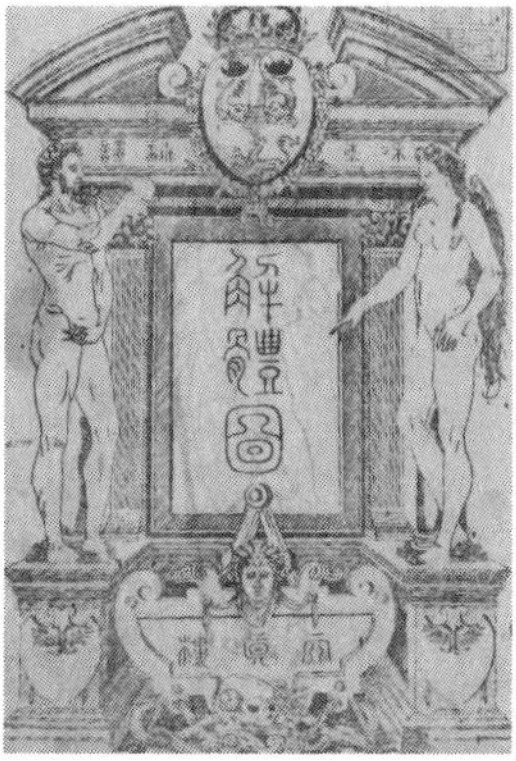

図3　杉田玄白らが翻訳した『解体新書』(国立国会図書館蔵)

良沢たちは、人体の内部を間近で観察しつつ、彼らが所有するオランダ語の解剖書『ターヘル・アナトミア(Ontleedkundige Tafelen)』(一七三四年刊。一七二二年にドイツで出版された専門医書のオランダ語版)と見比べ、記された内容、解剖図が非常に正確だと気づいた。そこで彼らはさっそく同書の日本語訳を手がけ、『解体新書』として、一七七四(安永三)年に公刊した(**図3**)。しかし、西洋医学に関する知識が不十分であったため、訳語の確定には苦労をしたし、誤りも少なくなかった。『解体新書』の中にみえる用語は、中国で翻訳された西洋の医学専門書からの影響を受けたといわれる。

医学の分野に限らず、近世の学術は「翻訳」という、独特のスタイルをとりつつ発展を遂げた。当初は、中国より伝来した知識・技術を積極的に獲得するのである。例えば、外交使節として派遣された朝鮮通信使の一行には数名の医員が加わったが、彼らの宿舎に日本人の医者が訪れて中国・朝鮮における最新の学問について教えを受け、さらに疑問点について、筆談での医事問答が行われた[仲尾 二〇〇七]。

十八世紀半ば、おそらく徳川吉宗が漢訳洋書の輸入を緩和した頃から、西洋の学問の影響が増していく。当初は、医学知識を中心としたが、時代がくだると、化学・物理学・軍事科学など各分野の専門書がさかんに翻訳されて、情報の精密さが追求された。そういった地道な作業を通じて、近代科学を受容する基盤は着実に整えられていった。

洋学塾の医学教育

『詳説日本史』には、「文化・文政期から天保期に、学者たちにより私塾が各地でつくられた」(二一五頁)との説明がある。医学の分野では、この時期に西洋の学問が巷間にも普及し、それを学ぼうとする医者も増えた。洋学者の開設する学塾には、全国から志あふれる者が集まった。とりわけ江戸のそれには、参勤交代で藩主に随従する医者や、その子弟らが修業を目的として入門するのである。近世後期から明治へと至る時期の医界は、これらの学塾でつちかわれる知識人のネットワークを基盤として発展を遂げた[青木ほか 二〇二一年]。

洋学の浸透は、都市社会だけの動向ではない。地方の若手医師も熱心にそれを研鑽し、地域社会の医療環境や、学問・文化を豊かなものにした[田﨑 一九八五]。

注意したいのは、近世の医界が中国医学の欠を補う存在として西洋の医学を取り入れた事実だ。十八世紀半ば頃から洋学の修得に熱心な医師が増加し、藩レベルでも積極的に洋学を導入しようとする動きがみられるようになる。しかし、だからといって中国医学が完全に否定されたわけではない。むしろ両者は「折衷」し、たがいのよい部分をあわせ、より精度の高い学問の構築が目指された。事実、洋学を志す医者でも、まず初めに基礎の教養として儒学や、中国医学を学ぶのが原則だった。

例えば、越前国府中(現、福井県越前市)の医者皆川文仲《みながわぶんちゅう》と石渡宗伯《いしわたりそうはく》は、一八五三(嘉永六)年、従来の中国医学に限界を感じ、新奇の学問を習得するため京都へ出て、高名な洋学者新宮凉庭《しんぐうりょうてい》の学塾に入った。就学期間は短かったが、二人は地元出身の商人などの支援を受け、最新の学問に接した。一方で、儒学書の講読会や、「寒中修行会読」と銘打った計三〇日間の儒学の集中講義にも積極的に参加している。また、宇田川玄随『西説内科撰要』や宇田川玄真『医範提綱』といった専門書を共同で購入、経費を節約するため、緒方洪庵『扶氏経験遺訓』『病学通論』や林洞海『ワートル薬性論』などは自ら書き写した。彼らはそれらを地元へもち帰り、最新の知識を伝えることで、地域の医療環境の高度化につくしたのである[海原 二〇一四]。

3 流行病と闘う

近世のコレラ流行

近世は鎖国＝海禁下の社会だが、それでも数度パンデミック(感染症の世界的流行)の影響を受けた。なかでも特筆すべきは、十九世紀以降のコレラ流行である。

もともとインド周辺域の風土病とされるコレラは、イギリス交易船による物資と人の移動により、全世界へと蔓延した。わが国初のコレラ上陸は一八二二(文政五)年の夏である。この時、オランダ商館長ブロムホフ(Jan Cock Blomhoff)は、桂川甫賢《ほけん》・大槻玄沢・佐々木中沢《ちゅうたく》ら江戸の洋学者に対して、バタヴィア(インドネシア)での流行を知らせ、まもなく日本にも影響がおよぶだろうと警告した。コレラは朝鮮半島を通り八月中旬、対馬から長州さらに九州・京坂、東海道まで流行が拡大した。

二度目の流行は、一八五八(安政五)年である。この時の被害は甚大なものだった。七月上旬、長崎へ入港したアメリカ軍艦が菌をもち込み、早くも八月上旬には、江戸の周辺で大流行した。被害の規模は諸説あるが、『頃痢(安政コロリ)流行記』は一カ月で三万人余りという犠牲者数を記している(**図4**)。

その後、京坂での流行に接し、大坂の著名な洋学者緒方洪庵は、手元にあったコンラジ(J. W. H. Conradi)・モスト(G. F. Most)・カンスタット(K. F. Canstatt)の著作から、コレラ関係の箇所を抜粋して翻訳、『虎狼痢治準』として緊急出版した。緒方は、知人の医者に宛てた書簡で、同書の刊行が急だったので、翻訳は粗雑だが、ただ世の中のためを思い、苦心の末やり遂げたことを察してほしい、と自身の社会貢献に対する思いを熱く語っている［梅溪 二〇一六］。

長崎では、医学伝習所で指導していたオランダ海軍医師ポンペ(J. L. C. Pompe van Meerdervoort)が対策を主導し、長崎奉行は彼の提言に従ってコレラ予防法を布告した。コレラは翌年にも流行をみせたが、洋学者たちは臨床経験の知見を共有して、独自の研究を深めた。安政コレラへの対処が文政期のそれと異なっていたのは、西洋の知識・技術が直接、わが国へ伝わったこと、それを洋学者たちが自身の力で咀嚼《そしゃく》し、診療技術として高めた点である。

三度目、一八六二(文久二)年にコレラが流行した際は、洋書調所の杉田玄瑞《げんたん》・箕作《みつくり》阮甫《げんぽ》・坪井信良《しんりょう》が西洋の文献を参照、予防法や治薬を『疫毒予防説』にまとめた。同書で特筆すべきは、検疫法(キュアランタイネ/quarantaine)の紹介である。疫病の流行地からくる船舶・旅客を隔離、貨物・書簡も燻蒸すべしと述べたが、実現には至らなかった。

図4　安政コレラの被害者が増え、混乱におちいった火葬場(金屯道人〈仮名垣魯文〉『頃痢(安政コロリ)流行記』京都大学貴重資料デジタルアーカイブ)

コレラ流行時における洋学者たちの取組は、わが国に西洋の学問を導入する大きな契機となった。その内容は、たんに医の知識・技術にとどまらず検疫法のように社会構造上の変質をうながすものを含み、近代国家の医制を着実に準備した[青木ほか 二〇二一]。

図5　小児への種痘の様子（小山肆成『引痘新法全書』京都大学貴重資料デジタルアーカイブ）

天然痘との闘い

天然痘(疱瘡、痘瘡ともいう)は強い伝染性をもち、治っても患部に痘痕《あばた》が残るので、人々に大変恐れられた病気である。わが国では、中国大陸と交流が始まる六世紀に最初の流行が発生し、幾度も甚大な被害をもたらした。

天然痘への予防措置として、古く西アジアや中国では「人痘法」が行われていた。罹患した患者の痂皮《かひ》(かさぶた)を取り、人工的に免疫をつくる(種痘)。これは、接種方法が難しく、ときに人体に危険をおよぼし、再患の可能性も小さくなかった。十八世紀半ばには、琉球で上江《うえ》洲《ず》倫完《りんかん》が薩摩で学んだ人痘法をはじめて採用、筑前国秋月藩の緒方春朔《しゅんさく》も領内の天然痘流行時に実施し、研究の成果を『種痘必順弁』(一七九五年刊)として、一般の人々にもわかるように、仮名交じりの文章で解説した。

一方、イギリスの医学者ジェンナー(Edward Jenner)が開発した「牛痘法」(牛の天然痘ウイルスを接種し、免疫をつくる)が天然痘対策の大きな転機となるのは、よく知られた事実だろう〔加藤 二〇一六〕。

西洋からアジア世界へ広がった、牛痘法の実施状況と成果の情報は、かなり早い時期にわが国へも伝わった。マカオにおける種痘実践についてまとめた、清の邱浩川《きゅうこうせん》の『引痘略』は、小山肆成《しせい》が『引痘新法全書』(**図5**)で紹介し、京都・大坂の医師たちが熱心に読んだ(別の医師による訳書もある)。小山は、天然痘対策を独自に考究すべく自ら牛を購入、『引痘略』に学びつつ、痘苗(ワクチン)製作技術の開発を進めたという。

牛痘法の有効性を確信した、志の高い医師たちが一刻も早い痘苗の移入を強く望んだ。一八四七(弘化四)年、佐賀(肥前)藩医楢林宗建《ならばやしそうけん》が、オランダ商館に依頼し、ジャワから牛痘苗を取り寄せたいと藩主鍋島直正に進言した。その試みは最初、失敗するけれども、一八四九(嘉永二)年七月、オランダ船の運んだ痘痂《とうか》・痘漿《とうしょう》は、オランダ商館付医師モーニッケ(Otto G. Mohnike)の尽力で、小児四〇〇名弱に善感した。以降、牛痘苗は驚異的なスピードで全国各地へ伝えられていく。その前提には、人痘法以来の、種痘の効能に対する信頼があった[深瀬 二〇〇二]。

牛痘法は「予防」という新たな考え方を、社会全体へと普及させることに成功した、きわめて画期的な成果だったといえる。

おわりに

新型コロナ(COVID-19)対策では、国家的対応を優先するあまり、疫病流行の地域間格差が軽視されてきたようにも思える。近世の公儀＝幕府・藩は期せずして医療の問題をローカルな課題とみなし、実際の臨床は医者の自発的な活躍にすべてをゆだねてきた。幸い、近世社会には高い志をもつ医者が登場し、それぞれが知識・技術の研鑽につとめ、西洋の最新学問を積極的に導入することができた。

つづく明治国家は、公益に反する疾病・貧困・不潔などの諸要素を排除する目的で、西欧社会の合理性に学び、「衛生」という新たな概念を取り入れていくのである。

〈**参考文献**〉

青木歳幸　二〇一二年『江戸時代の医学――名医たちの三〇〇年』(吉川弘文館)
青木歳幸ほか編　二〇二一年『洋学史研究事典』(思文閣出版)
海原亮　二〇一四年『江戸時代の医師修業――学問・学統・遊学』(吉川弘文館)
梅溪昇　二〇一六年『緒方洪庵』(吉川弘文館)
大石学　二〇一二年『日本史リブレット人51　徳川吉宗――日本社会の文明化を進めた将軍』(山川出版社)
加藤四郎　二〇一六年『小児を救った種痘学入門――ジェンナーの贈り物』(創元社)
向静静　二〇二三年『医学と儒学――近世東アジアの医の交流』(人文書院)
鈴木則子　二〇一二年『江戸の流行り病――麻疹騒動はなぜ起こったのか』(吉川弘文館)
竹下喜久男　二〇〇四年『近世の学びと遊び』(思文閣出版)
田﨑哲郎　一九八五年『在村の蘭学』(名著出版)
田中圭一　二〇〇三年『病の世相史――江戸の医療事情』(ちくま新書)
塚本学　一九九一年『都会と田舎――日本文化外史』(平凡社選書)
仲尾宏　二〇〇七年『朝鮮通信使――江戸日本の誠信外交』(岩波新書)
深瀬泰旦　二〇〇二年『天然痘根絶史――近代医学勃興期の人びと』(思文閣出版)
宮田登　一九九三年『江戸のはやり神』(ちくま学芸文庫)
渡辺尚志　一九九七年『江戸時代の村人たち』(山川出版社)

18
近世社会におけるジェンダー

横山　百合子

はじめに

高校日本史教科書の女性史記述の少なさやジェンダー視点の欠如は、これまで様々な場で批判されてきた。しかし、高等学校の歴史学習が歴史総合と日本史探究・世界史探究に分かれるという今回の学習指導要領改訂を機に、その克服に向けて様々な試みや挑戦が始まっている。ただ、山川出版社の『詳説日本史』(日探 二〇二三)の記述は、女性やジェンダーに関しては、改訂前の『詳説日本史 改訂版』(日B 二〇二二)とほぼ同一である。時代によって数行の本文記述と注記が増えたほかは、以前の版とほとんど異ならない。女性やジェンダーをテーマとする節や項は従来と同様に皆無で、特設ページやコラムなどによるテーマ学習の素材もない。研究成果のもっとも豊富な近現代でさえ、「リンゴの唄」をうたった歌手名「並木路子」の一語が加わったほかは旧版と変わらず、戦後史の章も、七十数年前の女性参政権付与と衆院選挙による女性議員の登場、女子学生数の増加、水俣病の犠牲者の少女の写真と核家族の誕生を記す注がすべてで、従来の記述が踏襲されている。

一方、同社の『詳説世界史』（世探 二〇二三）では、各時代の記述に加え、現代史では第一九章に「女性の平等化とジェンダー」の項が立てられ、女性差別撤廃条約や性的マイノリティの権利獲得運動などの海外の事象だけでなく、日本の歴史的経緯や男女雇用機会均等法制定などが記されている。生徒たちが思考を深められるように、コラムや図表にも工夫がこらされており、その違いは愕然とするほどである。『詳説日本史』は、「日本史教育において、女性や性差にかかわる歴史を取り上げる必要はない」と宣言するに等しい異様さを感じさせるといってよい。

二十一世紀の第1四半期が終わろうとする時期に、東京大学を中心とする日本史研究者がなぜ女性やジェンダーを捨象する歴史教育を構想したのかは、後世の史学史・社会史研究における興味深いトピックとはなろう。だが、現在の高校生が、現実にこの教科書を用いて女性史やジェンダーの視点を組み込んだ歴史学習を行うのは困難である。もちろん、女性の実態がわかればジェンダーがわかるわけではない。しかし、なぜ、どのように男女が区分され、その区分が当該社会の特質といかなる関係をもち、区分のもとで人々がどのように生きたのか、そして自分はいかに生きるのかを考えるためには、男性や性的マイノリティとともに、女性の歴史的実態を知ることは必須であろう。

筆者に与えられた課題は、以上の現状をふまえ、近世の女性史やジェンダー史研究の成果を紹介し、教育において取り上げうる素材を提示することである。以下、筆者も参加した国立歴史民俗博物館企画展示「性差《ジェンダー》の日本史」での経験もふまえて［国立歴史民俗博物館編 二〇二〇、同監修 二〇二一］、歴史教育において有用だと考えられる成果の一端を紹介したい。

1 表と奥——幕藩体制とジェンダー

奥の政治的機能

近世社会におけるジェンダーを考えるうえで、一次史料にもとづく研究が進展した注目すべき分野の一つが、大名の家における表と奥の問題である。

幕藩体制は、将軍と各大名の家を基礎とし、家の継承者を産み育てる奥の機能を不可欠として成り立つ政治体制である。そのため、大奥で産み育てられる将軍子女と大名との婚姻関係や養子関係は、幕藩関係の安定化のための重要な手段となった［三宅 二〇一三］。また、奥の役割としてもう一つ注目されているのは、大奥と奥による儀礼と交際の蓄積をふまえた将軍家と大名家の結びつきである［長野 二〇〇三、畑 二〇〇九］。大奥と大名家の奥の交際は、政治的色彩をおびた一種の外交的役割をもち、幕藩制国家の権力構造の一部をなしているため、政治史の解明においても不可欠な領域であることがわかってきたのである。具体的にみてみよう。

近年、江戸城内の空間は、表向（男性による儀礼空間）と奥向（将軍が日常の政務を行う奥向表方〈中奥〉と、将軍家族や奥女中が生活し家の継承者を産み育てる大奥＝奥向奥方）に区分して考えられている［福田 二〇一八］。幕府の政治が父系・男系によって継承される家を単位として行われるため、将軍家や各大名家の構成員である正妻や家族女性は、広義の政治を担う立場にあった。また、大奥や奥で働く奥女中は大名家臣でもあり、大奥では、常駐する男性「広敷(ひろしき)」役人(大奥に常駐し管理事務を司った)との協業によって大奥を支えた。

将軍の正妻や家族女性の政治的行動としては、一六一四〜一五(慶長十九〜二十)年の大坂の陣に際して常高院(淀君の妹、将軍徳川秀忠の妻江《ごう》の姉)や徳川家康の側室阿茶局《あちゃのつぼね》が和睦交渉の使者として大坂城中に出向くなど、大奥の制度が整う以前からの事例が知られている。また、諸大名が三代将軍徳川家光の乳母春日局を通じて将軍に働きかけたりした江戸初期の事情も、明らかにされてきた。このような大奥の役割は、幕府政治が安定し、老中が公式の将軍意思の伝達者とされるようになってからも、内証ルートとして継続していった。将軍位が血統によって継承される以上、女性が将軍にもっとも近い位置にあることは避けられず、大奥を通じた内証行為を排除することは困難だったからである[高木 一九九九]。大名が奥女中を通じて将軍やその妻の意向を確認したり、大奥が表向の人事に介入したりすることもまれではなかった。

もちろん、内証には、大奥だけではなく側衆(男性)をはじめ、いくつかのルートが存在する。そして、いずれのルートによるとしても、内証は、幕府官僚制の中核をなす老中制の形骸化をまねきかねない問題でもある。一六七〇(寛文十)年に発せられた奥方法度(男性広敷役人および奥女中に対する統制)と女中法度(奥女中の行動規範)は、大奥を通じた内証ルート抑制のため、奥女中を従属化し支配を強化しようとする幕府老中の対応であった。奥方法度は、その後八代将軍徳川吉宗によって確定され、老中による表からの大奥支配の原則が定まった[福田 二〇一二]。

しかし、将軍による時期の差はあるものの、内証行為はさかんに行われた。実態が詳細にわかる十九世紀の薩摩藩の事例をみてみよう。畑尚子氏の研究によれば、文政年間(一八一八〜三〇年)から徳川将軍家と薩摩藩島津家の仲介役(「閑道取次《かんどうとりつぎ》」)をつとめた大奥女中森山りさの回想記録「風のしるへ」の冒頭には、「所々御内縁の国守(国持大名)様方、極密御願い糸引き申し上げ候」とあり、大奥女中りさが、島津家の家老らと密接に連絡をとりながら島津重豪《しげひで》の破格の官位昇進など極秘の内願を仲介している状況が詳細に記されている。また、一八三六(天保七)年に長崎での薬種密貿易が発覚し、薩摩藩が長崎貿易を禁じられて経済的打撃を受けた際には、藩は大奥ルートを通じてその再開を働きかけ窮地を脱することができた[畑 二〇一八]。これは、藩財政建て直しの柱の一つともなった。薩摩藩出身の篤姫《あつひめ》(敬子、天璋院)と十三代将軍徳川家定との結婚も、幕末政局において幕府側が雄藩協調方針をとっただけでなく、藩の側が大奥の役割を重視していたために積極的に推進されたといえよう。

近代への転換

大名家では、当主がその役割を果たせない危機のもとでは、後家となった前当主の正妻が公的な政治の場で権力を発揮した。例えば、十八世紀末、仙台藩主伊達重村《しげむら》の正妻観心院は、藩主の急逝と幼年当主の襲封という危機の中で藩士の奮起を命じ、藩主に等しい政治力をふるって危機を乗り越えている[柳谷 二〇〇七・二〇一〇]。徳川家の当主十五代将軍慶喜が鳥羽・伏見の戦いに敗北し、謹慎蟄居《ちっきょ》して当主たりえなくなるという危機のもとでの、十三代将軍家定の正妻天璋院、十四代将軍家茂の正妻和宮の行動もその顕著な例といえよう。両者は、自身の出自である薩摩藩や朝廷を通じて徳川家の存続に尽力した。これらの事例の多くは、中世以来の家の存続危機における後家の力の発揮であるが、戊辰戦争期には、和宮が町触の発令を命じるなど、都市江戸の統治にも積極的に関与している。和宮は、慶喜が鳥羽・伏見の戦いに敗北し帰府して以降、自筆の日記を記しはじめるが、日記における自称は、「予」という通常男性が用いる一人称であり、「聞き置く」「命ず」といった漢字を多用する男性的文体が用いられている。当主が機能しない状況において、当主に代わる立場にあることを自覚して記した「日記」ともいえよう(『静寛院宮御日記』)。

また、一八七一(明治四)年廃藩置県の直後、宮中女官の総免職を宣言した薩摩藩士吉井友実《ともざね》は、その日記に、「諸大名への命令が女房奉書の形で伝えられたりするような、数百年来の女権が一日で解消され、愉快極まりない」(『三峯日記』)と記した。女官の免職は、奥深い後宮で女官に囲まれて生活する天皇を、国民の前に姿を現す男性的天皇に変貌させるための必須の政治課題である。しかも、吉井は幕末に大奥工作に奔走した西郷隆盛の腹心であり、西郷は、大奥の天璋院を通じて「数百年来の女権」に依拠する一方、戊辰戦争期には江戸総攻撃阻止という天璋院からの抵抗にも直面した人物であった。そのような維新官僚たちにとって、「女権」の破壊と政治領域からの女性排除を達成することは深い喜びであった[関口 二〇〇五]。天璋院と和宮の姿は、武家政治の終焉に際して、女性(正妻)が政治領域において権能を発揮した最後の事例であり、明治維新は、家を基軸とする政治構造の否定によって女性を政治から完全に排除するというジェンダー変容の画期でもあったのである。

一般に、近代社会は、政治空間からの女性排除というジェンダー障壁を原則とする社会とされ[弓削 二〇二二]、富国強兵を柱とする西洋近代文明の導入を至上命題とした日本も、ジェンダーによる女性の排除を原理とする近代国家を建設していく。しかし、それはたんに西洋近代を模倣したものではなく、長い伝統にもとづく「女権」の否定という明治維新の歴史的経験の上に、女性の人権否定や性別役割規範といった西洋近代社会の特質を重ねていく過程であった。

2 身分・家とジェンダー

近世の家と女性

近世の家は、通常、「家名」「家産」「家業」と祖先祭祀権を一体として維持継承する組織とされ〔大藤 一九九六〕、女性史研究のテーマとして厚い蓄積をもつが、庶民の家と女性についての評価は、大きく二つの方向に分かれている。一つは、必ずしも男系・父系優先とはいえない姉家督(長子相続)〔菊池 一九九二〕などの相続事例に着目し、近世の庶民の家は、男系優先の傾向はおびているが、究極的にはジェンダーより家の存続が優先されるとする見地である〔大藤 二〇二二〕。町人の家において家産所有と家業維持が家付き娘と入夫に分担されることなどから、必ずしも男性が家内部の権力を独占しておらず、男系・父系優先よりも血脈維持という家の論理が優先されるとする見解〔吉田 二〇一六〕も、近世の庶民層における家の維持継承システムを重視する点で共通するといえよう。

一方、このような家の論理を重視する見解に対して、ジェンダーの観点から批判を加えたのは長野ひろ子氏らの女性史研究者である。長野氏は、女性が相続などによって土地を所有することができた中世に比して、近世には女性が「家」経営体の主体たりえず、ジェンダーの垂直化(不均衡の増大)をまねく点こそ重要な変化であるとした。また、百姓に課される諸役は個人ではなく家が負うものであり、家として諸役を負担しているにもかかわらず、当主が女性である場合は村の正式な構成員たりえないという事実を示し、近世の身分集団における女性排除を強調した［長野 二〇〇三、長島 二〇〇六］。右の指摘は、〝身分集団において女性がその主体たりえないのは、人足役などの身体的負担能力が欠如しているからだ〟という、一見「合理的」な説明への反論でもあった。

加えて、近世後期の家や村社会の動揺と社会変容の中で、女性当主が経営を仕切る事例や［藪田 一九九六］、家内部に成人男性が存在しても女性が当主になったり［大口 一九九五］、女性が村政に参加したりする事例［青木 二〇一二］の発掘も、近世の家と女性についての評価の違いをきわ立たせるものとなった。すなわちこれらの変化を、〝小農自立〟によって成立してきた百姓の小経営内における主婦としての女性の地位が、農村荒廃と小経営の没落によって揺らいだ結果とみるか、女性の自立的性格が強まり近世のジェンダー秩序を動揺させる積極的動向として評価するかという対立的論点が生じてきたのである。

しかし、以上のような対立する見解も、根拠となる近世社会の実態そのものの認識には、実はそれほど大きな差はない。家とジェンダーのどちらを重視するかという対立は、近世のジェンダーからは逸脱的な歴史的事例と、主婦の地位の評価といった現代の日本社会への問題意識がからみ合う中で生じる見解の相違ともいえるのではないだろうか。そうであれば、近世の家と女性というテーマは、教育の現場において生徒が現代社会を意識しつつ考え合う素材としても興味深いものとなろう。

「職人」と「女職人」——「女」という記号

ジェンダー概念は、家と女性という枠組みから女性の社会的地位を考えるだけでなく、多様な視点から分析を可能にし、またそれを要請する概念でもある。例えば、「職人」という言葉をみてみよう。「職」という文字は、「耳に印をつける」こと、すなわち専門の仕事をよく聞き覚え身につけていることを意味し、戦国時代までは、専門的手工業技術をもつ者は男女ともに「職人」と呼ばれていた。「職人」を描いた中世後期の『七十一番職人歌合』では、紺掻《こうか》き(藍染め職人)、酒造り、扇作りなど職種全体の三割ほどの職種が女性の職業として描かれており、また実際にそれらの職種の経営を女性が担っていた事例も明らかにされている[総合女性史学会編 二〇一九]。

しかし、近世になると、「職人」の語がジェンダーをおびはじめる。十八世紀以降には、中世にはなかった女性の身分・職業だけを集めるという書物がいくつも刊行されるようになり、取り上げられる女性の職業の種類は大きく変化した。例えば、一七二三(享保八)年成立の『人倫訓蒙図彙《きんもうずい》』の巻六「職之部」では、一〇〇種近い職種のうち女性は一六種で、中世に比して女性の割合は明らかに低下している。十九世紀の文政年間(一八一八〜三〇年)刊行の『花容女職人鑑《はながたち》』では、かつて「職人」とされた紺掻きや酒造りなどの女性手工業者は姿を消し、描かれた四五の女性の職業は、性や芸能を売る職業か、細分化された内職的な仕事に限られている。同時代の作品である鍬形蕙斎《くわがたけいさい》画『近世職人尽絵詞』に登場する一〇〇種以上の江戸の「職人」が、遊女や夜鷹、町芸者などを除きすべて男性であることとは対蹠的な描き方だといえよう。さらに、『花容女職人鑑』は、当初は絵の脇に詞書と狂歌をそえた読み物であったが、版を重ねるうちに、狂歌などは巻末にまとめられ[牧野 二〇一四]、最後には、女の姿を見て楽しむグラビア集のような、女性の客体化を徹底した書物となっていった。

これらの現象は、村や町だけでなく職人や商人の集団もその構成員が男性であることが前提とされる一方、女性が経営者の立場を失っていったことを示している。同時に、都市下層の人々の増加の中で、「賃仕事」と呼ばれる細分化された「内職」が新たな女性の職業となっていった。そして、このような動きの中で、「職人」の語が強く男性的ジェンダーをおびていく一方、例外的な存在として「女」というジェンダーを示す記号を付した「女職人」の語が生まれ〔国立歴史民俗博物館編 二〇二〇〕、女職人だけを描くという、中世にはまったく存在しない発想にもとづく書物さえ登場した。

このような男女の区分は、言葉だけでなく、現実にも様々な影響をおよぼしていった。例えば、男性の髪結は近世初頭から存在する下層の職業であったが、髪結仲間を組織し、駆け付け人足役や囚人の髪切りなどを役として負うことで営業特権を確保していた。一方、女なら自分の髪は自分で結うべきだという理由で、十八世紀中葉に生まれた女性の髪結は非合法の職業とされ、時期によっては女髪結だけでなく客や女髪結の親までが投獄や罰金刑の対象とされた〔総合女性史学会編 二〇一九〕。

しかし、男性当主の管理下で行われたとされる女性の農業労働や家内の様々な生活維持の労働、内職的な賃仕事、ときには非合法であった女性労働の実態は、改めて振り返る必要があろう。例えば、近世初期には中国からの輸入品によってまかなわれていた生糸は、幕末には、諸藩の国産品や開港後の輸出品として重要な位置を占めるほど大きな変化をみせ、その生産は主として女性が担った。それは社会的にはどのように位置づけられていたのだろうか。『詳説日本史』では、掲載された多くの図版のうち、美術作品のモデルと出雲阿国を除くと、女性は、心学道話の女子席、駿河町の越後屋呉服店の客、『江戸図屏風』や『熙代勝覧《きだいしょうらん》』に描かれる路上のわずかな通行人女性、「天明飢饉之図」の犠牲者などしかなく、労働や生活の場での女性は、「老農夜話」の脱穀の図と「尾張名所図会」の結城縞生産に限られ、人数も少ない。しかし、断片的な記録しか残されていないとしても、その実態を探り〝女性のいない近世〟という社会像を乗り越えること［大口 一九九五］は、研究・教育の現場に問われている課題なのである。

3　近世城下町とジェンダー——性売買の体制化

遊廓の成立

性差は、家や家族内部の男女の関係や労働にとどまらず、統一政権の樹立と兵農分離の結果誕生した近世都市の成立においても、大きな意味をもった。

近世城下町、なかでも江戸・京都・大坂の三都は巨大な人工的都市であり、江戸は、男女人口比が二対一という極端な男性都市となった。兵農分離政策の過程で、武士と百姓の身分的分離が確定されていくと同時に、領主の直臣団と奉公人（鉄砲足軽・侍・中間など）からなる膨大な常備兵が城下町に集中したからである。奉公人層については厚い研究史があるが、戦場を生きる場としてきた近世初頭の荒くれた奉公人層への対策として、城下町建設の過程で、幕府は都市の秩序と風俗取締りのための装置として遊廓を公認したとされる［牧原 二〇二二］。さらに、〝徳川の平和〟の中で、奉公人もしだいに農村から流入する膨大な日用層（男性単身労働力）と近似的な存在となり、参勤交代の武士、大店の奉公人、僧侶や神官なども含めた膨大な数の男性を対象とする遊廓が社会的に不可欠な施設として特権を保障され、都市の中に安定的に組み込まれていった。またその結果、農村部の女性の身売りによる百姓経営維持の仕組みが定着し、都市では庶民金融などと結びついて、性売買を維持する広域的システムが形成されていった[明治維新史学会編 二〇一五、村 二〇二二]。

近世社会と性の売買

性の売買は本能にもとづく通時的・普遍的な現象であるという見方は、近年のジェンダー研究、性売買研究によって克服されつつあるが[服藤・三成編 二〇一一]、どのような時代や地域においても、政治や経済、社会の仕組みとの関係は、性の売買の歴史をみるうえで不可欠の視点である。日本近世の場合、城下町や宿場町・湊町・鉱山町などにおいて遊女や飯盛女・洗濯女などと呼ばれる黙認の娼婦の設置政策がとられ、性の売買が公認されたことは、性売買が社会に深く浸透していく大きな要因となった[国立歴史民俗博物館編 二〇二〇]。

また、その過程で、十八世紀には、幕府の都市行政の中にも性売買に依存する発想が生まれていく。幕末には、遊廓や宿場の飯盛旅籠屋からの上納金が、江戸町奉行所や宿財政の収入の一割を超すようになる。幕末開港期には、横浜港崎《みよざき》遊廓をはじめ外国人向け遊廓が積極的に設置され、外国人雑居対策や、遊廓での外国人遊興を対外収支改善策としてみるなど、対外政策における活用も積極的に進められていった。

一方、このような近世的な性売買のシステムを破綻なく維持するうえで、矛盾の集約点となる遊女たちの管理手法は、長い時間をかけて鍛え上げられていった。その要諦は、身売り奉公による法的拘束を前提として遊女たちを廓の空間に囲い込み、文化的装飾も施しながら遊女たちを序列化し、競争を組織的にあおることで遊女への精神的支配をはかるところにあった。そして、それを仕置きという遊廓公認の暴力によって安定化させ、遊女の人身拘束と性の商品化を実現したのである〔横山 二〇二〇・二〇二二〕。

こうして近世を通じて生み出されてきた性売買の体制化が、近代以降の日本社会における性意識にいかなる影響をおよぼしたのかは、一〇代の生徒とともに考えていきたい深刻な問題である。

おわりに

中世とは異なる新たな近世的ジェンダーの成立は、近世に固有の男女区分の意識を生み出していった。近世初期、男女ともに派手やかな振り袖を着ていた上層武士の子どもたちは、十八世紀以降、明らかに男女で明確に色調も柄も異なるものを着せられるようになり、男女区分の明確化とともに男色の急速な衰退が進んだ〔澤田 二〇〇六〕。一方、幕府や藩による生殖や子育てへの関与が生まれ、社会的関心も高まっていく〔沢山 二〇〇五〕。十八世紀には「女」というジェンダーの記号が様々な場で使用されるようになるのもみてきたとおりである。

一九八〇年代初頭まで、高校日本史教科書では、家永三郎氏による『新日本史』(三省堂)を除き、女性史の記述はごくわずかであった。その後、一九九八年度、二〇一二年度刊行の教科書は、女性の社会的地位と家族・婚姻を中心に、本文やテーマ学習、コラムなどで系統的記述を目指す比較的詳しい教科書と、注記が多用されるため位置づけや展開がわかりにくく、分量も前者より少ないという二つの型に大別されていく［横山 二〇二二］。二〇二三年度の日本史探究教科書『詳説日本史』は後者の型に該当し、時代による差も大きい。とはいえ、近世に限っていえば、新たな研究成果を書き込む努力もなされており、遊女の実態に触れずに美術作品の対象として称揚するといった、かつての多くの教科書にみられ、現在の日本社会にも今なお深く根づいている見方は十分に乗り越えられている。

そこで、最後に一つ提案したい。つぎの改訂の機会にはぜひ、時代ごとに一つの節を設けるか、各時代の前期、後期にそれぞれ項を設け、ジェンダーを当該の社会構造の中に位置づけ、歴史的展開の中で記述してほしい。それは、近年の多くの研究の成果［久留島ほか編 二〇一五、高埜編 二〇二〇など］とともに、ジェンダー視点に立つ創造的で闊達な授業実践への励ましとなろう。そのためにも、いっそうの研究の進展につとめていきたいと思う。

〈参考文献〉

青木美智子　二〇一一年「近世村社会における女性の村政参加と「村自治」──村役人選定のための寄合・入札を中心に」（『総合女性史研究』二八号）
大口勇次郎　一九九五年『女性のいる近世』（勁草書房）
大藤修　一九九六年『近世農民と家・村・国家──生活史・社会史の視座から』（吉川弘文館）
大藤修　二〇二二年『近世庶民社会論──生老死・「家」・性差』（吉川弘文館）
菊池（柳谷）慶子　一九九二年「仙台藩領における姉家督慣行」（のち再録、総合女性史研究会編『日本女性史論集3　家と女性』吉川弘文館、一九九七年）

久留島典子・長野ひろ子・長志珠絵編　二〇一五年『歴史を読み替える　ジェンダーから見た日本史』(大月書店)
国立歴史民俗博物館編　二〇二〇年　『企画展示　性差《ジェンダー》の日本史』
国立歴史民俗博物館監修、「性差の日本史」展示プロジェクト編　二〇二一年『新書版性差《ジェンダー》の日本史』(集英社インターナショナル)
澤田和人　二〇〇六年「振袖と少年」(『歴博』一三七号)
沢山美果子　二〇〇五年『性と生殖の近世』(勁草書房)
関口すみ子　二〇〇五年『御一新とジェンダー――荻生徂徠から教育勅語まで』(東京大学出版会)
総合女性史学会編　二〇一九年『女性労働の日本史――古代から現代まで』(勉誠出版)
高木昭作　一九九九年『江戸幕府の制度と伝達文書』(角川書店)
高埜利彦編　二〇二〇年『近世史講義――女性の力を問いなおす』(ちくま新書)
長島淳子　二〇〇六年『幕藩制社会のジェンダー構造』(校倉書房)
長野ひろ子　二〇〇三年『日本近世ジェンダー論――「家」経営体・身分・国家』(吉川弘文館)
畑尚子　二〇〇九年『徳川政権下の大奥と奥女中』(岩波書店)
畑尚子　二〇一八年『島津家の内願と大奥――「風のしるへ」翻刻』(同成社)
福田千鶴　二〇一八年『近世武家社会の奥向構造――江戸城・大名武家屋敷の女性と職制』(吉川弘文館)
福田千鶴　二〇二一年『女と男の大奥――大奥法度を読み解く』(吉川弘文館)
服藤早苗・三成美保編　二〇一一年『ジェンダー史叢書1　権力と身体』(明石書店)
牧原成征　二〇二二年『日本近世の秩序形成――村落・都市・身分』(東京大学出版会)

牧野悟資　二〇一四年「ライデン国立民族学博物館蔵『花容女職人鑑』について――絵本化する狂歌合高点狂歌撰集の一例」(国文学研究資料館編『シーボルト日本書籍コレクション現存書目録と研究』勉誠出版)
三宅正浩　二〇二三年「幕藩政治の確立」(牧原成征・村和明編『日本近世史を見通す1』吉川弘文館)
村和明　二〇二二年「豪商と遊廓――三井と茶屋の関係を中心に」(『国立歴史民俗博物館研究報告』二三五集)
明治維新史学会編　二〇一五年『講座明治維新9　明治維新と女性』(有志舎)
柳谷慶子　二〇〇七年『近世の女性相続と介護』(吉川弘文館)
柳谷慶子　二〇一〇年「武家権力と女性――正室と側室」(藪田貫・柳谷慶子編『〈江戸〉の人と身分4　身分のなかの女性』吉川弘文館)
藪田貫　一九九六年『女性史としての近世』(校倉書房)
弓削尚子　二〇二一年『はじめての西洋ジェンダー史――家族史からグローバル・ヒストリーまで』(山川出版社)
横山百合子　二〇一二年「ジェンダーから見た歴史教育と教科書問題」(『歴史学研究』八九九号)
横山百合子　二〇二〇年「遊女の「日記」を読む――嘉永二年梅本屋佐吉抱え遊女付け火一件をめぐって」(長谷川貴彦編『エゴ・ドキュメントの歴史学』岩波書店)
横山百合子　二〇二二年「幕末維新期新吉原遊廓における遊女屋・遊客・遊女――高橋由一画「花魁」のモデル稲本屋小稲ほか遊女の書状を素材として」(『国立歴史民俗博物館研究報告』第二三五集)
吉田ゆり子　二〇一六年『近世の家と女性』(山川出版社)

19

大御所時代——徳川家斉期の幕府

荒木 裕行

はじめに

江戸幕府第十一代将軍徳川家斉は、一七八七(天明七)年に将軍に就任し、江戸幕府全将軍の中で最長の五〇年間在職した。一八三七(天保八)年の将軍退任後も大御所として、一八四一(天保十二)年の死去まで実権を握り続けた。家斉の治世は寛政の改革とともに始まり、死去の直後には天保の改革が開始されており、二つの改革に挟まれる時期に当たっているが、これは偶然ではない。寛政の改革は政治的な後ろ盾だった十代将軍家治の死去により田沼意次が失脚し、松平定信が幕政を掌握したことで、始められた改革であり、天保の改革は家斉の信任によって幕政を支配していた家斉側近たちが、家斉の死去で政治的後ろ盾を失い、それによって水野忠邦が幕政を手中におさめたことで実現された改革であった。家斉将軍期は、寛政・天保の改革に挟まれた時期というだけではなく、政治的には両改革に深い関係をもつ時代であった。なお、家斉の将軍在任中も含め、寛政の改革終了後から家斉の死去までを大御所時代と呼ぶことが多く、本稿も同様の理解にもとづいて記述する。

寛政の改革から天保の改革にかけての期間は、教科書の記述をはじめ、一般的には幕藩体制の動揺期に区分されることが多い。例えば、『詳説日本史』(日探 山川出版社 二〇二三)では第一〇章三節「幕府の衰退と近代への道」で記述されている。これは、寛政の改革直前の天明の打ちこわしや天保の改革の数年前に発生した大塩平八郎の乱といった大規模な騒乱、ラクスマン、レザノフの来航やフェートン号事件に代表される西洋諸国の接近による対外関係の変化など、江戸幕府の支配体制を揺るがす諸問題が発生したことに注目する理解にもとづくものである。ただ、これらの諸問題はこの時期には、幕府を中心とした近世国家制度そのものを致命的に動揺させるほどの影響は与えていない。幕府は、将軍の意思に加え、老中の合議を頂点に、町奉行などの役人が先例や法に依拠して粛々と政治を運営する、官僚的支配のもとに安定的に運営され、藩も幕府の支配下に位置づけられながら各所領の支配を行っていた。幕府支配機構や幕藩関係という側面においては、家斉将軍期は全盛期であったとも評価することができる。本稿では江戸幕府の全盛期と動揺の萌芽という両側面から、家斉将軍期を政治史的視点でみていく。家斉将軍期には寛政の改革期も含まれるが、寛政の改革は取り上げられることも多く、よく知られているため、本稿では一般的には触れられることの少ない大御所時代を中心に記述を進めたい。

1 幕府政治

幕政運営の推移

まず、大御所時代における幕政運営の推移を概観しておこう。松平定信が一七九三(寛政五)年に老中を辞したあと、幕政は松平信明《のぶあきら》を中心に、戸田氏教《うじのり》や本多忠籌《ただかず》などの老中によって運営された。信明・氏教・忠籌は定信によって登用された老中であり、寛政の改革期には定信とともに幕政を担っていた。これらの老中は定信辞任後も寛政の改革期と同様に物価抑制や倹約令を中心とする緊縮財政策を基調とした政策を続けたため、「寛政の遺老」と呼ばれる。

一八一七(文化十四)年に松平信明が死去し、水野忠成《ただあきら》が老中格に昇進して(翌年に老中昇進)幕政の中心的存在となり、それまでの政策を改め、積極的な財政策を推進した。忠成は一八三四(天保五)年に死去するまでの二〇年弱の長期間にわたって幕政の中心的存在であり続けた。忠成の死去後も政策の基調は変わらず、強いリーダーシップを発揮して幕政を率いる老中も現れなかった。

この時期の幕政で大きな存在感をもっていたのは、将軍家斉本人および家斉に近い位置にいた人々である。家斉自身が政策や人事などに直接意思を示すことも少なくなかったが、ほかに家斉の実父である御三卿一橋家隠居の治済《はるさだ》、家斉側室の専行院(お美代《みよ》の方)の養父である中野清茂《きよしげ》(隠居後に名乗った石翁《せきおう》が著名)は、家斉を通じて人事面などで幕政に影響を与えた。また将軍側近の職である側用取次も大きな政治力をもち、とくに水野忠篤《ただあつ》と林忠英《ただふさ》は家斉の信頼が厚く、強権を有した。老中として幕政をリードした水野忠成も側用人を兼任しており、家斉側近としての立場を維持していた。

家斉は一八三七(天保八)年に将軍を家慶に譲って江戸城西の丸に移り、大御所になったが、幕政の実権は握り続けた。水野忠邦は一八三四(天保五)年には本丸老中(それまでは将軍世子家慶付の老中)に就任していたが、家斉存命中は家斉とその側近の権力に遮られていたため、幕政を掌握できていなかった。一八四一(天保十二)年に家斉が死去すると、忠邦は家斉側近を中心とした大御所時代に幕政を支配していた勢力を罷免・処罰して、ダイナミックな幕政改革である天保の改革を開始することになる。つぎに大御所時代の政策面をみていきたい。

文政の改革

十八世紀後半になると北部を中心に関東地域の農村では治安の悪化が問題となっていた。一八〇五(文化二)年に関東取締出役(八州廻り)が設置され、藩領・旗本領・幕府領といった個別領主支配の枠を超え、無宿人・浪人の摘発、祭礼の簡素化などの風俗取締りなどを通じた治安維持活動を行うようになったが、これをさらに推し進めたのが、一八二七(文政十)年に始まる文政の改革である。この改革では改革組合村(寄場組合)が設置され、近隣三~五カ村からなる小組合、それを一〇前後組み合わせた大組合がつくられた。小組合による無宿の取締りなど警察活動の実施、大組合の中心的村落への牢屋の設置など、改革組合村は関東取締出役と連携した治安維持機構として機能し、また農間余業の調査など幕府の経済政策の一端も担っていた。改革組合村は地域住民による自治組織としての側面と、幕府支配構造の末端としての側面の両方の性格を有していたとされる。

関東取締出役や改革組合村の設置は、個別の領主支配を超えた幕府による関東一円支配体制強化政策であると評価されてきたが、近年では幕府と個別領主による支配は排他的な関係にあったのではなく、相互に補完し合うものであって、多元性・重層性をもつのが江戸周辺地域の支配構造の特徴であったことも指摘されてきている[児玉 二〇二二]。

貨幣改鋳

松平信明政権は寛政の改革と同様に、緊縮財政の徹底で支出を削減することによって黒字収支を目指した。しかし蝦夷地対策での出費や朝鮮通信使の聘礼にかかる経費など、臨時の支出がかさんだため、収入増加策も実施した。その代表が株仲間からの御用金の徴収である。例えば、一八〇九(文化六)年に菱垣廻船積問屋仲間の会所である三橋《さんきょう》会所の設立を幕府は許可した。三橋会所は大坂から江戸への商品輸送の独占的取扱いを幕府から保証され、それに対して一万両ほどの冥加金を幕府におさめる、といったシステムが構築された。これらの対策をとったものの効果は限定的であり、一七九八(寛政十)年に一〇七万両余りだった幕府の貯蓄銀は、一八一六(文化十三)年には六五万両に減少している。

緊縮財政と株仲間からの御用金上納により幕府財政を維持しようとする仕組みは、松平信明が死去し、水野忠成が勝手掛老中になると否定された。かわって水野が採用したのが、貨幣改鋳の出目を財源とする増収策である。一八一八(文政元)年から一八二四(文政七)年にかけて、真文二分判・草文小判・草文一分判・一朱金といった金貨や草文丁銀・小玉銀・二朱銀などの銀貨を大量に鋳造した。旧貨幣を回収して新貨幣に交換することによる差益収入の獲得が目的であった。改鋳により一年間で四五万〜六八万両程度の収入を幕府は得たと記録されている。貨幣改鋳による収入は幕府財政の重要な一部分を構成するようになり、天保の改革期やそれ以降も続けられた[横山 二〇一三、大口 二〇二〇]。なお、貨幣改鋳の目的を差益獲得にあったとする見方とは異なり、通貨の安定という社会的要求に応えるための政策だったとする理解も存在する。金貨・銀貨といった貨幣は利用にともなって、破損やすり切れなどで重量不足となり、取引で利用できない不良貨幣となることがあり、享保期(一七一六～三六年)以降の幕府は通用限度(どの程度の重量不足まで許容するか)について、繰り返し触を出して対応を続けていた。文政(一八一八～三〇年)期の貨幣改鋳で旧貨幣を回収して、新貨幣に改鋳したことにより、不良貨幣の一掃に成功したとされる[安国 二〇一六]。

蝦夷地政策

近世初頭以来、蝦夷地は松前藩が支配・管理していたが、ロシアをはじめとする外国勢力の蝦夷地への接近といった情勢をふまえ、幕府は防衛体制強化のため蝦夷地の直轄化政策をとった。一七九九(寛政十一)年に東蝦夷地(北海道太平洋側)、一八〇七(文化四)年に西蝦夷地(北海道日本海側)が上知され、幕領とされた。

蝦夷地をどのように統治していくかという問題に対して、幕府中枢部には開発論と非開発論を両極として様々な意見が存在した。開発論は、アイヌを農業に従事させ、さらに衣食住・言語などアイヌの生活全般を本州以南の日本人と同じものに変化させるなど、蝦夷地の日本化を積極的に進めようとする政策であり、開発によって平和的に(軍事力に頼らずに)蝦夷地が日本の領域であることを確定させようとするねらいをもっていた。一方、非開発論は蝦夷地を従来同様の「未開」の地にとどめ、ロシアとの緩衝地帯として日本を守ることを意図した政策であった。

寛政の改革期には松平定信が非開発を、老中本多忠籌が開発を主張した。蝦夷地直轄化後も両政策の対立は続いた。直轄決定の時点で、老中の多くは開発策をとなえていたが、寺社・町・勘定奉行は直轄に反対だった。さらに御三家および将軍家斉実父の一橋治済の意見を背景に、将軍家斉も開発に消極的であったため、積極的な開発路線は採用されなかった。

一八二一(文政四)年には、松前藩が復領した。対馬藩と朝鮮との関係と同様に、蝦夷地のことは松前藩が家役として担当するのがよいとの判断であった。さらに松前復領により、幕領期に実施されていた津軽藩・南部藩の武士による蝦夷地駐屯も廃止され、防衛体制が緩和されるなど、直轄化以前の状況へと復帰することになった[藤田 二〇〇五]。

2 幕藩関係

家斉の子どもをめぐる政治

家斉は歴代将軍の中でも群を抜いて子が多く、男子二五人、女子二八人があり、そのうち幼少の内に死去せず成人したのは男子一三人、女子一二人だった。これら将軍の子どもたちは、家斉を継いで将軍になった家慶以外の男子は諸大名の養子となり、女子は大名やその世子(跡継ぎ)に嫁入りした。

将軍の子を受け入れた藩は幕府から優遇措置を受けた。例えば、一四男の斉民《なりたみ》を藩主松平斉孝《なりたか》の婿養子とした津山藩は、領地を五万石から一〇万石へと倍増された。ほかに越前藩・明石藩も領地を加増されている。また一八三三(天保四)年に藩主の世子であった酒井忠学《ただのり》の正室に家斉二六女の喜代姫《きよ》を迎えた姫路藩は、忠学の江戸城での殿席《でんせき》(江戸城に大名が登城した際の控え室。その大名家の格式を示す)が溜詰《たまりづめ》(御三家・加賀藩を除く最上位の格式)へと昇進したが、その際の幕府からの申し渡しは、「喜代姫の厚い願いがあったので、将軍の格別の思し召しによって昇進を命じる」(「松平容敬《かたたか》日記」東京大学史料編纂所蔵)といったものであり、将軍の娘の希望が昇格の公式な理由であった。

近世後半には藩の石高や格式はほぼ固定され、それが大名編成の秩序となっていたが、将軍の子の受け入れによる急激な変動は従来の構造を乱すものであり、優遇を受けられなかった藩に不公平感を与え、幕藩間や藩どうしの関係にしこりを残した。直接的な政治問題を引き起こした事例もあった。尾張藩は家斉一八男の斉温《なりはる》を藩主としたが、斉温は江戸の藩邸にとどまり、一度も領国におもむかなかったため、藩内に不満が生じた。斉温が一八三九(天保十)年に死去すると、家斉一一男の斉荘《なりたか》が跡を継いだが、藩内には尾張藩分家の美濃高須藩の藩主の次男だった松平秀之助《ひでのすけ》を尾張藩主に望む勢力があり、斉荘派と激しく対立した。対立は一度は沈静化したが、その後も尾を引き、慶応期(一八六五〜六八年)まで藩内を揺るがし続けた。

ほかに、天保末期に発生した三方領地替えも、家斉の子の受け入れが引き起こした事件だった。近世後半の藩に共通した問題だった財政危機を川越藩も抱えており、それを打開するため加増や国替を幕府に嘆願していた。藩主松平斉典《なりつね》は実子がいたが、幕府から優遇されることを意図して、家斉二四男の斉省《なりさだ》を養子に迎えて世子としていた。一八四〇(天保十一)年に、将軍の子である斉省の願いを根拠として、川越藩主松平家を庄内へ、庄内藩主酒井家を長岡へ、長岡藩主牧野家を川越へと転封することを幕府は命じた。庄内藩領民からの猛烈な反対や公平性を欠く転封への諸大名からの反発などもあり、翌一八四一(天保十二)年に家斉が死去すると、領地替えは撤回となった〔川越市 一九八三〕。幕府が公式に出した命令を撤回したことは、幕府の威信を傷つけるものであった。

賄賂政治

「水の出て もとの田沼になりにけり」と当時の落首にもうたわれたように、水野忠成は賄賂を好む政治家であって、田沼意次の再来と評されてきた。例えば、陸奥国梁川《やながわ》へ転封されていた松前家が、忠成への贈賄により、一八二一(文政四)年に旧領への復帰を果たしたともいわれるように、賄賂が幕政を大きく左右する事例もあった。

ただ、大御所時代は忠成以外に対しても贈賄が頻発していた。古河《こが》藩の家老だった鷹見忠常《ただつね》(泉石《せんせき》)の日記では、幕府要人をターゲットとした大規模な贈賄行為を確認できる。一八二二(文政五)年の古河藩への一万石加増、同年の藩主土井利位《としつら》の奏者番(幕府役職の一つであり、老中への出世の登竜門)への就任など、具体的な目的がある場合はもちろんのこと、それ以外の時でも古河藩は日常的に賄賂を贈り、自藩への優遇措置を得ようと努力していた。贈賄対象としては、水野忠成を中心とする老中、勘定奉行や奥右筆組頭(老中のもとで具体的な政策立案に当たった役職)といった幕府役人が挙げられるが、なかでももっとも目立つのが、将軍に近習する役人である側用取次、将軍家斉側室お美代の方の養父中野清茂、将軍実父一橋治済など将軍家斉に近しい人物、および家斉本人であった。老中水野忠成も側用人を兼任しており、将軍の側近の一人であった。

賄賂を贈るということは、対象人物が影響力をもっていることを端的に示している。その視点から賄賂政治をとらえ直すと、この時期の幕府において、将軍家斉本人の意思が大きな意味をもっていたことが読み取れる。将軍本人が政治的に大きな影響力をもっているという状況は、将軍を中心に構築された江戸幕府という政治構造が安定していることを示しており、賄賂政治は幕府政治腐敗の象徴であるとともに、幕府政治の成熟の象徴でもある。

なお、藩が幕府役人へ賄賂的な贈物をするのは、田沼時代や大御所時代に限らず、増減はあったものの江戸時代全期間で一般的な行為であり、対象も老中から江戸城門番や町奉行所与力などの下級役人まで広範だった。財政難に苦しんでいた諸藩にとって、賄賂のための支出は財政的に負担であり、廃止・削減を求める声も藩の側には存在した。天保の改革では、贈賄行為が大規模に規制されたが、目的は家斉側近を処罰することによる綱紀粛正とともに、諸藩の財政問題への対応という性格も強かった[荒木 二〇一七]。

内憂外患と徳川斉昭

豊作が続いた寛政期(一七八九〜一八〇一年)から文政期までとは変わって、天保期に入った一八三二(天保三)年からは東北地方を中心に大飢饉となった。飢饉の影響で百姓一揆などが続発し、大塩平八郎の乱やその余波である生田万の乱など幕府支配を揺るがす騒動も発生した。西洋諸国の東アジア・太平洋地域への進出も、幕府が対応しなければならない重要な課題であった。これらの政治課題について、水戸徳川家当主の徳川斉昭は、『戊戌封事』において「内憂外患」と表現した。『戊戌封事』は斉昭が一八三八(天保九)年に十二代将軍家慶に提出した意見書であり、幕政改革を求める内容であった。斉昭は水戸藩家臣団の中の反対勢力への対抗もあって、他大名との交流や幕政への参加による自己の権威拡大をはかった。一八二九(文政十二)年の藩主就任直後には老中大久保忠真《ただざね》に接近して、老中水野忠成を批判し、幕政の改革を求めている。さらに弘化期(一八四四～四八年)には老中阿部正弘に接近し、ペリー来航後には海防参与に任じられて幕政に直接参加するようになった。

一八三八年頃からは、対外問題についての議論や西洋技術の導入などを通じて、肥前藩主鍋島斉正《なりまさ》や宇和島藩主伊達宗城《むねなり》、越前藩主松平慶永、薩摩藩主島津斉彬など、いわゆる雄藩大名と積極的な交際関係をもつようになり、グループを形成していった。この大名グループは安政期(一八五四～六〇年)になると十四代将軍として斉昭の息子である徳川慶喜を擁立する一橋派を形成し、紀伊藩主徳川慶福(のちの徳川家茂)を擁立する井伊直弼たち南紀派と激しく対立して幕政を揺るがした。さらに一橋派の大名たちの動きは、幕末期の倒幕運動へつながっていった[三谷 二〇〇三、麓 二〇一四]。

3 朝幕関係

教科書などでは、一七八九(寛政元)年の尊号一件によって幕府と朝廷との協調関係が崩れたと記述されていることが多い。これは事実とは異なり、大御所時代の朝幕関係は蜜月ともいえる状況であった。

家斉の太政大臣昇進

律令制で定められた官位は江戸時代には本来の役割は果たしていなかったが、幕府はそれを武士の地位を示す指標として利用した。家綱以降の徳川家当主は征夷大将軍に就任するとともに正二位・内大臣または右大臣となり、ほかの大名を官位面で圧倒していた。

一八二七(文政十)年、家斉は太政大臣に任じられた。太政大臣に任じられた武士は、平清盛・足利義満・豊臣秀吉・徳川家康・徳川秀忠の五人しかおらず、征夷大将軍に在職したままでの太政大臣昇進ははじめてであった。この破格の昇進は幕府の要望により実現した。家斉本人だけでなく、世子家慶の昇進も要望しており、家慶は将軍就任前にもかかわらず、従来の将軍の位階を上まわる従一位となった。天皇が授与する官位を用いて将軍家を権威づけようというのが、この時の幕府の意図であった[小野 一九九三]。

前近代社会は先例重視の意識が強く、とくに朝廷はその意識が強かった。それにもかかわらず、家斉の太政大臣昇進について、朝廷は幕府の要求を受け入れた。これは幕府が強要し、朝廷が屈したという性格のものではなかった。幕府と良好な関係を維持し、財政援助など実利を求めるというのが朝廷の方針であった。幕府と朝廷の双方が協力関係をもち、相互に利益を与え合うというのが、この時期の朝幕関係であった[藤田 二〇一一]。

天皇号の復活

一八四〇(天保十一)年、兼仁《ともひと》上皇が死去すると、諡号《しごう》と天皇号を贈りたいと朝廷は幕府に申し入れた。幕府は申し入れを認め、今後も天皇号については例外なく承認すると朝廷に連絡した。翌年「光格天皇」という名前が贈られた。天皇経験者が死後に「天皇」を贈られるのは、平安時代の九六七(康保四)年に没した村上天皇以来、およそ九〇〇年ぶりであった。村上天皇以降の天皇は没後に、追号(地名など)+「院」の名前を贈られていた(例えば、後醍醐天皇は「後醍醐院」と呼称された)。「光格」の部分は諡号と呼ばれ、功績を賛美する美称であるが、「諡号+天皇」となると、光孝天皇(八八七年没)以来のできごとであった。非常に久しぶりの天皇号の復活だったため、京都や江戸の庶民もそれなりの驚きをもって受け止めており、知識人の中には天皇・朝廷に対する幕府の尊敬の表れであるとして歓迎する者もいた。

幕府が天皇号復活を簡単に認めた直接の原因は、天皇号を復活するとしても費用面の問題がなかったためである。とはいえ、天皇の位置づけや朝幕関係に影響を与える可能性もありうる天皇号復活の要望を幕府がそのまま受け入れたこと自体、当時の幕府と朝廷との関係が良好であったことを端的に示している[藤田 二〇一一]。

朝廷への財政支援

一七七〇年頃から一八〇〇年頃にかけて、江戸幕府の財政再建(支出削減)と歩調をあわせ、朝廷財政への幕府勘定所の監督が強められ、定高制《さだめだか》と呼ばれる仕組みが幕府により整備された。これは一年間に朝廷が使用できる金額を事前に定め、その金額内で朝廷の財政を保証するという制度であり、天皇・朝廷が困窮しないように配慮していた。光格天皇は各種儀式の再興を進め、その結果、朝廷の支出は徐々に増加していったが、文化年間(一八〇四〜一八年)のあいだは、定高制で認められた金額の中におさまっており、光格天皇の活動は幕府によって整備された財政的基盤に依拠するものであった。

文政年間後期になると、朝廷の支出は急増し、定高制で決まっていた金額を大幅に超過するようになった。支出増加の最大の原因は物価高騰であった。文政期には幕府の貨幣改鋳政策によるインフレの進行により、物価が上昇していたが、定高制で決められた金額は、一七七八(安永七)年の制度開始時点のままであり、その中で支出をやりくりするのは不可能だった。この状況に対して、幕府は定高の増額は認めなかったものの、京都町奉行や京都代官が管理していた民間への貸付金の利息など、多様な財源を利用して、朝廷からの支援の要望に応えた。

明治期に古老から聞き取った話をまとめた『旧事諮問録』によると、大御所時代に朝廷で財源が不足した場合には、内々にその旨が将軍に伝えられ、将軍が要望に応えていたとされる。さらに定高制が定める予算額は日常的な支出に関わる部分だけであり、大嘗祭挙行や御所造営など大規模な支出は幕府の負担でまかなわれた。財政面からも大御所時代には朝幕関係は良好だったと理解してよいだろう［佐藤 二〇一六、長坂 二〇一八］。

〈参考文献〉
荒木裕行　二〇一七年『近世中後期の藩と幕府』(東京大学出版会)
大口勇次郎　二〇二〇年『徳川幕府財政史の研究』(研文出版)
小野将　一九九三年「近世後期の林家と朝幕関係」(『史学雑誌』一〇二編六号)

川越市　一九八三年『川越市史　第三巻』
児玉賢治　二〇二二年「関東取締出役と改革組合村」(『関東近世史研究』九一号)
佐藤雄介　二〇一六年『近世の朝廷財政と江戸幕府』(東京大学出版会)
長坂良宏　二〇一八年『近世の摂家と朝幕関係』(吉川弘文館)
藤田覚　二〇〇五年『近世後期政治史と対外関係』(東京大学出版会)
藤田覚　二〇一一年『近世天皇論——近世天皇研究の意義と課題』(清文堂出版)
麓慎一　二〇一四年『開国と条約締結』(吉川弘文館)
三谷博　二〇〇三年『ペリー来航』(吉川弘文館)
安国良一　二〇一六年『日本近世貨幣史の研究』(思文閣出版)
横山伊徳　二〇一三年『日本近世の歴史5　開国前夜の世界』(吉川弘文館)

20 世界の中の幕末日本

横山　伊徳

はじめに

幕末期を近世史に設定する指標として、①一七八〇〜九〇年代に近世史の転換を見出し幕末ととらえる考え方［井野辺　一九二七］、②天保の改革をもって明治維新の始期とする考え方［歴史学研究会編　一九五八］、③ペリー来航以来の社会変動期を幕末とする考え方がある。全体としては③ペリー来航と日米和親条約(以下、和親条約)締結を幕末史の起点とするのが多数派であろう。本稿でもペリー来航と和親条約締結を重視する。一方で、ペリーが突如来航したのではない、ということも念頭におきたい。つまり①②の考え方をふまえ、世界的規模の混乱と戦争の時代(一八四〇〜六〇年代)において、江戸幕府に生じた国内外からの分断・分裂を跡づけることとする。その際留意すべきは、まず、幕府は将軍親政のかたちをとった老中合議体(いわゆる「将軍＝譜代結合」［宮地　一九八一］をこのように解釈する)をとり、その合議のあり方によって政局が転回すること、また、その転回では政治・外交・軍事といったハイ・ポリティクス(国際政治の用語を借用する)と経済・財政・通商といったロー・ポリティクスとが不可分に作用し合うこと、の二点である。そして、現在の幕末史研究ではハイ・ポリティクス研究が主流[松浦二〇〇〇、町田編二〇二三]であることをふまえ、あえて本稿ではロー・ポリティクスを軸として十九世紀国際社会の中の幕末史を展望してみたい。富の裏づけのない強兵は「から理屈」(徳川斉昭)だからである。

1　阿部正弘政権

安政の改革の前提

和親条約は、現在の幕末史研究では「「薪水給与令を体系化した契約書」であり、従来の対外政策を大きく変えたものではないと考えるのが通説的」[吉岡二〇二三]である。和親条約について通説的理解を前提とすると、一八五〇年代幕政研究では、ペリー来航の意味を極小にする立論が可能となる。例えば「開明派」「一橋派」の動きを、ペリーショックによる緊急対応というより、内発的な内外情勢判断から論じる傾向が強い。しかしここでは、一方的な給与「令」を双務的な「契約」書にしたこと自体が大きな変化の一つであるとおさえておきたい[横山二〇二二]。

和親条約以後のロー・ポリティクスのポイントは諸藩国産品である[横山二〇二三a]。幕府が幕領を含め全国網をもってこれらを集荷し、開港後の輸出に対応する企てをめぐる政治過程に新たに着目してみよう。そもそも、江戸には大坂・京都をはじめ全国から消費財が入荷した。三都問屋資本は豊富な資金力で有利に入荷を推し進めた。十九世紀になると、江戸問屋仲間は集荷力低下を補強するため菱垣廻船積問屋仲間を結成し(一八〇八年)、集荷力強化をはかった。一方同じ頃、姫路藩が国産木綿の江戸直積を行う許可を得て、さらに一八二〇年代に同藩は家斉の娘を藩主正室に迎えて、国産木綿を江戸の国産会所で売りさばく制度を本格化した。姫路藩の国元国産会所は切手(藩札)会所と一体的に運用され、江戸からの国産品売上金送金手形を原資として、藩札を安定発行させた[兵庫県史編集専門委員会編 一九八〇]。その後一八三〇年代にかけて、少なくない藩において、国元から藩荷物として江戸に入荷する国産品を問屋株仲間の入札で値づけして売りさばく(その空間が江戸の国産会所、多くは藩邸ないし蔵屋敷)ことが、全国幕令などにうたわれないまま普及する(諸藩国産品売捌制度)。藩邸と問屋仲間を仲介するのが藩邸館入《たちいり》の売捌人である。個別問屋の産地集荷力が弱まっても藩専売品で江戸集荷をおぎなうこととなった。

ところが、一八四一(天保十二)年株仲間解散令は問屋仲間の入札を消滅させ、国産品売捌先を藩邸が勝手に差配できる有利な制度として法制化するもので、諸藩に国産品による「市中諸色潤沢」を誘導した。翌一八四二(天保十三)年の藩専売禁止令(『幕末御触書集成』四二八八号)が出て幕藩関係は対立するようになったという通説は、法令の誤読である。この法令は他藩国産品取扱いを禁じたのであり、株仲間解散令による国産品売捌勝手次第は一〇年間続く[横山 二〇二三b]。むしろ、この売捌勝手次第は一八四二年の薪水給与令が諸藩に求めた重装備・重負担の財源補塡とすら考えることができる。

阿部正弘政権により一八五一(嘉永四)年問屋仲間再興令が出て、諸藩国産品は再び問屋仲間入札に組み込まれた。これは薪水給与令を否定する打払令復古の考え方と天保の改革否定という点において通底している。ペリー来航までを前期阿部正弘政権ととらえることができよう。

富国強兵策と貿易取調掛・諸色潤沢取調掛

問屋仲間再興令の二年後、ペリーが来航し軍備強化が求められた。その財源を問屋仲間に求めるのか、国産品売捌に求めるのかというのが問題の出発点である。阿部正弘は、一八五五(安政二)年の江戸大地震を受け、新たな財源(富国強兵)案を諮問した。すなわち、藩領のみならず幕領からも国産品を江戸へ輸送し、諸藩の江戸国産会所は統合して「諸国産会所」を創設し、売却先は誰でもよいとし、売上高に応じた冥加金を財源として、震災復興と軍備増強をはかるといい、流通・金融の主導権を商家から武家に移して、その衰弱を阻止するとうたう。幕府や藩邸国産会所を維持できない中小諸藩も参加可能なものへ国産会所の概念を拡大し、あわせて問屋仲間の独占入札を否定した。この諮問はペリー来航による世界情勢認識の激変がもたらした財政改革の初発であり、後期阿部正弘政権のロー・ポリティクスである。

これに対して町奉行は、一八五六(安政三)年前半まで反対し続けた。一八五六年八月、岩瀬忠震《ただなり》らが阿部の諮問をベースに、「沿海御取締見込書」を上申した。これは、①「江戸産物会所」と「会所用達」を中核に、幕領藩領を問わず各地の国産会所から全国一五拠点の「通船改会所」へ、さらに「江戸産物会所」へと集荷する、②集荷された国産品余剰分で対外貿易に備える、という構想である。従来は②対外貿易論が関心を集めてきたが、①の「通船改会所」と「江戸産物会所」を大船によって流通網化し、江戸の「仲買」に配送する構想は、阿部の諮問の展開上にある。問屋仲間も入札は認められず、藩邸国産会所も全体的な「江戸産物会所」下に編成される。

一八五六年末に向け、大目付や町奉行が貿易取調掛や諸色潤沢取調掛に指名される。諸色潤沢取調掛とは、国産品を潤沢に調達して外国輸出向け商品をその中から捻出する方策を検討するもので、岩瀬らの構想②を実現する掛である。それはペリー来航後の財源強化ときたるべき通商体制の模索のうえに位置づけられる。

「箱館産物会所」も同時に立ち上がる［田島 二〇一四］。同会所大坂会所は、大坂問屋仲間を組み込み、問屋旧来の入荷経路に干渉して、会所の下部組織へと変質させた［原 二〇〇一］。

一八五七年の意味

対外関係の緊張が阿部政権の通商体制のさらなる模索を生んだ。一八五七（安政四）年初頭オランダ全権（最後の商館長）は第二次アヘン戦争開始を報じ、オランダ版自由貿易条約締結をせまる。この報は幕府に衝撃を与え、通商条約締結へ舵を切らせた［小野 一九九三］。しかし、最後はオランダ側だけに貿易参入を開放し、日本側は会所貿易を維持する通商条約＝日蘭追加条約となった。実はこの時、オランダ本国はロンドンから暗号電報でイギリスが遣日使節派遣の用意があると知り、オランダ全権は条約締結による通商関係樹立を急いだのである。追加条約はイギリス使節来日の影におびえる日蘭両国の合作であった［横山 一九八七］。

諸色潤沢取調掛だった町奉行は、貿易開始について積極的立場（跡部良弼《よしすけ》）と消極的立場（池田頼方《よりかた》）に分裂していた。追加条約締結でこれに決着がついた。池田は転任、跡部になびかなかった多数の掛名主、上席町名主が罷免された［小林 二〇一三］。他方、追加条約日本側全権は長崎貿易を実地見分し、帰府後主要な長崎輸出品のうち、櫨(蠟)［横山 二〇一七、石田 二〇二二］や茶や漆などの栽培を奨励する命令が代官にくだっている。しかしおそらくは町奉行所内反対派の謀略であろう、諸色潤沢構想は通商条約締結直前に崩壊した。堀田正睦から井伊直弼への政権交代は、通商構想の変転であった［横山 二〇二三 a］

越前藩の安政の改革も、商権を官(武)に戻して国産品を外国貿易に振り向け富国をはかるもので、橋本左内や横井小楠の発想によるといわれている［三上 一九七九、本川 二〇一七］。越前藩の安政の改革は阿部正弘の政策転換と共通している。

天保の改革以降繰り返される経済改革政策は佐藤信淵学説に通底するといわれ［北島 一九五八、石井 一九五八］、阿部政権の貿易構想は岩瀬が中核にあり、越前藩の安政の改革は横井らが担ったとすれば、これらの動きは特定の学派の発想というより、富国のために権力を強化することへの動機づけにおいて共通しているといえよう。

2 開港の政治と経済

条約港開港

一八五九(安政六)年、安政の五カ国条約に規定された長崎・横浜・箱館で自由貿易が開始される。

長崎には、藩が貿易品を送り込むインフラが整っていた［小山 二〇〇六、吉岡 二〇一八］。開港以前にも外国商人と諸藩の取引のしかけが存在した。オランダが一八五二（嘉永五）年に日蘭通商関係の条約化を構想した時、貿易相手は諸藩が想定されていた。開港後、条約国との輸出入には条約港で外国商と輸出入品を売買する「商人組合」が編成されることになった。諸藩国産品についても諸藩の聞役あるいは用達を通じて市中取締掛町乙名が取引量を掌握し、この売込商組合が引き受けるかたちで始まった。長崎に蔵屋敷をもたなかった越前藩では福井に国産会所を設ける一方、長崎に用達（出島町人小曽根）を選定し、まもなく領内商人の長崎江戸町常駐に切りかえ、蔵屋敷を設置した［三上 一九七九］。越前糸は一八六〇（万延元）年から一八六二（文久二）年まで多額の輸出品となる［横山 二〇一七］。国産と輸出を条約港の蔵屋敷で結ぶ考え方は安政の改革の展開である。

横浜では日本側商人は「冒険投機商」と例えられ、藩が関与するとは考えられないことが多い。開港直前、上田藩や紀伊藩は、横浜生糸交易を江戸藩邸の国産売捌制度で行うことを外国奉行にうかがっている。両藩の売捌人は従来投機商とみなされてきた中居屋重兵衛である。重兵衛は跡部良弼の知己を得ていた。開港に際しても国産売捌で応えようという発想は、藩邸や江戸国産会所へ国産品を送っているという現状からは当然の結論であろう。開港と同時に重兵衛は会津を含め少なくとも三藩の国産生糸横浜売捌を一手に引き受け、「巨大売込商」として立ち上がった［萩原 一九七八、西川 一九九七］。

しかし、「巨大売込商」は長続きしなかった。神奈川奉行管轄の日本人街は町人地として出身地や業種ごとに集団的に割り当てられ、江戸藩邸での国産売捌制度を横浜に適用する取引や、長崎のような藩が直接管理する空間は想定されていなかったからである。そこで越前藩は、横浜本町石川屋を名乗って、同藩士が町人を装い同藩生糸を取引したと知られている。

久世広周政権と五品江戸廻送令

井伊政権で復権した町奉行池田頼方らが、桜田門外の変後五品江戸廻送令を発令する(一八六〇年閏三月)。それに先だって復職した老中久世広周《ひろちか》(関宿藩主、首座)に町奉行は忖度《そんたく》し、主要輸出品であり関宿藩国産品でもあった茶を廻送令の対象にしてほしいという茶問屋仲間の願書を却下した。このように、廻送令の対象品となれば問屋の利益がはかられると考えられていた。

五品江戸廻送令の難点は廻送それ自体の負担と問屋仲間の口銭(手数料)であった。早くも六月には、糸問屋が「上方や関東近辺からの生糸は、府内(江戸)を経由せず神奈川宿で受け取られている。神奈川宿の飛脚問屋や船問屋が江戸からの送状の偽装を糸問屋に求め、これに応じてきた。そこで送状発行の口銭は中止し、実際に廻送する糸は買い取り、江戸での値段で売込商に売り渡している」と、同令の機能麻痺状態を述べている。横浜での商取引を江戸問屋が干渉するという無理な制度設計であったし、生糸の場合はほかの四品と違い、江戸は元来織物生産地への中継点(口銭依存)で、激増する横浜向け生糸を買い取り、流通量をはかりつつ国内向けと輸出向けとをさばききるのは困難だった[『横浜市 一九六〇』]。

国益主法構想

一方、一八六〇年三月に外国掛大目付・目付から幕領も藩領も対象とする産物会所の構想が立ち上がる。四月に、諸藩の疲弊を救うことを名目として商法を試行する、海軍を創建する、中国への出貿易もはかるなどとして、国益主法掛が設置され、五月に老中首座の久世がその頂点に立つ[石井 一九五八]。一八五七年時点の問屋仲間再興路線と諸色潤沢による貿易路線の拮抗が、一八六〇年五品江戸廻送令と国益主法とのあいだに再現された。その後も国産品売捌制度を横浜輸出に適用したいといくつかの藩が出願する。輸出品売込に国産品売捌をどう組み込むかは安政期から大きな問題で、一八六一(文久元)年初めに「国益会所」設立がうたわれる。国産品についても、江戸問屋が売捌人を横柄に扱わないように国益会所が買い上げ、「最終的に外国貿易品も国益会所から横浜に廻送する」という。

五品江戸廻送令は問屋仲間向けの対症療法であり、国益主法は財政・海軍・貿易と総花的で人材・財源の不足が明らかである。幕府において廻送令と国益主法の両論は拮抗し、過半は様子見という三すくみが現状だった。なお諸藩(地域)の国産会所の上に全国的流通網を再編し問屋機能を吸収して外国貿易につなげるという考え方が有効な時代は、維新政権の通商司政策[小林 二〇一五]まで連続するものと考えられよう。

長井雅楽と島津久光

一八六一年初頭は、長州藩長井雅楽《うた》が国内生産を向上させて外国貿易を増やすことにより海外進出をはかるという「航海遠略策」をとなえた時期である。長井がこれをもって京都入説《にゅうぜい》したとされるが、この時、奥右筆組頭早川久丈《ひさたけ》が和宮問題調整のため京都で動いていた。二人は非公式に接触し、長井のとなえる政治・経済政策と久世政権が目指すそれが相似形であることを確認し合った。二人は六月に江戸で再会し、早川は長井を久世につなぐ。久世は長井を経由して長州藩主毛利慶親《よしちか》（のち敬親《たかちか》）に通じ、開港の展望を長州藩から朝廷に訴えることにした。

久世は再任当初、腹心たちをあいだにおいて関白九条尚忠と接触し朝廷に関与するという井伊が用いたような経路には慎重で、所司代と関白・武家伝奏間のやりとりを通じて意思疎通をはかるという平時の経路を使い、尚忠からの書通には自藩京都用達（呉服所［千葉 二〇二〇］）を経由させるつもりのようであった。しかし、京都に早川と長井を通じて働きかける今回の対応は、かなり踏み込んだものである。こうした長州藩の公武周旋の動きが薩摩藩を刺激し、島津久光が兵力を率い京都において軍事力を行使する。近世の政治・軍事の枠組みを変える大事件は幕府からみるとこう展開した。

幕府が貿易の急速な拡大をはかっているとする攘夷派の反発も激しくなり、一八六二（文久二）年正月、坂下門外の変が起こる。長井の議論も攘夷運動の激化や久光の上京によってかき消された。老中もあいついでやめ、四月になって「今以一事も事業にならず、役所建設以外主法筋は何一つととのっていない」と主法掛が嘆く状況におちいった。

文久の改革

文久の改革については、一八六二年の一橋慶喜や松平慶永の復権を通じた幕政改革（西洋軍制の採用や参勤交代の緩和など）が挙げられることが多い。しかし、その過程は複雑である。すでに安政期には、講武所や長崎海軍伝習所がおかれ、また、参勤交代についても三年一回にする案が幕府内で試案とされている［岸本 二〇一二］。軍事改革は安政の改革に淵源をもち、井伊政権期を越えて久世政権下に再開したものと考えられる［井上 一九五三、熊沢 一九九三］。また領土や主権という意味では、外国艦船による条約外港寄港・上陸拒否（一八六一年十月）や小笠原諸島測量（一八六一年十二月）は、北京条約（一八六〇年）後のイギリスの日本沿岸測量に対応する政策として位置づけられる［横山 二〇〇一］。文久期（一八六一〜六四年）には改革令以前から、遣欧開港開市延期交渉使節など様々な外交・通商上の試行が、久世政権のもとにシンクロしていたといえよう。しかし、肝心の国益主法は行き詰まり、久世政権を構成した老中も交代していった。

勅使大原重徳と島津久光が幕政改革を求め江戸にくだるのと時を同じくして（一八六二年五月二十二日）、外国交際を前提に兵備充実をうたう改革の将軍上意が発せられた。これ自体は国益主法や航海遠略策と矛盾しない。しかし老中脇坂安宅《やすおり》（五月二十三日老中再役）による改革申渡は、幕府の外交責任を認めたうえで、「皇国を世界第一等之強国」とすると宣言する（六月朔日）。老中久世広周は追い詰められて辞職し（六月二日）、国益主法は挫折した。

3　老中板倉勝静と横浜鎖港実行体制

五品江戸廻送令再令

前政権に外交の責任を負わせ成立した板倉勝静《かつきよ》政権は、再び攘夷を求める勅使を迎え、一八六二（文久二)年十一月二日奉勅攘夷の方向性を示す。具体的方針は結局翌一八六三(文久三)年春に将軍が上洛して決定することとなった。結果、幕府は攘夷決行期限を五月十日とし、これを受け長州藩が外国船を砲撃したとされるが、何が攘夷実行なのかは合意されていたわけではなかった。むしろこの間の経緯は、北京条約(一八六〇年)やサイゴン条約(一八六二年)後、相対的に兵力に余裕のでていたイギリス・フランス軍の日本近海での展開に、対応できない事態を生んだ(イギリス・フランス軍の横浜駐屯や、薩英間の緊張など)。

攘夷実行策について議論はなかなかまとまらず、一八六三年の八月十八日の政変を経て、当面横浜鎖港が目標となった。手始めは五品江戸廻送令の徹底(九月二十四日)で、貿易量を制限することがねらいと考えられてきた。しかし実態は、一八六三年の横浜生糸輸出量は過去最高の伸びを示している[石井 一九四四]。すなわちこの再令は、在方商人が鎖港以前に生糸を売り切ろうとし、江戸・横浜間に大量の糸が集中して流通渋滞を起こしたので、取引を鎮静化するべく考案されたものであった。外国奉行が原案に鎖港の文言を入れることに難色を示し、廻送令再令のかたちをとって、実質的には外国商にも生糸を「程能く相廻」す手段となった[横浜市 一九六〇]。この結果、翌年の新糸出荷開始(五月頃)まで品薄となったと考えられる。それが当時から鎖港政策の実行であると受け取られたといえよう。

参予会議と板倉政権の瓦解

八月十八日の政変後の京都の政治状況を再構築する参予会議が、一八六四(元治元)年正月に再度上洛した将軍を含め、幕府・朝廷・有力諸藩のあいだで開かれた。二月十九日に将軍家茂と孝明天皇が横浜鎖港で合意をみて決着した。横浜鎖港実行を専管できた幕府がもっとも有利となるはずであった。そして三月、横浜鎖港の先鋒となるとして水戸藩激派(天狗党)が筑波山に挙兵した。するると、留守を預かった水戸藩主徳川慶篤《よしあつ》が態度を一変し挙兵鎮圧を幕府に訴えた。挙兵討つべからずととなえた政事総裁職松平直克と慶篤とのあいだで非難の応酬となり、結果、挙兵と鎖港とを関係づけられるのを嫌った板倉勝静と直克の共倒れとなった(六月)。幕府の鎖港派人脈は雲散し、横浜鎖港は実行不能の状況におちいった。変説した慶篤に圧力をかけるかどうかで筑波勢も分裂し、残った水戸天狗党は藩論転覆に望みをかけ武力行使に出て、関東平野は戦場と化した[水戸市 一九九〇]。

4 開国派政権の興亡と最後の将軍

五品江戸廻送令廃止と改印政策

この政治空白に、一八六四(元治元)年六月二十四日老中阿部正外《まさと》が登場する。阿部は井伊政権下の禁裏付で朝廷の事情に通じ、久世政権下で神奈川奉行として外交に携わり、一八六三(文久三)年後半には生糸輸出調整に当たった北町奉行であったが、本家白河藩主を相続し老中となった。一八六四年十月からかつて久世政権を構成した本多忠民《ただもと》が老中首座につき、板倉政権時とは対照的に、攘夷をやめ、参勤交代を復活し、フランスと結んだ。ただし後任の北町奉行は池田頼方となり、政権は一枚岩ではなかった。

一八六四年七月に禁門の変が起こり、上京した阿部の上奏に応えて孝明天皇は攘夷実行より長州戦争を優先せよと九月二十五日に沙汰した。攘夷は当面棚上げとなり天狗党は名分を失い、一橋慶喜を頼り京都へ西上した。水戸天狗党の処分を寛典とすれば身内に甘く禁裏守衛にもとるとされるのを嫌い、慶喜は天狗党を救わなかった［水戸市 一九九〇］。水戸徳川家一統としての危機感が「一会桑」の結束を生んだ背景と考えられる。

阿部正外が実行したロー・ポリティクスは、まず五品江戸廻送令の廃止である。北町奉行として一八六四年正月、会所経由の輸出構想を立てた。横浜貿易の要である生糸・繰綿(南北戦争の影響で一時的に激増)・茶の三品を江戸の会所へ直接集荷し、国内需要量をあらかじめ定量として国内流通させ、残りは割増額を設定して横浜へもち込み、差額で富国を目指すという考えだった。幕府は九月五日、生糸問屋へ横浜向け生糸を買い取ることも口銭を取ることも中止し生糸管理のみを命じた［横浜市 一九六〇］。安政期以来の全国的会所構想が、五品江戸廻送令のような問屋仲間救済的な政策を否定したのである。問屋仲間自体が開港後の物流変動にたえられなくなっていたといえよう。

これを受け、小栗忠順《ただまさ》ら勘定方は町奉行池田らと組み、各代官所を核とする「諸国糸会所」で幕領藩領ともに生糸を国内向けと条約三港向けに配分する構想を立て、会所での改印と同時の代金即金払いの買取りが必要であると考えた(一八六四年十二月)。しかし輸出税収入を重視してであろう、輸出量把握の迅速さが目指され、一八六五(慶応元)年五月になると、生糸の会所集荷を当面放棄し、幕領などは生産元方代官が改印を行い国内用と輸出用を仕分け、藩領は改印を貸し渡して幕領準拠で改印代行させる提案に変質した。つまり改印にかかる負担を生産現地におしつけ、輸出量掌握の結果だけを集約する方針となった［横浜市 一九六二］。条約港という巨大市場の前に、江戸を核とする全国的会所網構想もまた意味を喪失しつつあった。薩摩藩では、九州各地へ商人を派遣して国産品(蠟など)を買い占めたり、越前藩と連携して巨額の生糸を買い集め(藩際交易)たりして長崎から輸出した[高木 二〇〇九、高村 二〇一二]。しかも、その資金は輸出品を担保として輸出相手の外国商人から調達していた[横山 二〇二〇]。

将軍徳川慶喜の国産品政策

一八六五年九月、条約勅許をめぐる外交交渉に際して、一橋慶喜は阿部を排除し開国派政権を葬った。十月二十二日、板倉勝静が再び老中に返り咲く。板倉は池田らが練り上げた「生糸蚕種改印令」(『幕末御触書集成』四三七〇号、一八六五年十二月二十八日発令、実施は一八六六年五月)を採用した[横浜市 一九六〇]が、当初の改印時の買取りはうたわれなかった。そのうえ一八六六年三月幕府は、各藩・知行所へ国産品での貿易参入を自由化したと布令した(『幕末御触書集成』五一〇七号)。国産品勝手売捌の条約港潤沢政策といえようか。

一方、一八六六年東アジアははじめて世界的恐慌を経験し、通貨危機(偽造銀貨)で物価が高騰した。改印料に抗議する民衆は、近世最大規模の武州世直し騒動・信達一揆をもって将軍徳川慶喜を迎えた[藤田 二〇二〇]。一八六七年七月「国産改所」が試みられるが、もはや安政の改革以来の「会所」ではなく、「売捌方は是迄之通」のまま改印する「改所」である[小泉 二〇〇八]。徳川慶喜・板倉勝静政権は国産品政策の構想力を弱体化させ、世直しに反応できない政治の貧困を呈していた。

〈参考文献〉

石井孝　一九四四年『幕末貿易史の研究』(日本評論社)
石井孝　一九五八年「佐藤信淵学説実践の企図――国益主法掛設置の思想的背景」(のち再録、家近良樹編『幕末維新論集3　幕政改革』吉川弘文館、二〇〇一年)
石田千尋　二〇二二年「安政四年(一八五七)の脇荷貿易(Kambang Handel)について」(『鶴見大学紀要』第四部、五九号)
井上清　一九五三年『日本の軍国主義1――天皇制軍隊と軍部』(東京大学出版会)
井野辺茂雄　一九二七年『幕末史の研究』(雄山閣)
小野正雄　一九九三年『幕藩権力解体過程の研究』(校倉書房)
岸本覚　二〇一一年「安政・文久期の政治改革と諸藩」(『講座明治維新2　幕末政治と社会変動』有志舎)
北島正元　一九五八年「幕末における徳川幕府の産業統制――株仲間解散より国産統制計画にいたる」(『人文学報』一七号)
熊沢徹　一九九三年「幕府軍制改革の展開と挫折」(のち再録、家近良樹編『幕末維新論集3　幕政改革』吉川弘文館、二〇〇一年)
小泉雅弘　二〇〇八年「幕府維新期における中川番所の機能と「国産改所」計画」(江戸東京近郊地域史研究会編『地域史・江戸東京』岩田書院)
小林信也　二〇一三年『江戸の都市プランナー』(柏書房)
小林延人　二〇一五年『明治維新期の貨幣経済』(東京大学出版会)
小山幸伸　二〇〇六年『幕末維新期長崎の市場構造』(御茶の水書房)

高木不二　二〇〇九年『日本近世社会と明治維新』(有志舎)
高村直助　二〇一二年『小松帯刀』(吉川弘文館)
田島佳也　二〇一四年『近世北海道漁業と海産物流通』(清文堂出版)
千葉拓真　二〇二〇年『加賀藩前田家と朝廷』(山川出版社)
西川武臣　一九九七年『幕末明治の国際市場と日本――生糸貿易と横浜』(雄山閣出版)
荻原進　一九七八年『炎の生糸商　中居屋重兵衛』(有隣新書)
原直史　二〇〇一年「箱館産物会所と大坂魚肥市場」(塚田孝・吉田伸之編『近世大坂の都市空間と社会構造』山川出版社)
兵庫県史編集専門委員会編　一九八〇年『兵庫県史第五巻』(兵庫県)
藤田覚　二〇二〇年『日本の開国と多摩――生糸・農兵・武州一揆』(吉川弘文館)
町田明弘編　二〇二三年『幕末維新史への招待』(山川出版社)
松浦玲　二〇二〇年『徳川の幕末――人材と政局』(筑摩選書)
三上一夫　一九七九年『公武合体論の研究――越前藩幕末維新史分析』(御茶の水書房)
水戸市　一九九〇年『水戸市史　中巻(五)』
宮地正人　一九八一年『天皇制の政治史的研究』(校倉歴史選書)
本川幹男　二〇一七年「幕末期福井藩の殖産興業策と財政について」(『若越郷土研究』六一巻二号)
横浜市　一九六〇年『横浜市史　資料編一』
横山伊徳　一九八七年「日蘭和親条約副章について」(『東京大学史料編纂所報』二二号)
横山伊徳　二〇〇一年「十九世紀日本近海測量について」(黒田日出男、メアリ・エリザベス・ベリ、杉本

史子編『地図と絵図の政治文化史』東京大学出版会）
横山伊徳　二〇一四年「江戸五品廻送令を再考する」（東京大学史料編纂所編『日本史の森をゆく――史料が語るとっておきの四二話』中公新書）
横山伊徳　二〇一七年「日本開港とロウ貿易――オランダ貿易会社を例に」（『講座明治維新6　明治維新と外交』有志舎）
横山伊徳　二〇二〇年「J.Verheij日本報告（一八六七年）について」（『東京大学史料編纂所研究紀要』三〇号）
横山伊徳　二〇二二年「日米和親条約再考」（『歴史地理教育』九三八号）
横山伊徳　二〇二三年a「老中久世広周と町奉行所諸色潤沢取調御用鈴木藤吉郎」（『東京大学日本史学研究室紀要』二七号）
横山伊徳　二〇二三年b「株仲間解散令」（『山川歴史PRESS』一六号）
吉岡誠也　二〇一八年『幕末対外関係と長崎』（吉川弘文館）
吉岡誠也　二〇二三年「幕末期外交・貿易・海防史研究入門」（『歴史評論』八七五号）
歴史学研究会編　一九五八年『明治維新史研究講座第一・二巻』（平凡社）

あとがき

二十一世紀に入って、日本近世史に限らず、歴史学の潮流や成果を一望することはきわめて難しくなっている。価値観や問題関心・研究手法が多様化して、旧来の研究史の枠組みにおさまらない豊かな成果を生み出しているからであるが、それは同時に、研究成果や歴史像が無限に多元化・細密化していることを意味し、整理をつけにくくなっている面があることは否めない。通説というものも必ずしも確定しなくなっているといえよう。高校教科書『詳説日本史』(山川出版社)などが、歴史学界の通説としてしばしば引き合いに出され、場合によって批判の対象とされるのは、そうした状況を反映している面もあるだろう。

そのような中、二〇二〇年代になって日本近世史の分野でも、研究成果・研究状況について整理を試みたり、見通しをつけようとする書物の刊行があいついでいる。膨大な研究成果を適切に参照・摂取することは、初学者や中等教育の現場の方々はもちろん、研究者であっても専門分野が少し異なればおよそ不可能になっており、何らかのガイドがあるに越したことはないだろう。ほかの書物の「宣伝」をするようで異例かもしれないが、本書とも関わりが深いので、あえていくつか挙げておきたい。

①高埜利彦編『近世史講義――女性の力を問いなおす』(ちくま新書、二〇二〇年)

②岩城卓二ほか編『論点・日本史学』(ミネルヴァ書房、二〇二二年)
③牧原成征ほか編『日本近世史を見通す』全7巻(吉川弘文館、二〇二三〜二四年、第7巻は未刊)
④上野大輔ほか編『日本近世史入門——ようこそ研究の世界へ!』(勉誠社、二〇二四年)

なお、関連して高埜利彦編『日本近世史研究と歴史教育』(山川出版社、二〇一八年)も挙げておこう。

これらは、いずれも前述したような学界状況を背景にしつつ、それぞれのタイトルが示すような異なった趣旨のもとに作られている。本書も、これらのずいぶんあと(それでもすでに数年前)に企画され執筆者やテーマの選定を行った、異なる趣旨をもつ書物であるが、できるだけ同じ執筆者に同じような項目を依頼することを避け、その時点で、なるべく多様な観点や執筆者を選定するよう心がけた。

本巻の編者としては、当然ながら、書き方や中身、方向性は個々の執筆者に基本的にお任せしており、編者の考えと異なる場合も、できる限り執筆者の意向を尊重したつもりである。通説と呼べるものが存在するケースもあるだろうが、総じて研究成果の理解や歴史認識などは研究者個々人によって様々であり、必ずしも一つに定められるものではない。執筆者間で見解が異なるところもあるかと思うが、とくに調整はしていない。読者の方々にも、特定の執筆者による一つの見方を鵜呑みにするのではなく、歴史を考えるうえでの一つの手がかり・ヒントとみなし、多様な見方を対比的・批判的に受け止めていただければ幸いである。

本書は二〇のテーマから構成しているが、近世史の現在を必ずしも網羅しているわけではない。叙述の仕方も、自分なりの見方に則って筋を通してみる方法もあれば、様々な見解を併記して紹介していく方法もありえるだろう。本シリーズでは、紙幅も短く、注もつけていないので、多くの学説や先行研究を十分に盛り込めているわけではない。そうした意味でも、例えば前掲したような書物も適宜参照していただきたい。

さて、本書自体もそうだが、現行の日本史教科書へは様々な意見や注文が寄せられる。専門家からは「不十分だ」という意見もよく聞く。また、より一般的には「つまらない」とか、「用語を詰め込みすぎだ」という意見も多い。近世史についていえば、中世史・近代史・世界史との接続やバランスなども大きな課題である。ただし、教科書編集・執筆者の側に立って考えてみると、いささか期待が過重ではないかと思う面もある。現行でも高校教科書のボリュームはかなりのもので、高校生にとっての負担は大きい。さらに現代部分が延びていて、全体のボリュームを従前レベルにおさえようとすると、これまでの紙幅から増やせないのはもちろん、むしろ削減する必要が出てくるのは当然である。

仮に現行の紙幅を維持できたとしても、つぎのような問題がある。例えば、これまであまり注目されていなかった「大御所時代」の研究が進んだとしよう。しかし、それを紙面に反映するには、例えば定番の「寛政の改革」「天保の改革」の記述を削減する必要があるが、それがどこまで可能だろうか。これまでの歴史教育の枠組みで、いわば常識とされてきた両改革の中身を教科書から削減してしまって問題ないだろうか。

同じように、仮に朝廷の研究が進んだとしよう。だからといって朝廷の記述を充実させて、かえって幕府や藩、あるいは百姓や町人、社会や経済の記述を削減するとすれば、それが望ましい近世史叙述になるのであろうか。あるいは災害や女性の記述はもっと盛り込まなくてもよいのだろうか……。言うまでもないが、教科書は指導要領にも制約されており、ありきたりであっても、書かなければならない基本事項も多くある。

このように考えると、歴史教科書はきわめて厳しい制約や要望の中で書かれ制作されており、そうした過重な期待をうまく反映させるのは至難の業であることが、おわかりいただけるだろう。叙述の明快さと豊かな歴史像の提示という矛盾する要求をいかに両立させるか。多様な問題関心をふまえつつ、そもそも誰の立場に焦点を当てて、どのような観点から歴史を描くのか。教科書を例にとって述べてきたが、これらは教科書叙述に限った問題ではなく、歴史学・歴史教育そのものに深く関わる。課題は尽きない。

読者の方々には、本書のような書物を入口にして、できればより専門的な、あるいは古典的な書物にも当たっていただき、より豊かな歴史学・歴史像に触れていただきたいと切に願っている。

牧原　成征

執筆者一覧（執筆順）

牧原 成征（まきはら しげゆき）　東京大学教授
松澤 克行（まつざわ よしゆき）　東京大学史料編纂所教授
木村 直樹（きむら なおき）　長崎大学教授
齊藤 紘子（さいとう ひろこ）　大阪公立大学准教授
村 和明（むら かずあき）　東京大学准教授
千葉 拓真（ちば たくま）　鳥取市歴史博物館学芸員
町田 哲（まちだ てつ）　鳴門教育大学教授
大橋 幸泰（おおはし ゆきひろ）　早稲田大学教授
渡辺 美季（わたなべ みき）　東京大学教授
永原 健彦（ながはら たけひこ）　武蔵高等学校中学校教諭
岩淵 令治（いわぶち れいじ）　学習院女子大学教授
渡辺 浩一（わたなべ こういち）　人間文化研究機構国文学研究資料館教授
引野 亨輔（ひきの きょうすけ）　東北大学准教授
福澤 徹三（ふくざわ てつぞう）　すみだ郷土文化資料館学芸員
神田 由築（かんだ ゆつき）　お茶の水女子大学教授
谷本 晃久（たにもと あきひさ）　北海道大学教授
海原 亮（うみはら りょう）　住友史料館主席研究員
横山 百合子（よこやま ゆりこ）　国立歴史民俗博物館名誉教授
荒木 裕行（あらき ひろゆき）　東京大学史料編纂所准教授
横山 伊徳（よこやま よしのり）　東京大学名誉教授

日本史《にほんし》の現在《げんざい》4　近世《きんせい》

2024年6月10日　第1版第1刷印刷　　2024年6月20日　第1版第1刷発行

編　者　　牧原成征《まきはらしげゆき》

発行者　　野澤武史

発行所　　株式会社　山川出版社
〒101-0047　東京都千代田区内神田1-13-13
電話　03(3293)8131(営業)　03(3293)8135(編集)
https://www.yamakawa.co.jp/

印刷所　　半七写真印刷工業株式会社

製本所　　株式会社　ブロケード

装幀・本文デザイン　　黒岩二三［Fomalhaut］

ISBN978-4-634-59142-4